京津冀地名史话

谭汝为 著

燕山大学出版社
·秦皇岛·

图书在版编目（CIP）数据

京津冀地名史话 / 谭汝为著. -- 秦皇岛 : 燕山大学出版社, 2024. 12. -- （燕山史话丛书）. -- ISBN 978-7-5761-0763-0

Ⅰ. K922

中国国家版本馆CIP数据核字第2024445AG3号

京津冀地名史话
JINGJINJI DIMING SHIHUA

谭汝为 著

出 版 人：陈　玉	图书策划：陈　玉　耿学明　董世非
责任编辑：张文婷	版式设计：柳　萌
责任印制：吴　波	封面设计：吴　波
出版发行：燕山大学出版社	电　　话：0335-8387555
地　　址：河北省秦皇岛市河北大街西段438号	邮政编码：066004
印　　刷：涿州市毂润文化传播有限公司	经　　销：全国新华书店

开　　本：880 mm×1230 mm　　1/32	印　　张：11.375
版　　次：2024年12月第1版	印　　次：2024年12月第1次印刷
书　　号：ISBN 978-7-5761-0763-0	字　　数：255千字
定　　价：78.00元	

版权所有　侵权必究

如发生印刷、装订质量问题，读者可与出版社联系调换

联系电话：0335-8387718

总 序

燕山大学出版社与本丛书主编共同推出的"燕山史话"丛书，选题新颖，涵盖广泛，是一套普及性的学术丛书。

"骏马秋风冀北，杏花春雨江南"，道出南北地理文化巨大的差异。读赏古代诗歌名作，"燕山"地名给读者留下三个深刻印象：一是北方边塞的风雪奇寒，如唐李白《北风行》："燕山雪花大如席，片片吹落轩辕台。"二是与北方游牧民族相邻，如北朝乐府《木兰诗》："旦辞黄河去，暮至黑山头，不闻爷娘唤女声，但闻燕山胡骑鸣啾啾。"三是北方边塞战场的代名词，如唐李贺《马诗二十三首·其五》："大漠沙如雪，燕山月似钩。何当金络脑，快走踏清秋。"与"燕山"同类的文化地理名词是"冀北"和"辽西"，常用来摹写征人思妇的刻骨思念之情，如唐高适《燕歌行》："少妇城南欲断肠，征人蓟北空回首。"唐金昌绪《春怨》："打起黄莺儿，莫教枝上啼。啼时惊妾梦，不得到辽西。""冀北""辽西"在历史上都曾在燕国的版图之内。

"燕山史话"写作的地域范围就限定在燕赵大地,即今天的京津冀地区。

一、胡焕庸线、400毫米等降水量线、燕山长城与京津冀文化

中国地理学家胡焕庸在1935年提出划分中国人口密度的一条对比线,被地理学界称为"胡焕庸线",这条线是从黑龙江省瑷珲(今黑河市南)到云南省腾冲之间划一条连线,大致为倾斜45度直线。这是中国人口发展水平和经济社会格局的分界线,不仅是中国气候环境的过渡带,还对中国人口分布和区域发展具有重要约束作用,把全国划分为东南半壁和西北半壁:前者占全国国土面积36%、总人口96%,以平原、水网、丘陵等地貌为主要地理结构,自古以农耕为经济基础;后者人口密度极低,其占有全国国土面积的64%,却只有全国人口的4%,乃草原、沙漠和雪域高原的世界,自古以来是游牧民族的天下。胡焕庸线在某种程度上也成为中国城镇化水平的分割线:这条线的东南各省区市,绝大多数城镇化水平高于全国平均水平;而这条线的西北各省区市,绝大多数城镇化水平低于全国平均水平。

在中国地图上,将年降水量为400毫米的点连起来,从大兴安岭西坡—张家口—兰州—拉萨—喜马拉雅山脉东部,气象学界

称之为"400毫米等降水量线"。这条重要的地理分界线,是半湿润区和半干旱区的分界线,也是森林植被与草原植被的分界线。

翻开当代地图,我们会看到,京津冀地区恰好处在胡焕庸划分出的东南半壁,而明代燕山长城几乎就落在400毫米等降水量线上。这惊人的吻合,说明古人睿智地知晓农牧交错带的位置,正因如此,他们才将长城这道防御工程建在这里。

在中国历史上,京津冀是农耕、游牧两大文明系统之间碰撞、交流与融合的地区,也是多民族文化发展的重要区域,历史文化悠久而丰厚。先秦时期,燕地在原有燕氏族文化的基础上,吸收融合了东胡、山戎等北方部族文化,形成了燕文化。从魏晋南北朝到隋唐时期,北方少数民族大举南下,入主中原,幽蓟地区轮番被北方民族和中原政权占领,致使胡汉杂居的社会文化现象更为突出。

另外,京津冀地区是中国近现代工矿、交通、商贸最重要的发源地,是中国近现代学术、教育、思想、文化最活跃的区域之一,也是近代史上众多具有划时代意义的重大历史事件的发生地。在工业方面,有天津机器局、直隶模范纺纱厂、唐山机车厂、启新洋灰公司等;矿业有井陉矿务局、井陉煤矿、磁县煤矿、平泉铜矿等;现代交通则有京承铁路、京汉铁路、京奉铁路、京绥铁路等。京津冀地区是近代学术文化最活跃的区域之一,众多高校云集,如燕京大学、清华大学、北洋大学、南开大学;也是众多学术大师汇集之地,如清华"国学四大导师"、胡适、蔡元培等。京津冀地区还是近代革命活动及重大事件的发生地,现代历史的五四运动、七七事变、一二·九运动、北平和平解放、开国大典等事件均发生于此。

二、燕山山脉与燕山文化

燕山山脉位于北京市、天津市和河北省的北部,为中国北部著名山脉之一。它西起北京市的关沟地区,东至渤海湾畔秦皇岛市。其西翼支脉别称军都山,潮白河河谷以东为燕山主脉。海拔在400—2200米之间,主峰雾灵山在河北省兴隆县境,海拔2116米。滦河切断山体,形成峡口——喜峰口,潮河切割,形成古北口等,自古为南北交通孔道。

燕山山脉,山势陡峭,地势西北高,东南低,北缓南陡,沟谷狭窄,地表破碎,雨裂冲沟众多。以潮河为界分为东、西两段,东段多低山丘陵,海拔一般1000米以下,西段为中低山地,一般海拔1000米以上,山脉间有承德、平泉、滦平、兴隆、宽城、延庆、宣化、遵化、迁西等盆地或谷地,为燕山山脉中主要农耕地区。

燕山沿山脊筑有长城,地势险要。居庸关、古北口、黄崖关、喜峰口、山海关是燕山长城的重要关隘。在古代与近代战争中，燕山是兵家必争之地。燕山山脉最东端的山海关，是沟通东北、华北两地的咽喉，自古以来就是由东北地区进入华北地区的重要通道。燕山地区水资源丰厚，蓄水量超过20亿立方米的大型水库有三座：密云水库、官厅水库和潘家口水库。

南北气候的差异在燕山南北形成迥然不同的地理特征和社会文化模式。山之北，高原苦寒，干旱少雨，游牧民族逐水草而居，马背上的民族，迁徙不定；山之南，农耕社会安土重迁，肥沃的山林和平原适宜五谷百果的生长。处于山北的社会力量，常存跨越燕山掠取南面土地的觊觎；而护卫家园，抵御入侵，则是山南政权长期面临的考验。几千年来，炊烟与烽火、干戈和玉帛，在这片山脉中交替呈现。

燕山山脉是华北平原北部的重要屏障，自西周北京地区建立燕国（都城在今北京房山）、蓟国（都城在今北京城区）时，直到宋代，都是中原统一王朝的北部边疆，是抵御北部草原民族、东北地区少数民族南侵的天然屏障。因此，历代朝廷极其重视燕山的"天险"作用，为防御北部少数民族的侵扰，保障有序往来，在燕山山脉大规模修建长城，设立关口，直到明代。长城是燕山山脉现存最大规模的世界文化遗产。

自金代在北京建都（金中都）之后，经历元明清三代，北京一直为帝王专制王朝的国都。明代，皇家陵寝选在离都城不远的北偏西方向，被认为风水极好的燕山浅山地区，即明十三陵。清代，皇帝在北京的东北方向燕山北侧（今承德地区）设围场，一方面用于打猎练兵，另一方面为与北部草原蒙古族交融交好，在承德选址建造行宫，以方便处理朝政外交和避暑休闲——这就是承德避暑山庄。

京津冀地区有19个国家级地质公园，包括两个世界地质公园，燕山山脉就有7个，占1/3以上；京津冀地区有12处世界文化遗产，燕山山脉就有4处（项），占1/3；京津冀地区有21家5A级景区，燕山山脉就有8家，占1/3以上。由此可见，燕山山脉集聚了京津冀1/3地质地貌和历史文化的顶级旅游资源，是呈现燕赵文化、长城文化、京畿文化、直隶文化、京津冀文化的典型文化景观。

三、传统的燕赵文化

古燕赵文化区包括今河北省以及陕西、山西、河南、山东、内蒙古的部分地区。北京是燕文化的中心区域，与河北省南部以邯郸为代表的赵文化共同构成了燕赵文化区。元明清三朝定都北京，对河北燕赵大地的政治地位、经济发展、社会生活以及风俗民情等等，都产生了直接而深远的影响。此前作为游牧与农耕文化结合部的河北大地，由游牧部族入侵中原的跑马场，变成了京师文化辐射的京畿地区。河北地域在承继燕赵历史文化传统与精神的同时，又不断吸收京师文化内涵，融入皇权文化、精英文化和满蒙文化的诸多要素。

燕赵文化，是战国时期在燕国和赵国疆域内产生的一种区域文化。其四至范围是：南以黄河、东以渤海、西以太行、北以燕山为界。燕赵区域属于平原地区的农耕文化。燕文化形成，以燕昭王延揽人才、报复伐齐和燕太子丹谋刺秦王为主要标志，形成慷慨悲歌的文化特征；而赵文化则以赵武灵王胡服骑射为代表，体现注重实用、勇于改革的精神。胡服，指西北戎狄之短衣窄袖的服装，与中原汉族宽衣博带长袖大不相同。骑射，指周边游牧部族的马射（即骑在马上射箭），有别于中原地区传统的步射（徒步射箭）。从此，赵国军装改进为短衣窄袖，轻便灵活；相应的战争方式由步射转为骑战，这种大刀阔斧的改革为国家的稳固和发展奠定了基础。

从地理环境和生产方式上看，燕赵文化与其相邻的三晋、关中、中原、齐鲁等区域文化大体趋同；但从文化特征上看，燕赵文化的典型特征就是慷慨悲歌、豪气任侠。这种独特的文化特征形成于战国时期，至隋唐时期仍为人所称道，到明清时期其遗响仍存在，形成悠久而稳定的文化传统——既不同于中原文化、关陇文化，又与齐鲁文化、江浙文化大异其趣。太行山和燕山山脉是燕赵区域的西界和北界，成为除黄河以外界定燕赵区域重要的地理标志。

四、京畿文化的渊源

清代直隶省以今京津冀地区为主，作为畿辅重地，因地理位置的特殊，加之复杂的人口构成和人文环境，其治理难度远超其他省份，故直隶总督又称"八督之首、疆臣领袖"。其辖域范围和行政职能，正如设在保定的直隶总督署大门楹联所书：北吞大漠，南亘黄河，中更九水合流，五州称雄，西岳东瀛一屏障；内修吏治，外肄戎兵，旁兼三口通商，一代名臣，曾前李后两师生。其中"曾前李后两师生"指曾经担任直隶总督的晚清名臣曾国藩和李鸿章师生二人。

"京畿"本义是指国都及其附近的地区，特指以我国古代金、元以来都城北京为核心的周围地区，大致相当于今天北京、天津、河北三省市所在的区域。京津冀地区人口加起来有1亿多，土地面积有21.6万平方千米。地缘相接、人缘相亲，地域一体、文化一脉，历史渊源深厚，完全能够相互融合、协同发展。

从历史沿革上分析，天津曾与京、冀同属燕国、幽州、冀州等行政区划。明永乐二年（1404），始设天津卫；至清雍正九年

（1731），单立为府，辖包括今河北省沧州、南皮、盐山等六县一州。至清咸丰十年（1860）英法联军强迫清政府签订了《北京条约》，天津被迫开埠，使本与京冀同体的文化板块受到巨大冲击，外来的异质文化元素不断逐渐融入，形成南北交融、中西合璧、雅俗共赏、别具一格的津沽文化。

天津与河北，你中有我，我中有你，血脉相通，难以切割。从1912年至今，百余年间河北省省会迁移多次，天津曾三次作为河北省的省会，长达24年之久，时长远超保定（10年）。另外，1973年，由河北省划入天津市的武清、宁河、宝坻、静海、蓟州等区县，从2000年至2016年分别升格为武清区、宁河区、宝坻区、静海区、蓟州区。这对天津市的政治、经济、文化均产生了重大的影响。

五、天津"开埠"，推进直隶经济的时代转型

天津开埠后，直隶经济变迁开始明显加剧，突出表现在近代工商业的发展与农业趋新等方面，而传统经济形态转型也日益明显。三口通商大臣崇厚，在处理口岸贸易政务的同时，在天津筹设军火机器局（后称"天津机器局"），及至李鸿章任直隶总督兼北洋大臣后，接手该局并着力改进和发展，使之成为北方最大的官办军工厂。李鸿章在光绪初年主持筹办官督商办企业——开

平矿务局（开平煤矿），在招商集股、雇佣工人、生产模式、运输营销和经营管理等环节上凸显"新型"因素，并发挥明显的示范辐射、连带衍生效应。在李鸿章任上，天津电报总局的设立、新型邮政业的开启，标志着天津近代文化呈现引领天下的新气象。到袁世凯任直隶总督时，正值清末新政实施期间。他对经济较为重视，特别善用现代经济管理的行家里手，使新型的工业、商业、金融业等在辖区内全面发展。如直隶工艺总局，"为振兴直隶全省实业之枢纽"，在其带动之下，直隶省诸多州县的工艺局（厂、场、所）纷纷设立，典型地体现出由传统经济向新型经济过渡发展的时代进步性。

六、京津冀协同发展战略

北京市、天津市、河北省，虽分属于三个不同的行政区划，但在自然空间上却紧密相连为一体，在漫长的历史上同为一个整体，在文化根脉上属于同源共生。在太行山以东、渤海海岸以西的辽阔的国土上，在辽之前，一直以燕赵文化为主导；另外，还包蕴着平原文化与高原文化、内地文化和海洋文化、农耕文化与游牧文化、华夏文化与胡夷文化等，在不断碰撞、交融中，逐渐趋向融合。

在京津冀协同发展战略实施10周年之际，《京津冀地区主要历史文化资源分布图》发布。该图展示了京津冀地区主要历史文化资源的空间分布情况：截至2023年，中国有57项世界级的文化遗产，其中京津冀地区有8项，分别为长城、明清故宫（北京故宫）、周口店北京人遗址、承德避暑山庄及其周围寺庙、北京皇家祭坛——天坛、北京皇家园林——颐和园、明清皇家陵寝、大运河。该图还展示了全国重点文物保护单位以及中国历史文化名城、名镇、名村等。截至2023年，京津冀地区共有8个中国历史文化名城，10个中国历史文化名镇，38个中国历史文化名村。在国务院已公布的8批共5058处全国重点文物保护单位中，京津冀地区有474处，包括北京的故宫、皇史宬、居庸关云台、北京大学红楼等，天津的独乐寺、千像寺造像、北洋大学堂旧址、平津战役前线司令部旧址等，河北的隆兴寺、保定钟楼、西古堡、西柏坡中共中央旧址等。

京津冀地区历史文化资源形成多个聚集区，分别为：北京及周边历史文化资源聚集区，天津历史文化资源聚集区、保定历史文化资源聚集区，张家口历史文化资源聚集区、正定、石家庄历史文化资源聚集区，承德历史文化资源聚集区、秦皇岛（北戴河、山海关）历史文化资源聚集区，以唐山、丰润为中心的京东历史文化资源聚集区，蔚县历史文化资源聚集区，邯郸及周边历史文化资源聚集区。京津冀地区历史文化资源聚集区，除北京、天津两大都市外，基本以河北省重要的地级市为内核，体现了历史形成的区域行政中心对历史文化产生的凝聚作用。

七、"燕山史话"丛书的创意和写作宗旨

历史决定思维的深度，地理决定视野的广度。"燕山史话"丛书以"燕山"这个广义的历史地理概念为中心，旁及燕赵文化、京畿文化、直隶文化等，以京津冀地域文化特征贯穿全套丛书，包括人文历史的演变、区划沿革、地域特色、文化个性、文化艺术成果等较为丰富的内容。

"燕山史话"丛书的写作原则，概括为六个字：科普、史话、燕山。科普是丛书性质，史话是写作文体，燕山是地域范围。"科普"，即强调科学性，知识须准确；要求普及性，即深入浅出，通俗易懂。"史话"，即以历史事件为主要内容，以成语、典故、人物为媒介或基础，讲好故事，传播知识，赓续文化。"燕山"，即以燕山地域为中心（涵盖燕赵大地、京畿地区、直隶省、京津冀等地理范畴），并旁及相邻或相关的其他地域。

北京出版社1963年出版的《燕山夜话》，是当代政论家邓拓的杂文集，可谓家喻户晓。生活·读书·新知三联书店2020年出版的《燕山诗话》，是著名报人罗孚对当代文人旧体诗作的评论集，在知识界影响很大。二书均以"燕山"冠名，皆因创作

并出版于北京。本丛书亦以"燕山"冠名,一是以京津冀地区为史话题材的地域范围;二是书名与出版机构——燕山大学出版社重合;三是表达对《燕山夜话》《燕山诗话》两书的敬意,并抒发瓣香前贤、与有荣焉的心境。

"燕山史话"丛书每一辑由四五部书稿组成,分别从京津冀地区的经济、政治、军事、史学、文学、艺术、饮食、服饰、交通、建筑、礼俗等不同的方面,作比较全面系统的介绍。各类书稿,按计划,有条不紊地逐年推出。在强调有较强的学术性、科学性的基础上,表述方式力求通俗易懂,雅俗共赏,突出个性,形成系列。

希望本丛书能多专题、多角度、多层次地反映京津冀文化的主流和特点,使读者能够从中认识和了解中华文化的精神实质。欢迎各位读者对本丛书提出批评和建议,使之趋于成熟和完善。

谭汝为、周醉天
写于 2024 年 7 月 30 日

前 言

中华文明历史悠久,政区、聚落、山川、道路等各类历史地名往往都有特殊的沿革,如同"活化石"一样,承载着丰富的文化信息。地名不仅是地理现象,更属于社会现象和文化现象。古老的地名承载着人们对自然环境与人文环境的认识和思考,见证了社会生活的变迁与发展。对地名进行研究是解开中华文明史的一把金钥匙,因为地名的命名、生成、演变、成型、传承等,是自然、社会、文化、语言、历史发展的综合反映。对地名文化进行研究,是后人对祖先遗留空间的文化认同与乡愁记忆的固化。

地名里有东南西北,有江河湖海,有街巷乡村,那里的历史记忆、文化积淀、乡情乡愁、民心向往,都血脉相通地融合于我们的心灵。众多的地名犹如一册册厚重的史书,述说着历史烙印和文化年轮,激发后人对民族历史和传统文化的认同。

地名学属于专名学范畴,地名是语言学、地理学、历史学等多学科共同参与研究的大课题。地名研究的视角和方法主要涉及语言研究、地理研究和历史研究三个基本方面。地名是特定地理实体的指称，它不仅指明命名的空间位置及类型，还反映出当地自然或人文地理的状况及特征。从词汇学、词源学、语法学、语音学、语义学、文字学等角度入手，对构成地名的词语进行分析，进而探研地名的语源、语音、含义、字形及其演变，则属于语言学角度的地名研究。地理学角度的地名研究包括对古地名位置的考证，利用历史地名追溯考察某个历史时期区域开发和文化景观的地理演变轨迹。历史地名往往映现许多历史问题，历史学角度的地名研究对该地区特定历史时期的政治、经济、军事、文化、民俗等方面的研究颇有助益，可为我们探索民族分布、人口迁徙、心理习俗、古汉语乃至方言状况等，提供翔实的历史资料。从地名学的学科建设来看，地名研究主要包括地名学基础理论、地名区划史、地名文化、地名考释、地名规划、地名管理、地名标准化、地名译写、地名数字化、地名档案及地名数字化管理等各个方面。

中国第一部具有地名学研究意义的地理志书——东汉班固的《汉书·地理志》，对地名命名原则等方面进行了粗线条的阐释。之后，北魏郦道元的《水经注》、唐李吉甫的《元和郡县志》等，对众多地名的命名规律进行了总结。隋唐时期一些皇帝诏书涉及地名命名、改名的若干原则。明代郭子章完成中国第一部专门解释地名渊源的著作《郡县释名》。清《嘉庆重修一统志》则对历

前言

代地名之沿革、定位进行阐释，成为历史地名研究的集大成者。

京津冀三地山同脉、水同源、地相连，人缘相亲、文化一脉，具备相互融合、协同发展的天然基础。从清代后期的省级区划来看，今京津冀地区就同属顺天府和直隶省的管辖。

一、顺天府，治京师（今北京市）。在直隶省内，领5个州19个县，分为：（一）西路厅，领涿州、大兴县、宛平县、良乡县、房山县；（二）东路厅，领通州、蓟州、三河县、宝坻县、武清县、宁河县、香河县；（三）北路厅，领昌平州、顺义县、怀柔县、密云县、平谷县；（四）南路厅，领霸州、东安县、固安县、永清县、文安县、大城县、保定县。顺天府的地域相当今北京市、天津市和河北省部分地区。

二、直隶省，治保定府（今河北保定市）。顺治元年（1644）改明京师为直隶省。领11个府：保定府、正定府、大名府、顺德府、广平府、河间府、天津府、承德府、朝阳府、宣化府、永平府；7个直隶州：遵化州、易州、冀州、赤峰州、赵州、深州、定州；3个直隶厅：张家口、独石口、多伦诺尔；12个三级散州：祁州、安州、磁州、开州、滦州、晋州、沧州、景州、平泉州、延庆州、保安州、蔚州；还有1个散厅：围场厅。直隶省共设107个县、63个卫、17个所，尚有旗、牧厂等建制。其地域相当于今河北省部分地区、天津市及辽宁省、吉林省、内蒙古的部分地区。

近年来笔者致力于天津地名文化研究，先后出版了《天津地名文化》（天津古籍出版社2005年出版）、《天津地名故事》（与刘利祥合著，天津人民出版社2012年出版）、《天津地名文化通论》（主编，天津教育出版社2022年出版）。笔者认为："地名不是纯粹的地理现象，而是典型的社会现象、文化现象和民俗现象。地名本身就是地域文化的典型体现，是民俗心态的形象反映。"冯骥才先生在论述城市地名时说："城市是有生命的。地名便有了生命的意义，也就是有着和生命一样丰富和深刻的含义，地名是城市生命的起点。"因此，在城市更新改造过程中，应该尽量保留底蕴深厚的地名，这既是对文化遗产的保护，更是对地名所承载历史的尊重与敬畏。

《京津冀地名史话》的主要内容由河北省地名文化18篇、北京市地名文化16篇、天津市地名文化18篇组成。笔者从大量历史地名素材中择取最具地方特色的典型内容进行寻踪阐释。

第一部分"河北省地名文化"主要包括：河北省建制沿革与历史文化、河北省辖市地名文化略说、河北省最古老的地名、河北省市县得名理据、河北省单字县名和"临"字县名、九边重镇与长城关隘、名都邯郸与古县临漳、"华北四宝"与燕赵古桥、河北省依山临水的市县、燕赵大地名山荟萃、燕云十六州史话、滦河及派生县镇地名、历史悠久的"鹿"字地名、"九州"与河北省"州"字地名、热河·察哈尔·晋察冀、由河北省划入京津的区县、河北磁县贺兰山、别具一格的雄安地名等内容。

第二部分"北京市地名文化"主要包括：北京建制沿革与城市文化，北京与蓟、幽、燕的不解之缘，明成祖迁都北京的历史功绩，北京林林总总的别名，京华五坛庙，北京城门说古，京华名塔览胜，北京"坟""陵"地名多，北京地名的满蒙文化遗存，与蒙藏两族相关的北京地名文化，北京胡同故事多，清代北京市场与地名文化，北京街巷地名的谐音雅化，世界文化遗产——北京中轴线，北京街巷地名趣谈，以人名命名的北京地名等内容。

第三部分"天津市地名文化"主要包括：天津建制沿革与城市文化，天津得名的多种说法，天津地名发展简史，天津系列别名一览（上），天津系列别名一览（下），天津独特的地名文化，天津为何独以称"卫"，天津历史文化街区（上），天津历史文化街区（下），天津原租界区的个性街名，河北新区规划及地名命名，五大道与小洋楼文化，天津街道命名开历史先河，"桥"见天津——海河跨河桥览胜，津沽地名与水文化（上），津沽地名与水文化（下），三岔河口与商贸文化，天津"沽""洼""淀"名考等内容。

全书以京津冀地名的时代特征和空间布局为主线，以地方志、地名志、历史文献、地名著述为依据，阐述京津冀地区在不同的历史时期地名形成演变的过程、主要特征和一般规律，对重要地名进行语源、语义的探索和变迁过程的辨析，为京津冀地名文化描绘出基本概貌的轮廓，以展现京津冀地名文化的个性特征和文化价值。至于是否能够达到这个目标，须通过时间和实践的检验。衷心感谢燕山大学出版社的信任和支持，感谢耿学明副总编和张文婷责编的精心审改和指点。对于书中存在的舛谬之处，欢迎方家读者批评指正。

谭汝为

2024 年 7 月 25 日写于天津华苑碧华里寓所

| 第一章 | 河北省地名文化 | 001 |

河北省建制沿革与历史文化 003
河北省辖市地名文化略说 009
河北省最古老的地名 021
河北省市县得名理据 028
河北省单字县名和"临"字县名 035
九边重镇与长城关隘 041
名都邯郸与古县临漳 048
"华北四宝"与燕赵古桥 054
河北省依山临水的市县 059
燕赵大地名山荟萃 067
燕云十六州史话 074
滦河及派生县镇地名 080
历史悠久的"鹿"字地名 084
"九州"与河北省"州"字地名 088
热河·察哈尔·晋察冀 092
由河北省划入京津的区县 099
河北磁县贺兰山 103

别具一格的雄安地名 107

| 第二章 | 北京市地名文化 | 111 |

北京建制沿革与城市文化 113

北京与蓟、幽、燕的不解之缘 119

明成祖迁都北京的历史功绩 124

北京林林总总的别名 131

京华五坛庙 135

北京城门说古 141

京华名塔览胜 147

北京"坟""陵"地名多 155

北京地名的满蒙文化遗存 160

与蒙藏相关的北京地名文化 167

北京胡同故事多 172

清代北京市场与地名文化 179

北京街巷地名的谐音雅化 186

世界文化遗产——北京中轴线 192

北京街巷地名趣谈 197
以人名命名的北京地名 204

第三章 天津市地名文化　211

天津建制沿革与城市文化 213
天津得名的多种说法 223
天津地名发展简史 230
天津系列别名一览（上） 235
天津系列别名一览（下） 241
天津独特的地名文化 246
天津为何独称"卫" 253
天津历史文化街区（上） 258
天津历史文化街区（下） 266
天津原租界区的个性路名 275
河北新区规划及地名命名 284
五大道与小洋楼文化 288
天津街道命名开历史先河 296

"桥"见天津——海河跨河桥览胜..............302

津沽地名与水文化（上）..............311

津沽地名与水文化（下）..............317

三岔河口与商贸文化..............322

天津"沽""洼""淀"名考..............327

主要参考书目 333

一

河北省地名文化

河北省建制沿革与历史文化

河北省地处华北地区，位于漳河以北，东临渤海、内环京津，西为太行山地，北为燕山山地，燕山以北是张北高原，其余为河北平原，是国内唯一兼有高原、山地、丘陵、平原、湖泊和海滨的省份。

河北省简称"冀"，省会石家庄，环抱首都北京、直辖市天津，并紧傍渤海，东南部和南部与山东、河南两省相邻，西依太行山与山西相望，西北部和北部与内蒙古自治区交界，东北部与辽宁省接壤。

一、建制沿革

河北省是中华民族的发祥地之一，地处黄河下游以北，古称冀州。商朝末年，今河北省的中南部为商的王畿之地。战国时分属燕、赵、中山等诸侯国，其中以燕、赵最为有名，故有"燕赵"之称。

秦时属于巨鹿郡、邯郸郡、恒山郡、齐郡、济北郡、上谷郡、代郡、渔阳郡、右北平郡的地域。从西汉、东汉，到三国、西晋，河北一直属幽州、冀州。东晋十六国时期先后被后赵、前燕、前秦、后秦、西燕、北燕、南燕占领。南北朝时期先后属北魏、东魏、北齐、北周。隋代属冀州，唐代属河北道及河东道的小部分。五代后晋，石敬瑭割燕云十六州给契丹。后周世宗收复三关，与契丹以白沟河为界。北宋时南部属河北东路和河北西路；北部属于辽国南京道、西京道东部、中京道西部。金代时属河北东路、河北西路。元代河北为中央直属的中书首。明代属北直隶，仍属中央直辖。

清置直隶省，省会为保定，下辖顺天府（大兴、宛平）、顺德府（邢台）、广平府（永年）、保定府（清苑）、永平府（卢龙）、正定府、天津府、河间府、承德府、大名府、宣化府等。从雍正八年（1730）起，直隶总督驻保定府（今保定市），当时的直隶总督署建筑一直保存至今。

中华民国成立后，今河北境域主要属直隶省，民国三年（1914），设立津海道、保定道、大名道、口北道。民国十七年（1928），直隶省以地在黄河以北为名，更名为河北省。民国十九年（1930）十月，河北省省会迁至天津。民国二十四年（1935）六月，河北省省会迁往保定。

抗日战争时期,河北省北部和中部主要属晋察冀边区,南部属晋冀鲁豫边区。1948年5月,晋察冀和晋冀鲁豫两解放区合并,9月建立华北行政区,今河北省辖境主要属北岳、冀中、冀南、太行4区。1949年8月1日,河北省人民政府成立,省会设在保定市。1948年5月,中共中央迁到平山县西柏坡。在这里,中共中央、中央军委部署和指挥了辽沈、淮海、平津三大战役,召开七届二中全会,迎来了全国解放的曙光。

二、政区变迁

1952年,撤销察哈尔省,将其原察南专区、察北专区划归河北省。1956年,撤销热河省,将其原大部分辖区划归河北省。1958年,将河北省的顺义、延庆、平谷、通县、房山、密云、怀柔、大兴等县划归北京市。1958年2月,天津划归河北省。1967年1月,天津恢复直辖市。1968年,河北省省会从保定市迁往石家庄市,延续至今。1973年,将河北省的蓟县、宝坻、武清、静海、宁河等五县划入天津市,自此形成河北省现辖区规模。2017年4月1日,中共中央、国务院印发通知,决定设立河北雄安新区。

河北省省会变动频繁:(1)1913年,当时的直隶省省会从保定迁到天津;(2)1928年,河北省将省会搬到北平;(3)1930年9月,北平国民政府成立,北平又成为首都,河北省政府搬回天津；（4）1935年，河北省省会重新搬回保定；（5）1937年，抗战全面爆发，河北省政府踏上为期8年的流亡生涯，其间，河北大名、河南洛阳、陕西西安、陕西郿县，先后成为河北省省会的落脚地；（6）1945年11月，河北省将省会从西安迁到北平；（7）1946年7月，河北省将省会从北平迁回保定；（8）1947年11月，河北省再度把省会从保定迁到北平；（9）1949年，中华人民共和国成立，北京再次成为首都，河北省把省会迁回保定；（10）1958年，河北省再度将省会从保定迁至天津；（11）1966年，河北省把省会搬回保定；（12）1968年，河北省把省会迁到石家庄，至今未变。从1913年到1968年，河北省省会搬迁多达12次，其中全面抗战时期（1937—1945）河北省政府的临时落脚点略去不计。

三、历史文化

在中国漫长的历史演进过程中，河北省属于开发较早的地区，始终占有重要的地位。考古发掘证明，约200万年前河北阳原马圈沟就有了人类活动足迹；在河北西北的泥河湾盆地发现有距今100万年的古人类聚居遗址20余处。新石器时代的文化遗存在河北省分布广泛，燕山南北、太行山东麓广大地区分布着大小不一、为数众多的原始聚落，尤以位于武安县的磁桥山文化遗址最为突出。5000年前，河北各氏族、部落相继进入父系氏族社会，并经历氏族融合过程：发生在河北的涿鹿之战、冀州之战、阪泉之战是对中华民族的形成具有奠基意义的三次战争。战争的主要领袖黄帝和炎帝被尊为中华民族的始祖。

夏朝开国之君大禹曾在河北开展治水工程。夏之后的商王朝即是由活跃在河北中南部的一个部落发展壮大而来。商朝前期曾在冀南、豫北一带五迁其都，河北南部是商朝的王畿之地。战国初期，邺县县令西门豹主持兴修的引漳十二渠工程，是河北历史上首座大型水利工程设施。秦汉时，河北成为全国富庶地区之一。满城西汉中山靖王刘胜及其妻窦绾墓出土的两套完整的金缕玉衣等珍品，反映了两汉时期河北社会经济发展的水平。河北在科学技术上成就突出，杰出的数学家、天文学家祖冲之首次把圆周率值计算到小数点后七位。隋代河北人为开凿大运河的北段永济渠作出了巨大贡献。著名工匠李春主持设计和建造的安济桥（赵州桥），代表当时桥梁建筑的先进水平。唐代的河北是全国重要的经济区之一，粮食、丝织、制瓷业都很发达。元、明、清三代，河北作为京畿藩屏之地，政治、经济、军事地位十分重要，故有"畿辅"之誉。元代，著名科学家郭守敬所制《授时历》是中国古代最为精确的一部历法。戏剧大师关汉卿作为元曲奠基人，成为世界文化名人。清代河北已成中国重要的产棉区。文学大师曹雪芹的《红楼梦》不仅是中国著名的古典小说，在世界文学之林中也占有十分重要的地位。著名学者纪晓岚主编的《四库全书》成为中国古代最大的一部官修书。19世纪70年代，河北近代矿业等工业开始兴起，1934年河北产煤700万吨，占全国总产量的20%，居全国第二位。随着近代工业的兴起，铁路开始兴建，除最早的唐胥线外，还有著名工程师詹天佑主持修建的京张铁路以及京山路、京汉路、石太路、津浦路等。

河北省文物古迹众多，燕赵大地宛如一座展示中华文明的博物院，古建筑、古遗址、古墓葬、石窟寺、摩崖造像、石刻、近现代文物等，种类繁多，品类齐全。河北省拥有省级以上文物保护单位达930处，在国内首屈一指。拥有长城、承德避暑山庄及其周围寺庙、清代皇家陵墓群（清东陵和清西陵）3项世界文化遗产，还有邯郸、保定、承德、正定、山海关、蔚县6个国家级历史文化名城。河北是万里长城途经距离最长、保存最完好的省份，境内长城遗存达2000多千米。

直隶河间府献县人纪晓岚主编的《四库全书》成为中国古代最大的一部官修书

河北省辖市地名文化略说

河北一向被称为"燕赵大地",这是由于其春秋战国时期属于燕国和赵国。战国时期的《周礼·职方》最早提到"河北之地"。《战国策》载,赵有河北。唐朝设置"河北道",所谓"道"相当于今省级行政区划。河北省简称"冀",源自古代九州的冀州。截至目前,河北省下辖11个设区市,分别是石家庄市、承德市、张家口市、秦皇岛市、唐山市、廊坊市、保定市、沧州市、衡水市、邢台市和邯郸市。

一、石家庄市

石家庄是河北省省会,地处河北省中部。原为冀中平原一个不足200人的小村落,属清代正定府获鹿县。20世纪初,晚清政府相继修建的平汉铁路(今京广铁路)和正太铁路(今石太铁路)在这里交会,于是火车站就设在石家庄村,遂使这个名不见经传的小村落因地处交通要地而转化为城市。1925年,北洋政

石家庄电视塔

府在这里设石门市，取石家庄村和休门村首尾二字为名。

1947年11月石门市解放，12月更名为石家庄市。1968年，河北省省会迁至石家庄，1978年升为地级市。1993年，石家庄地区与石家庄市合并，成立新的石家庄市人民政府，驻地于长安区。革命圣地西柏坡位于该市下辖的平山县境内。

二、承德市

承德市位于河北省东北部，地处冀北山地。"承德"一词最早见于《尚书·周官》："六服群辟，罔不承德。归于宗周……"意思是说各地诸侯无不承受周王的德泽，归于周王都的统治。所谓"承德"，即承受德泽。清政府在这里先设热河厅、承德直隶州、承德府，取承受先祖德泽之意。清朝曾有7个皇帝在此驻跸，使这里成为清王朝第二个政治中心。

1913年，撤销承德府，设承德县，属热河特别区。1928年取消热河特别区建热河省，承德为省会。1945年建承德市。

承德避暑山庄

1955年底撤销热河省。1956年初划归河北省，为河北省辖市。1960年开设地级市。1982年被列为国家首批24个历史文化名城之一。1993年，承德地区与承德市合并。1994年，承德避暑山庄及其周围寺庙被联合国教科文组织列为世界文化遗产。

三、张家口市

张家口市地处河北省西北部，又称张垣。其发源地是堡子里（亦称"下堡"），明代属京师宣府镇，为万全右卫地。明宣德四年（1429），指挥使张文始筑城堡，名张家堡。明嘉靖八年（1529）守备张珍在北城墙开一小门，曰小北门，因门小如口，又由张珍开筑，故称张家口。清代设张家口厅。

1913年，张家口属直隶省察哈尔特别区。1928年，国民政府定都南京，将直隶省改为河北省，撤销察哈尔特别区，设立察哈尔省，张家口为省会。1939年为省辖市。1950—1952年曾为内蒙古自治区首府。1952年，察哈尔省建制撤销，察南、察北

张家口草原

两专区合并为张家口专区,划归河北省。张家口市亦划归河北省,为地级市。1993年,张家口地区和张家口市合并,仍称张家口市。张家口素有"长城博物馆"的美称。1909年,第一条由中国人自己设计建造的铁路——京张铁路开通,开启了张家口迈向近现代城市的历程。2022年在这里成功举办了冬奥会。

四、秦皇岛市

秦皇岛市位于河北省东北部,是中国唯一一座以皇帝名号命名的城市,是国家历史文化名城。秦皇派人渡海求仙的传说,成就了历史上的秦皇岛。

明嘉靖十四年(1535)版的《山海关志》载:"秦皇岛,城西南二十五里,又入海一里。或传秦始皇求仙驻跸于此。"明代蒋一葵《长安客话》也记述了秦始皇从这里派方士入海求长生不死药的传说。清光绪四年(1878)重修的《临榆县志》记载岛上

第一章 河北省地名文化

有"李斯碑"。这些都说明"秦皇岛"的"秦皇"是指秦始皇。

也有人说,秦皇岛之名最早见于明代诗人杨琚的一首七言律诗《秦皇岛》:"逦迤神山峙海边,始皇曾此驻求仙。羽翰飙驾今何在?方丈瀛洲亦杳然。古殿远连云缥缈,荒台俯瞰水潺湲。红尘不动沧溟阔,芳草碧桃年复年。"秦皇岛的起源地是指现今的海港区东山,是一座由风化的花岗岩形成的剥蚀性残山。其在200多年前还是一座岛屿,直到19世纪末,随着港口建设,岛屿才与陆地相连,成为陆地的一部分。

1898年,清政府自开秦皇岛为通商口岸,划定北戴河以东至金山嘴为各国人士避暑区,准中外人士杂居。1948年设秦榆

秦皇岛北戴河

市，1949年更名秦皇岛市，为省辖市。1983年升为地级市。秦皇岛是联系华北和东北的沿海交通要道，有举世瞩目的天下第一关——山海关和海滨避暑胜地——北戴河。

五、唐山市

唐山市位于河北省东部，唐贞观十九年（645），李世民率大军东征高句丽未果，班师回京途中，曾在今唐山市中部丰润大城山驻跸，该山遂称"唐山"。《滦县志》载：后唐李嗣原曾屯兵大城山，后来后唐姜将军斩蛟有功，葬此山，"山以唐名，实由于此"。

清光绪三年（1877）设唐山镇。不久，开平矿务局成立，开平煤矿在此运营。1938年设唐山市，为县级市；1949年升为地级市；1978年改为省辖市。1983年，唐山专区与唐山市合并。位于唐山遵化市的清东陵是中国现存规模最大、体系最完备、布局最规整、保存最完好的古代帝王陵墓建筑群之一，被列为世界文化遗产。唐山还是中国评剧发源地，评剧、皮影、乐亭大鼓被誉为"京东戏曲三枝花"。

六、廊坊市

廊坊市位于河北省中部偏东，地处京津冀城市群的核心地带,享有"京津走廊"的美誉。宋朝初年,安次县出了个宰相,名字叫吕端。吕端之父在老家盖的大宅院,就在今廊坊市区。由于房屋高大,远近闻名,加上房主是兵部侍郎,遂为当地标志性建筑,百姓称之"侍郎房",后成村名。经民间长期口传笔写演变:"郎房"变为"廊房",最后改为"廊坊"。1897年,廊坊建火车站,始用"廊房"。1950年后,廊房成为安次县城,廊房名字的使用率大大提高。后约定俗成定型为"廊坊"。

1967年,隶属河北省的天津地区革命委员会机关驻天津市区。1969年天津地区机关迁至安次县廊坊镇。1973年,天津地区更名廊坊地区,驻地仍在廊坊镇。1981年撤销廊坊镇,设立廊坊市(为县级市)。1988年,廊坊地区更名为廊坊市(为地级市),原县级廊坊市更名为安次区。

七、保定市

保定市位于河北省中西部,是京津冀地区中心城市之一。隋朝,设清苑县。北宋建隆元年(960),赵匡胤在其祖陵附近的清苑废城,设"保塞军"。北宋太平兴国六年(981)升保塞军为"保州"。金改为顺天路。1213年,蒙古军队攻陷金国顺天路,屠城。1227年,蒙将张柔重建城池,元至元十二年(1275)改顺天路为保定路,取"保卫大都,安定天下"之意,此为"保定"

保定狼牙山

地名之始。明洪武元年（1368）改保定路为保定府。清代袭之，属直隶省。

清康熙八年（1669），直隶巡抚从正定迁保定，始为省会。1913年，直隶省会迁天津。1928年，废直隶省改建河北省，省会几经变迁。1983年，保定市复为省辖市。1994年，保定地区和保定市合并。保定历史悠久，是第二批国家级历史文化名城。

八、沧州市

沧州市地处河北省东南部，是环渤海地区重要的沿海开放城市。北魏熙平二年（517）置沧州，因东临渤海而得名，意为沧海之州。元代改河间路，明清置河间府。清雍正七年（1729），沧州改为直隶州，下辖盐山、庆云、南皮等县。雍正九年（1731），降为散州，属天津府。

沧州铁狮子

1913年，废州府，改为沧县。1928年属河北省。1947年设沧市。1949年设沧县专区，沧市改沧镇，为县级镇。1958年，沧州专区先后并入天津专区、天津市。1961年，恢复沧县专区、沧州市。1983年，沧州市升为地级市。1993年，沧州地区和沧州市合并。沧州素有"诗经故里""武术之乡""杂技之乡"的美誉。

九、衡水市

衡水市位于河北省东南部。"衡水"一词始见于北魏文成帝拓跋濬的《南巡碑》。碑文提到，文成帝曾在信都（今冀州区）的"衡水之滨"举行过规模盛大的"禊礼"。所谓"禊礼"指古代春秋两季在水边举行的涤除污垢、禳灾祈福的祭祀活动。隋开皇十六年（596），分下博、信都和武邑三县地，置衡水县。1949年始设衡水专区。1982年，衡水镇升为衡水市。1983年衡

武强年画

水县并入衡水市。1996年，撤销衡水地区，改设地级衡水市。

衡水旅游资源丰富，其中衡水湖、武强年画博物馆、衡水老白干酒厂都是享誉华夏的旅游景区。另外，衡水内画鼻烟壶、侯店毛笔和宫廷金鱼被称为"衡水三绝"，闻名海内。

十、邢台市

邢台市地处河北省南部，是中国最早的古都之一，素有"五朝古都、十朝雄郡"之称。"邢"作为地名，最早见于《竹书·纪年》："商祖乙九祀圮于耿，迁邢。"可知，"邢"在商朝时为"邢都"。据《元和郡县志》载，公元前11世纪，周成王封周公四子姬苴为邢侯，置邢侯国。后世的邢侯曾在此建行台。据《邢台县志》载："邢，战国时为晋邑，赵襄子采食于此，故有襄国之名。"西汉时为襄国县。唐武德元年（618）更名邢州。宋宣和元年（1119）罢邢州，置信德府。转年，宋徽宗合古"邢"字和邢侯所筑"行台"之"台"字，设为邢台县。至此，"邢台"地名始现。元代初期，邢台属中书省顺德路。

郭守敬雕像

明洪武初年（1368），顺德路改名为顺德府。

民国初年，邢台各县均直隶于河北省。1945年，邢台解放，设邢台市。1949年，邢台为省辖市。1993年，邢台地区和邢台市合并。邢台在历史上涌现出中医圣祖扁鹊，唐代名相魏徵、宋璟，元代科学家郭守敬等历史名人。

十一、邯郸市

邯郸市地处河北省南端，是晋、冀、鲁、豫四省之要冲。文献记载"邯郸"一名最早出现于殷商末年。对地名"邯郸"的解释，按曹魏时张晏的说法："所谓邯山在东城下者也。曰单，尽也，城廓从邑，故加邑。邯郸之名，盖指此以立称矣。"意即邯山到此而尽，故名邯郸。

商末，邯郸为殷纣王的"离宫别馆"，西周时为卫国邯郸邑，春秋时为晋地。战国时为赵国国都。秦置邯郸郡。两汉时期，邯郸工商业发达。东汉末年曹操在邯郸境内的邺城建都，成为黄河以北地区的政治兼文化中心。隋置邯郸县。宋、金、元、明、清，邯郸地界为大名府。1906年京汉铁路通车后，邯郸故城再度复兴，成为冀南地区的中心城市。1945年邯郸解放，邯郸市成立。1952年为县级市，1954年升为省辖市。1993年撤销邯郸地区，实行地市合并。邯郸历史悠久，文化灿烂，铸就了女娲文化、建安文化、磁州窑文化、成语典故文化、边区革命文化等脉系，素有"成语典故之都"的美誉。

邯郸武灵丛台

河北省最古老的地名

传说中最古老的地名——涿鹿县，隶属于张家口市，地处河北省西北部、桑干河下游，与张家口市下花园区和北京市郊区相接。涿鹿，西汉时设县，元代为保安州，1913年改保安县，1914年复名涿鹿县，1928—1952年曾属察哈尔省。

传说在古老的父系氏族公社时期，在今河北省涿鹿县一带发生了两场激烈的战争，史称阪泉之战和涿鹿之战。

阪泉之战，是黄帝和炎帝这两个部落联盟在阪泉之野发生的战争。《史记·五帝本纪》载，黄帝之时，炎帝欲侵凌诸侯，黄帝乃修德备战，"以与炎帝战于阪泉之野，三战然后得其志"。这场大战发生在神农时代末期，氏族制度已趋衰落，社会分化加剧，为物质利益而进行的战争日益增多，给正常的生产生活带来巨大威胁。为应付战争，亲属部落结成联盟，进而又结成范围更大的联合体。此时，实力强大的黄帝部落用武力征服不顺从者，成为威信极高的"酋豪"，很多较为弱小的部落纷纷投靠归顺。

然而此时，炎帝部落也四方征讨，扩大势力范围，以逞雄称霸。于是，黄帝和炎帝间终于发生了阪泉之战。由于参战的两大部落联盟都有很强的实力，因而战争规模颇为壮观。汉贾谊《新书》载："炎帝者，黄帝同母异父兄弟也，各有天下之半。黄帝行道而炎帝不听，故战于涿鹿之野，血流漂杵。"最后，黄帝在这场战争中，经"三战然后得其志"。阪泉之战后，黄帝、炎帝连同分别从属于他们的一些部落结成联盟，确立黄帝的领导地位。炎帝败得心服口服，甘愿称臣。阪泉之战对开启中华文明史、实现中华民族第一次大统一具有重要意义。

阪泉之战以后，《史记·五帝本纪》载："蚩尤作乱，不用帝命，于是黄帝乃征师诸侯，与蚩尤战于涿鹿之野。"相传蚩尤是南方九黎（即九个亲属部落结成的部落联盟）的首领，勇武善战，而且武器装备较为先进。战争起于蚩尤大军西向侵掠，炎帝大败，疆土全无，转向黄帝求助，于是引发了黄帝与蚩尤间的涿鹿之战。由于双方实力相当，战争旷日持久，但最终蚩尤失败，黄炎集团取得胜利。涿鹿之战是炎黄二帝率领的炎黄部落与蚩尤率领的南方九黎部落进行的一场大战，被后人称为"华夏民族"的奠基之战。涿鹿之战后，九黎部落分崩离析，其中的一部分与炎黄部落融合，构成华夏民族，炎帝、黄帝与蚩尤就此成为"华夏三祖"，并产生了"炎黄子孙"和"黎民百姓"的称谓。另一部分则渡过黄河南下，聚居于江淮一带，称为"三苗"。

"涿鹿""阪泉"，是中国历史上很古老的两个地名。阪泉，一说在今河北涿鹿县的东南。《晋太康地志》："涿鹿城东一里有阪泉，上有黄帝祠。"《括地志》："阪泉今名黄帝泉，在妫州怀戎县（今涿鹿县西南）东五十六里，出五里至涿鹿东北，与涿水合。"汉代设有涿鹿县，在今河北涿鹿县城东南的古城，而阪泉则处在这座古城的南面。涿鹿古城迄今还保存着城垣的残迹。古城的南边有涿鹿山，东侧矾山镇的西面和阪泉平行的有一条蚩尤泉水北流汇为涿水，就是今天的流向东北汇入官厅水库的清水河。古城的北面有东西走向的桥山，又名天架山，传说就是黄帝的衣冠冢，又名黄陵。

但后世的说法不一。《汉书》将"桥山"记载在上郡的阳周县下，说"桥山在南，有黄帝冢"。阳周县在今陕西省北部子长县西北的白于山麓。北魏时又将阳周县改设在今陕甘两省交界的子午山麓，隋代更名罗川县，唐代改为真宁县，清代又改为正宁县。县东与中部县相邻，两县分别处在子午岭两侧的山麓下。唐代《元和郡县图志》载："子午山亦曰桥山，在（真宁）县东八十里，黄帝陵在山上即群臣葬衣冠之处。"明清时期的《地理志》，又把桥山置于中部县来记述。《明史》："中部北有桥山，亦曰子午岭。"《清史稿》："中部：城市桥山。"

于是，祭祀黄帝的活动就在这里举行了。清乾隆四十一年（1776），陕西巡抚毕沅在这里竖立石碑，上书"古轩辕黄帝桥陵"。1944年，中部县改名为黄陵县。于是，桥山、黄陵这两个地名就固定于此了。

司马迁《史记》："黄帝居轩辕之丘，邑于涿鹿之阿，迁徙往来无常处。"因为传说黄帝与蚩尤在涿鹿大战时，奴隶制国家尚未正式建立，所谓都城的说法都是后人以今例古，不足为据。一些历史地名会随着人群的迁居而发生转移，甚至发生多次转移，这就体现出一些古老的历史地名呈现出多元和复杂的特征。

今之涿州市，古代即以涿水得名。古代涿州辖境宽阔，包括今北京市房山区，河北省的涿州、涞水、定兴、容城、安新、蠡县、博野、易县、高碑店、雄县、徐水、高阳、安国、清苑、霸州、肃宁、河间、任丘、永清、饶阳、安平等市县及定州市东部。西汉绥和元年（前8），割西南部地区属中山国，辖境缩小。东汉属幽州。三国魏黄初七年（226）改为范阳郡。隋大业初改幽州，治蓟县（今北京城西南隅），其辖境相当于今北京市及河北霸州市和天津市海河以北，蓟运河以西，赤城、涿鹿等县以东地区。炀帝时开永济渠，南达于黄河，北通至此。唐大历四年（769）析幽州置涿州，治范阳县（今河北涿州市）。辖境相当于今河北涿州、高碑店、定兴、固安等市、县及北京市部分地区。元太宗八年（1236）改置涿州路。元中统四年（1263）复为涿州。1913年更为涿县。1986年设涿州市。

河北省最古老的县，有始于春秋的任县、馆陶县，始于战国的行唐、元氏、饶阳、安平、武安。例如任县，源自春秋晋国的任邑，西汉时设立任县，县治在今县东的任城镇。馆陶县，源自春秋晋国的冠氏邑，西汉时设立馆陶县，县治在今馆陶镇。行唐县，源自战国赵国的南行唐邑，西汉时设立南行唐县，县治在今县的龙州镇。元氏县，源自战国赵国的元氏邑，西汉时设立元氏县，为常山国治，县治在今县的槐阳镇。饶阳县，源自战国赵的饶邑，西汉时设立饶阳县，县治在今县的饶阳镇。安平县，源自战国赵国的安平邑，西汉时设立安平县，县治在今县的安平镇。武安市，源自战国赵国的武安邑，秦代设立武安县，县治在今武安市西南的固镇，隋朝时迁今武安镇。

河北省古老的县，有秦、汉、三国、隋、唐、五代时期设置的80余个县：

（1）秦代设置的，有井陉县（治今县东北）、东垣县（治今石家庄市郊东古城）、怀来县（原名沮阳县，治今县东南）、涿县（治今涿州市）、曲阳县（治今县西）、南皮县（治今县东北古城村）、巨鹿县（治今巨鹿镇）、邯郸县（治今市）、武安县（治今市西南固镇）、原范阳县（治今定兴镇）等，共10个县。

（2）西汉时期设置的，有灵寿县（治今县西北故城）、藁城县（治今区东南）、曲阳县（治今晋州市西）、行唐县（治今县东北故郡村）、深泽县（治今县东南故县村）、无极县（治今无极镇）、元氏县（治今县西北故城村）、阳原县（治今县西南）、涿鹿县（治今县东南故城）、安次县（治今安次区西北古县村）、固安县（治今县西南）、文安县（治今文安镇）、安国县（治今安国市东南）、唐县（治今县东北）、武兴县（治今安新县南）、望都县（治今唐县西北）、高阳县（治今县东旧城镇）、容城县（治今县北）、东光县（治今县东）、枣强县（治今县东故县村）、武邑县（治今武邑镇）、饶阳县（治饶阳镇）、安平县（治今安平镇）、阜城县（治今县东）、南宫县（治今市北旧城村）、任县（治今县东）、平乡县（治今县西南）、涉县（治今县东北）、魏县（治今大名县魏城镇）、曲周县（治今县东北）等，共30个县。另外，西汉设置后被裁撤的，还有北平县（治今保定市满城镇）、卢奴县（治今定州市）、蠡吾县（治今博野镇）、陆成县（治今蠡县南）、浮阳县（治今沧州市旧州镇）、高城县（治今盐山县东南）、乐成县（治今献县东南）、信都县（治今冀州区）、平棘县（治今赵县西南）、广昌县（治今涞源县北）、东平舒县（治今大城县平舒镇）、脩县（治今景县南）、堂阳县（治今新河县西北）、广年县（治今永年区东故县村）、斥丘县（治今成安县)、广平县(治今鸡泽县东南)等,共个16县。东汉时期设置的,有栾城县(治今栾城镇)、高邑县(治今高邑镇)、广宗县(治今广宗镇)等,共3个县。

(3)三国魏时设置的,有肥乡县(治今肥乡区西)。隋代设置的,有鹿泉县(治今址)、新乐县(治今新乐市东北)、赞皇县(治今赞皇镇)、清苑县(治今保定市)、易县(治今易州镇)、涞水县(治今涞水镇)、河间县(治今河间市)、衡水县(治今衡水市西南)、沙河县(治今县东)、内丘县(治今内丘镇)、柏乡县(治今县东南)、馆陶县(治今馆陶镇)等。共13个县。

(4)唐代设置的,有平山县(治今平山镇)、怀安县(治旧怀安,曾属察哈尔省)、蔚县(初名安边县,治今蔚州镇)、抚宁县(治今抚宁镇)、玉田县(治今无终街道)、三河县(治今三河市)、永清县(治今永清镇)、临城县(治今临城镇)、宁晋县(治今凤凰镇),加上后被裁撤的新城县(治今高碑店市东南新城)、归义县(治今容城县东)等。五代设置的,有遵化县(治今遵化镇)、霸州(治今市霸州镇)、永安县(治今青县清州镇)等。共14个县。

综上,在宋代之前设立的古老的县,总数达80余个,由此可见河北省历史之悠久,诚非虚言也!

河北省市县得名理据

河北省市县得名理据大致可分四类：第一类，以标志物或特产为名；第二类，以安定吉祥为名；第三类，以历史典故命名；第四类，派生地名、合成地名或避讳改名。

一、以标志物或特产为名的市县

乐亭县，位于河北省东北部、唐山东南部，东临渤海。北魏时为海阳县地，新城东北二里有乐安亭。金大定末年（1189），马城县析置乐亭县，因古乐安亭而得名。1983年，乐亭县属唐山市。

吴桥县，位于河北省东南部，南运河东岸。北宋置吴桥镇，金大定二年（1162）在吴桥镇设县，仍以吴桥为名。据《吴桥县志》载，"吴桥名镇，在邑人传为古大姓吴氏所族居"，且"城外大桥南岸旧有桥，传为吴桥"。

大厂回族自治县，位于河北省中部，地处燕山南麓平原、潮白河上游，廊坊市北部，与北京市相邻。唐析幽州潞县东部置三河县，今大厂县域大部一直属三河县地。1955年，大厂回族自治县成立。1989年，撤销廊坊地区，设立廊坊市，大厂属之。据传明代此地为牧马场，俗称"大场"，后演化为大厂而为县名。

南皮县，位于河北省东部，南运河畔，南与山东省毗邻。据《太平寰宇记》载，春秋时，齐桓公为救燕而北伐山戎，缮修皮革于此城，遂名南皮。南皮秦朝置县，是今沧州市境内唯一县名从秦朝延续未变的千年古县。另一种说法：章武有北皮亭，故称此为南皮。据《河北通志稿》称："南皮城北五十里有北皮城。"

枣强县，位于河北省东南部。据《畿辅通志》载，该地古时盛产红枣，在战国时即以蒸煮枣油名世，俗称煮枣城。据《元和郡县志》载，到西汉置县时，此地枣木长势更为茂盛，故以"枣强"作为县名。

康保县，位于河北省西北部，张家口以北，地处内蒙古高原东南缘，属阴山穹折带，俗称"坝上高原"。1922年由张北、商都两县析置康保招垦设治局，1925年改为康保县，因县城南有一片广阔的水淖湿地，蒙古语称之"康巴诺尔"，意即美丽的湖泊。县名"康保"即取蒙古语"康巴"之谐音。

二、以安定吉祥为名的市县

时代不同，政治观念也有所不同。但封建统治者都希望本朝国运昌盛，长治久安。这种心态往往体现在帝王用以纪年的年号和州县的地名上，如熙宁、永泰、嘉定、兴国等既是帝王年号，又是州县地名。古代帝王在为新设置的州县命名时，往往选用如"安""平""定""宁"等吉祥字眼。

安国市，位于河北省中部，保定市南部。汉高祖时封王陵于此为侯邑，命名为安国，取宁邦安国之意。汉武帝元狩六年（前117）始置安国县。1991年改设安国市。安平县，战国时为赵国安平邑，据《史记·赵世家》载，惠文王四年（前295），"公子成为相，号安平君"。据《安平县志》载，"众官民安居乐业，且地势平坦"，故名。另外，河北省含"安"字的市县还有：安新县、安次县、怀安县、固安县、文安县、武安市、广平县、成安县、迁安市等。

平山县，位于河北省西部，在石家庄市北部，原名房山县，以境内房山为名。唐天宝十五载（756）始改今名。阜平县，位于河北省西部，与山西省接壤。金置北镇。明昌四年（1193）以北镇并曲阳县北境置阜平县。"阜"为兴旺昌盛之意。据《河北省县名考原》载："境内多山，治所适当平坦，县或以为名。"

此地宋代曾设寨，金代置镇，向为军事要地。河北省含"平"字的市县，还有平乡县、平泉县、广平县、滦平县、顺平县等。

保定市，宋代建隆元年（960）设置保塞军，因时处宋辽交界之地，以保卫边塞命名。北宋太平兴国六年（981）升为保州。元代至元十二年（1275）更名保定路，取"永保安定"之义。定州市处于保定市的西南部。北魏皇始二年（397）于卢奴县设定州。据《元和郡县志》载："以安定天下为名也。"1986年定县改为定州市。定兴县，位于河北省中部。秦代设范阳县，隋代称县，金大定六年（1166）置定兴县。

丰宁满族自治县，北邻内蒙古自治区，清乾隆四十三年（1778）改置丰宁县，取"丰阜康宁"之义。1987年，经国务院批准撤销丰宁县，成立丰宁满族自治县。

三、以历史典故命名的市县

南宫市，汉置南宫县。据《南宫县志》载，相传春秋有八士，其一名南宫适（kuò），曾居于此，后人即以其复姓南宫为县名。肥乡县，原名肥邑，战国赵惠王时，为嘉许相国肥义之烈，曾将今县地作为其封地，所筑城邑以其姓氏命为肥邑，后称肥邑乡。三国魏黄初二年（221）始置肥乡县。据《大明一统名胜志》载："志云：肥乡其土壤沃饶，四野平坦，故名。"遵化市，位于河北省东部，西邻天津市。唐为玉田县地，天宝元年（742）在此设买马监，后唐始置遵化县，取"遵孔孟之道，教化黎民百姓"之义，于 1992 年设市。任丘市，位于河北省东部，传说西汉初年巡海使中郎将任丘曾在此筑城，遂以其姓名命为城名。北齐年间设任丘县，1986 年设市。黄骅市，位于河北省东缘，临渤海湾。原名新海县，曾一度更名新青县。1945 年，为纪念 1943 年在境内牺牲的山东省冀鲁边区副司令员黄骅，将新青县改名黄骅县。1989 年设市。

昌黎县，地处河北省东缘，东临渤海。辽设广宁乡，金大定二十九年（1189），启用废弃已久的旧郡名"昌黎"为县名。"昌黎"取"黎民昌盛"之义。望都县，战国时为庆都邑，西汉始置望都县。据张晏《汉书》注云："尧山在北，尧母庆都在南，登尧山，见都山，故以为名。"万全县，位于河北省西北部，长城内侧。汉代称宁县，明洪武二十六年（1393）置万全左、右二卫。清康熙三十二年（1693）改万全右卫为万全县，取防备周全、万无一失之义。隆化县，位于河北省北部，与辽宁省相邻，原名博洛和屯。清乾隆元年（1736）设博洛和屯巡检；清宣统二年（1910）设隆化县，取"承皇恩感化，以兴隆发展"之义。丰润县，位于河北省东部，南临唐山市。金大定二十七年（1187）置永济县。金大安元年（1209），因金卫绍王讳永济，永济县遂更名丰润县，取土地平旷、水源丰沛之义。

玉田县，位于河北省东部，西临天津市。唐万岁通天元年（696）更无终县为玉田县。据《元和郡县补志》载："邑内有地一顷，名曰玉田，杨伯雍种石产璧之所也。"又《读史方舆纪要》曰："种玉山在县北十里，县以此名。"

四、派生地名、合成地名与避讳改名

派生地名是与原生地名相对的新地名，例如张北县位于张家口明长城北部，民国二年（1913），改厅设县，号称"坝上首县"，因地处张家口以北而得名"张北"。迁西县原为迁安县辖区，1946年设立迁西县，因位于迁安以西而得名。滦南县原为滦县辖区，1942年析滦县南部地区置县，因位于滦县之南而得名。丰南区原为丰润县辖区，1945年析丰润县南部地区置县，因位于丰润县之南而得名，1994年设市，2002年改设丰南区。

合成地名是相邻两地合并而产生的新地名，例如隆尧县1947年由隆平、尧山两县合置，各取首字合称而得名。唐海县1982年由柏各庄农场改建，因地处唐山以南，又濒临渤海，故以"唐海"为县名。

因避讳改名的市县，例如邯郸市永年区，秦置广年县，隋仁寿元年（601）因避皇太子杨广之名讳，改名为永年县，2016年设区。内丘县，汉代名为中丘县，隋开皇初年，因避隋文帝杨坚之父杨忠名讳,改中丘县为内丘县。曲阳县,隋朝初年名为恒阳县,唐元和十五年(820)因避穆宗李恒名讳,复名曲阳县,沿用至今。正定县,原名真定县,清雍正元年(1723)因避世宗(胤禛)名讳,改名为正定。

河北省单字县名和"临"字县名

一、河北省单字县名

所谓单字县名,系与双字县名(如平山、正定、玉田等)相对而言,即指专名是单字的县,如沧县、易县、滦县等。河北省单名县有17个,即石家庄的赵县,邯郸的涉县、磁县、邱县、魏县,邢台的任县、威县,保定的唐县、易县、蠡县,张家口的蔚县,沧州的沧县、青县、献县,衡水的景县,唐山的滦县,还有雄安新区托管的雄县。

周朝初年共分封了108个诸侯国,如蔡、卫、吕、薛、郑、魏、韩、吴、宋、陈、梁、邓、徐、谢等,这些国名无一不演变为姓氏。我国县级行政区划中以汉族单姓为名的约有20多处,例如河北省的赵县、魏县、邱县、任县、唐县、易县,山西省的祁县、霍县,山东省的曹县、单县、费县,河南省的孟县、邓县,陕西省的华县等。如寻根溯源,这些古老的县名中有相当一部分源于古代诸侯国名。

石家庄市下辖的赵县，战国时属赵国。北魏置赵郡，隋改赵州，1913年改为赵县，是著名旅游景区赵州石桥和柏林禅寺的所在地。

邯郸市下辖的涉县，位于太行山东麓，晋冀豫三省交界处。汉高帝元年（前206）立县，因涉水而名。涉县是革命老区、红色圣地，名胜有娲皇宫、韩王九寨、八路军一二九师纪念馆等。磁县位于河北省最南端，漳河北岸，隋代置慈州，因附近有磁山，出磁石，宋代更名磁州，1913年降为磁县。邱县位于河北省东南部，因县治东有平丘山而得名丘县，后因避孔子名丘之讳，而更名邱县。魏县位于河北省最南部，与河南省接壤。战国时名魏城，西汉置魏县，以战国时曾为魏都而得名。

邢台市下辖的任县，位于河北省北部，春秋时为晋地，筑有任邑，西汉置县，因邑为名。威县位于河北省东南部，金代置威州，今威县时称洺水县。明洪武初年降威州为威县。

保定市下辖的唐县，位于河北省西部，古为唐国，建有唐邑。唐县的"唐"字，源出上古部落联盟首领唐尧。传说唐尧在这一带出生、封侯、建唐侯国和都城，开启中国历史尧天舜日时代。西汉在此置县，定名唐县。易县位于河北省中部，隋设易州，取州南易水为名。后置易县，沿用州名。"风萧萧兮易水寒"，乃燕太子丹为荆轲送行之处。蠡县在河北省中部，西汉置陆成县，东汉改博野县，元入蠡州，明改蠡县，是著名作家梁斌、著名画家黄胄的故乡。

沧州市下辖的青县，位于河北省东部，南运河畔。汉高帝时期，置参户县，明洪武八年（1375），始称青县。民国十七年（1928），道制废，青县直属河北省。1993年7月，沧州地、市合并，称沧州市，青县隶属沧州市。其特产为金丝小枣、羊角脆、冬菜。献县在河北省东南部，位于滏阳、滹沱河畔，汉时是河间献王的封国，献陵即在城东。献县建置之初，定名为乐城邑。明洪武八年（1375），降献州为献县。1959年，献县划归天津市。1961年，改属沧州专区。1993年，属沧州市。

张家口市下辖的蔚（yù）县，在河北省西北部，与山西省临界。古称蔚州，为"燕云十六州"之一。北周宣帝时置蔚州，因蔚汾河（水）而得名。清康熙年间始置蔚县。蔚县剪纸，全国闻名。

衡水市下辖的景县，在河北省东南部，与山东省接壤。隋开皇十六年（596）置景州，1913年置景县。历史名人有西汉大儒董仲舒、唐代边塞诗人高适等。

唐山市下辖的滦县（滦州市），位于河北省东部，滦河西岸。辽太祖以俘户置滦州，1913年改为滦县。州、县皆以滦河得名。滦河铁桥为全国重点文物保护单位。雄县，在河北省中部，白洋淀北。汉置易县，五代周为雄州治，宋改归信县，明洪武年间，降雄州为雄县。雄县古称"瓦桥关",相传是宋代名将杨六郎镇守的"三关"之一。现为温泉之乡,隶属于河北保定,由雄安新区托管。

探究河北单名县的命名理据,可概分三类:一是以古侯国或古城邑命名,如赵、魏、唐、任等县;二是得名于境内山水,如涉、易、邱、滦、磁、蔚诸县;三是由州得名,如青、沧、景、威、蠡等县。比较特殊的是雄县和献县,前者源于历史事件——后周显德六年(959)世宗亲征伐辽,收复瓦桥关置雄州,"雄"名即源于此;后者以西汉藏书家、景帝之子、河间献王刘德而得名。

二、河北省"临"字县名

"临"指俯视,即居高临下,往下看的意思,引申为接近,如"南临洛水,北达芒山"。中国行政区划地名,以"临"字打头的数量很多,笔者据商务印书馆1931年初版、由臧励龢等编的《中国古今地名大词典》统计,"临"字地名多达281条。地名有"临"之地,多为依山傍水之地。河北省也有多处以"临"字打头的地名,如临漳县、临西县、临城县,还有历史地名临水县、临榆县、临洺县、临洵县等。

邯郸市临漳县,位于河北省南部、漳河沿岸,邻接河南省安阳市。古称邺，西晋为避愍帝司马邺名讳，将邺城易名临漳，因北临漳河而得名。古迹有三国魏铜雀台遗址、古邺城遗址等。

临西县本为山东省临清县辖区。为便于卫运河的管理和利用，1955年将山东省临清县卫运河西岸的5个区划归河北省管辖，并在此设县。因地处临清县西部，故名临西。临西县现隶属于河北省邢台市，位于邢台市东南部，北接清河县，南濒邯郸馆陶县、聊城冠县，西接邯郸邱县，东临山东省聊城市、临清市。汉代置清渊县（治今临西）。北魏更名临清县（治今临西）。金元以后，县治迁徙水东（治今临清），遂成为临清县的河西部分。1964年析临清县卫运河以西5个区设临西县。临西县历史上涌现出北宋名将王彦超、明代文学家谢榛、全国劳模吕玉兰等名人志士。有京杭运河、临清古城遗址、月洼寺等名胜古迹。

临城县，位于河北省西南部、太行山东麓，位于邢台市北部，隶属邢台市。战国初，北部属中山国房子辖域，南部为赵国属地。公元前296年，赵灭中山后，遂尽为赵地。秦代，属巨鹿郡。始为汉朝房子县地，县治在今高邑县西南。三国魏时为赵国治，西晋时为冀州治，唐天宝元年（742）始于此置临城县，据《元和郡县志》载："以县西南十里有临城——因改名焉。"县治所在今临城镇。1961年，隆尧县、柏乡县辖区从内丘县析出复置临城县。临城县有两处"国宝"级文物保护单位：一是宋代普利寺塔，是宋徽宗指派当时国内著名的能工巧匠所筑，是国内几处遗存且保留完好的砖结构古塔之一；二是唐代邢窑遗址，"类银类雪"的邢白瓷，是中国陶瓷史上的珍品。

河北省邯郸市西南、峰峰矿区东南，有邻水镇为原峰峰矿区人民政府所在地，据传三国时期曾设县，因临近滏阳河，而得名临水县。镇西鼓山南麓的南响堂山石窟为全国重点文物保护单位。

临榆县，旧县名，位于河北省东部，清代置县，县治在原山海关。古代的榆关、渝关或临榆关、临渝关，都指山海关。临榆县1954年撤销，分别并入秦皇岛市和抚宁县。

河北省永年县西、京广线上有临洺关镇，镇北濒临洺河，为古代广平郡通往山西省的关口，有临洺驿站遗址。隋代时为临洺县，宋朝时废入永年县。

河北省东北部有由廊坊市代管的三河市，在唐代曾名临朐县。"三河县"得名，据《大清一统志》载："以地近沟、泃、鲍邱之水而名。"唐武德二年（619），析潞县置临沟县，因濒临沟水而得名。贞观元年（627），复入潞县。开元四年（716），析潞县置三河县。1993年，撤销三河县，设立县级三河市，仍属廊坊市代管。

九边重镇与长城关隘

一、九边重镇

1368年明朝建国,设十三大塞王,统辖漠南的众多卫所。明朝九边,又称九镇,是明弘治年间在北部沿长城防线陆续设立的九个军事重镇。"九边重镇"东起鸭绿江,西抵嘉峪关,在绵亘万里的北部边防线上相继设立了辽东镇、蓟州镇、宣府镇、大同镇、太原镇(也称山西镇或三关镇)、榆林镇(也称延绥镇)、宁夏镇、固原镇(也称陕西镇)、甘肃镇,《皇明九边考》称其为"九边重镇"。

(1)辽东镇,总兵驻广宁(今辽宁省北镇市),管辖的长城,东起丹东市宽甸满族自治县虎山南麓的鸭绿江畔,西至山海关北锥子山,全长970余千米。

(2)蓟州镇,总兵初驻三屯营(今河北省迁西县境内),管辖的长城东起山海关,西至慕田峪,全长880余千米。

慕田峪长城

（3）宣府镇，总兵驻宣府卫（今河北省张家口市宣化区），管辖的长城东起慕田峪渤海所和四海治所分界处，西至西阳河（今河北怀安县境），全长510多千米。

（4）大同镇，总兵驻大同府（今山西省大同市），管辖的长城东起镇口台（今山西省天镇县东北），西至鸦角山（今内蒙古清水河县口子村东山），全长330多千米。

（5）太原镇，总兵驻宁武所（今山西省宁武县），管辖的长城西起河曲（今山西省河曲县旧县城）的黄河岸边，经偏关、老营堡、宁武关、雁门关、平型关，东至太行山岭之真保镇长城，全长800多千米。因该镇在大同、宣府两镇长城的内侧（南边），故又称为内长城，而偏头、宁武、雁门三关也就合称为内长城的"外三关"，在东边的蓟州镇与真保镇的居庸、紫荆、倒马三关则称"内三关"。

（6）榆林镇，总兵初驻绥德州（今陕西省榆林市绥德县），管辖长城东起黄甫川堡（今陕西省府谷县黄甫乡），西至花马池（今宁夏回族自治区盐池县），全长880多千米，在大边南侧另有"二边"，东起黄河西岸（今陕西省府谷县墙头乡），曲折迂回，西至宁边营（今陕西省定边县）与大边墙相接。延绥镇长城遗迹多被积沙掩埋，局部地段被推平做了公路，尚有分土墩台存在。

（7）宁夏镇，总兵驻宁夏卫（今宁夏回族自治区银川市），管辖长城东起花马池，西至宁夏中卫喜鹊沟黄河北岸（今宁夏中卫市西南），全长约1000千米。宁夏镇长城遗迹大部分埋于流沙之中，仅贺兰山段石砌城垣有断续残存，并保存一段因断层地震活动而造成的错位现象。

（8）固原镇，总兵驻固原州（今宁夏回族自治区固原市）。管辖长城为东起延绥镇饶阳水堡西界，西达兰州、临洮，全长约500千米。明朝后期改线重建，西北抵红水堡西境与甘肃镇松山新边分界。固原镇长城遗迹除景泰县境的"松山新边"保存较完整外，其余地段城墙坍塌严重，仅保存夯土。

（9）甘肃镇，总兵驻甘州卫（今甘肃省张掖市），管辖长城东南起自今兰州黄河北岸，西北至嘉峪关讨赖河一带，全长约800千米。甘肃镇长城遗迹，虽经风沙剥蚀堆埋，仍大段保留连贯的墙体，在山丹境内还保存着一段两条间距10余米的平行墙体。

另外,明代中后期在津冀地区还增设了昌平镇和真保镇。昌平镇,总兵驻昌平(今北京市昌平区),管辖的长城是从原蓟州镇防区划出的渤海所、黄花镇、居庸关、白羊口、长峪城、横岭口、镇边城诸城堡长城线,其东北起于慕田峪关东界,西至紫荆关,全长230千米。真保镇,总兵驻保定(今河北省保定市),管辖的长城北起紫荆关,经倒马关、龙泉关、娘子关,南至故关,全长390千米。

二、长城关隘

明万里长城,全长约8851千米,是地球上最壮观、最绵长的文化遗产。下面介绍燕山地区长城沿线著名的雄关险隘:

(1)山海关,"天下第一关",又称榆关、临榆关,位于河北省秦皇岛市东北15千米处,是中原通往东北的交通咽喉,也是明长城的海上起点。始建于明洪武十四年(1381),因建于山与海之间而得名。历代为兵家必争之地,有"边郡咽喉,京师保障""两京锁钥无双地,万里长城第一关"之称。

(2)居庸关,京北长城沿线著名古关城,旧称军都关、蓟门关,在北京市昌平区,为长城要口之一。"居庸"的"庸"是对民众有好处的一类功劳的统称。"居庸关"之名,即言这里是肩负着为百姓建功立业职责的人镇守的关口。居庸关为首都西北重要屏障。宋明以来,居庸关一带征战不断,为距京师最近的古战场之一。《吕氏春秋》把它列为"九塞"之一,现存关城为明大将军徐达督建。峭壁悬崖,地形险要。元周伯琦《过居庸关》诗:"崇关天险控幽燕,万叠青山百道泉。绝壁云霞兔佛像,连廛鸡黍聚人烟。"

(3)紫荆关,长城关口之一,位于河北省易县城西40千米的紫荆岭上。关城建在依山傍水、两峰对峙的广阔盆地里,四周形成天然屏障,是由河北平原进入太行山区的要道,被称为"畿南第一雄关"。紫荆关位于居庸关和倒马关之间,明代时它们合称"内三关"。明符锡《紫荆关漫兴》诗:"燕台直北阻雄关,万壑千峰杳霭间。……此地由来天设险,登临聊复一开颜。"

(4)倒马关,位于河北省唐县西北60千米的倒马关乡倒马关村。战国时置,称鸿之塞,汉代称常山关,北魏叫铁关,亦名鸿山关,明代以后通称倒马关。因山路险峻,战马到此常摔倒而得名。现存倒马关城始建于明景泰三年(1452),后于成化元年(1465)进行大规模维修。关城依地势而建,唐河水由西、北、东三面环绕关城而流,平面呈东西长方形,分为上下两城。

(5)黄崖关,在天津市蓟州区以北28千米的崇山峻岭中,始建于公元556年。东达河北省遵化市的马兰关,西接北京市平谷区的将军关，全长42千米，有楼台66座，敌楼52座，烽火台14座，是京东军事险要之地。为明代蓟镇长城重要关隘。关城东侧山崖岩石为黄褐色，每当夕阳映照，金碧辉煌，素有"晚照黄崖"之称，关因此得名。1990年，黄崖关长城被选入"津门十景"。

（6）古北口，又称虎北口，位于今北京市密云区东北。唐代始设、驻军守卫。宋代是宋辽使臣出入必经之地。金贞祐二年（1214）建铁门关，明建古北口城，名营城。明清以来，古北口成为华北交通要道，历来为兵家必争之地。

（7）喜峰口关，古称卢龙塞，位于燕山山脉东段，在今河北省承德、遵化与唐山三市交界处，为北京经通州、遵化前往蒙古高原东部和东北平原的咽喉。地势险要，汉置松亭关，后易名"喜逢口"，明始称"喜峰口关"。东汉末年曹操与辽西乌桓作战，东晋时前燕慕容儁进兵中原，都经由此塞。喜峰口战斗，是自九一八事变日本侵占东三省以来，日本受到的最顽强抵抗，鼓舞和坚定了全国人民的抗日决心。1933年3月，在喜峰口战斗中，二十九军及其大刀队血战日军，一战成名。"大刀向鬼子们的头上砍去！"这首威武雄壮、慷慨激昂的抗日歌曲《大刀进行曲》，就是当时著名作曲家麦新专为二十九军大刀队创作的。

（8）娘子关，原名苇泽关，在山西省阳泉市平定县东北绵山山麓，位于冀晋两省交界处。古城堡依山傍水，居高临下，建有关门两座。是河北省出入山西省的重要关口，有"三晋门户"之称。因唐初李渊之女平阳公主率兵守卫，故有"娘子关"之称。唐宋以来，娘子关便不断发生征战。抗战时期中国军队曾在娘子关一带与侵华日军激战。

（9）雁门关，又名西陉关，位于山西省忻州市代县县城以北约20千米处的雁门山中，长城重要关隘，以"险"著称，有"天下九塞，雁门为首"之说。始建于唐朝，因大雁南下北归而得名。历代为拱卫京都、屏护中原的兵家重地。今关城为明洪武七年（1374）所建，万历年间复筑门楼。战国时赵国李牧，汉代李广、卫青、霍去病，宋代杨业，明代李自成等都曾在雁门关一带攻战。

（10）平型关，明长城沿线关口，位于山西省忻州市繁峙县的平型岭脚下。明正德六年（1511）修筑内长城时经过平型岭，在岭上修建城堡。关城虎踞于平型岭南麓，呈正方形，周围九百余丈，南北东各置一门，门额镌刻"平型岭"三个大字，南北两侧岭上明长城遗址尚存。平型关大捷，指1937年9月25日，八路军在平型关为了配合第二战区的友军作战，阻挡日军攻势，由一一五师师长林彪、副师长聂荣臻指挥，充分发挥近战和山地战的特长，首次集中较大兵力对日军进行的一次成功伏击战，是八路军出师以来打的第一个大胜仗。

名都邯郸与古县临漳

一、名都邯郸

河北省历史最悠久的城市,即河北省南部的中心城市——邯郸市。它西依太行山脉,东接华北平原,与晋、鲁、豫三省接壤,战国七雄的名都之一,为我国目前现存战国各都城遗址之冠。邯郸市是国家历史文化名城,有3100年的建城史,经历了邯郸—邺城—大名—邯郸这样一个演变过程。

在春秋时,这里是卫国设置的邯郸邑;战国时,邯郸作为赵国都城长达158年;秦朝在此设邯郸县;西汉时为藩国——赵国的王都。汉代邯郸是黄河以北最大的商业都市之一,被西汉桓宽《盐铁论》评论为"富冠海内,天下名都",是仅次于长安、洛阳的全国"五大都会"之一。汉末,虽然邯郸城因遭受战乱的破坏而衰落了,但距其东南仅30千米的邺城(今邯郸市临漳县境内)却迅速崛起,先是成为冀州的州治和袁绍的基地,后又成为曹魏的陪都。

在魏晋南北朝时期，地处邯郸南部的邺城，先后成为曹魏、后赵、冉魏（十六国时期冉闵所建政权）、前燕、东魏、北齐六个朝代的古都。于是邺城一度成为中国北方的政治、经济、军事和文化的中心。隋唐以后，邺城被战火焚毁，但距邯郸城东50千米的大名又代之以起：唐初即为河北道的道治；五代时，"大名"初为后唐国都，后为后唐、石晋、后汉、后周和北宋的陪都，也是黄河以北的政治、经济、军事、文化中心之一。

解放战争时期，邯郸地区下辖的涉县，是八路军一二九师司令部和晋冀鲁豫边区政府所在地。晋冀鲁豫《人民日报》在这里创刊，中央人民广播电台前身——华北新华广播电台也在这里诞生。1945年10月5日，邯郸城解放，直属晋冀鲁豫边区政府。1949年8月，河北省人民政府成立，设立邯郸专区，将河南省涉县、临漳县和武安县划入河北省。1952年析邯郸县城区设邯郸市。1956年将峰峰市并入。2016年原邯郸县并入邯郸市。

邯郸的名胜古迹，有赵武灵王丛台（现辟为丛台公园）、赵都邯郸故城、响堂山石窟等。蕴含历史故事最典型的两个地名就是邯郸市的回车巷和黄粱梦镇。前者是战国时廉颇和蔺相如当年交往的遗迹，后者则是明代戏曲《邯郸梦记》中卢生赶考途中在邯郸小店"一枕梦黄粱"的地方。2005年，邯郸市荣获"中国成语典故之都"称号。

武灵丛台七贤祠塑像

苑清民先生主编的《邯郸成语典故》（中国社会科学出版社2011年出版）涉及邯郸境内的遗址17处，与邯郸有关的历史人物203位、成语典故约1600条。漫步在邯郸的街头巷尾，随处可见与成语典故相关的雕塑，例如邯郸学步雕塑（学步桥）、胡服骑射雕塑、荀子雕塑、罗敷雕塑、武灵丛台、七贤祠等。

二、古县临漳

邯郸市下属的临漳县，可视为河北省最古老的县。临漳县位居中原腹地，西望太行山，东眺齐鲁地，素有"天下之腰脊，中原之噤喉"之称誉。临漳地处河北最南端，西与磁县、东与魏县相邻，南与河南省最北端的安阳市接壤。临漳古称邺县，至西晋建兴二年（314）为避晋愍帝司马邺之名讳，而更名临漳县。因县城北部即为漳水而命名。在邯郸地区的漳河流域，还有漳河村、漳河涯、漳河店、回漳等地名。

邺城始建于春秋齐桓公时期，此后曾是曹魏、后赵、冉魏、前燕、东魏和北齐六朝国都，可谓盛极一时。公元580年，杨坚下令摧毁邺城。正因如此，邺城成为我国为数不多"没有被现代城市叠压"的古都遗址。1983年，中国社会科学院考古研究所与河北省文物研究所联合组建邺城考古队，拉开了邺城考古的大幕。此后经过40余年的勘探与发掘，邺城的神秘面纱被慢慢揭开，人们对邺城历史价值的认识逐渐加深。如今，作为建安文学发祥地、都城规划肇始地、佛学弘传中兴地、多元文化碰撞地，邺城的价值正被重新发现。

临漳县（邺县）是建安文学的发祥地，西门豹投巫治水发生地，铜雀台所在地。"破釜沉舟""曹冲称象""七步成诗""文姬归汉"等成语典故均出自临漳。"生前一笑轻九鼎，魏武何悲铜雀台"（唐李白）、"东风不与周郎便，铜雀春深锁二乔"（唐杜牧）等名诗佳句至今仍广为传诵。临漳县西南的邺镇，在战国时是魏国设置的邺县。唐杜甫名作"三吏三别"之一的《石壕吏》所写"听妇前致词，三男邺城戍"，其中的"邺城"即邺县。

发生在这里的历史故事"西门豹治邺"，古今闻名。西门豹，战国时期著名的政治家、水利家。魏文侯派他担任邺令。他一到任，只见人烟稀少、满目凄凉，便召集当地父老乡亲询问民间疾苦。乡亲们说:"我们最苦恼的是给河伯娶妇,为了这事,弄得民穷财尽。"西门豹进一步询问,乡亲们说:"由于漳河经常泛滥,乡官和县吏互相勾结,利用天灾搜刮百姓,每年得钱数百万,用其中的二三十万为河伯娶妇,剩下的巨款,他们就和装神弄鬼的女巫私自瓜分,攫为己有。"西门豹用机智而巧妙的手法,戳穿了县吏巫祝们的骗局,严惩这群恶棍,大快人心!为了根治水患,发展生产,西门豹发动百姓挖掘了12条水渠,引漳河水灌溉农田,使邺城百姓家给户足,生活富裕。还实行"寓兵于农,藏粮于民"的政策,使邺城民富兵强,成为战国时期魏国的东北重镇。正如《史记·河渠书》所记载:"西门豹引漳水溉邺,以富魏之河内。"

从建安五年(200)的官渡之战,到建安十二年(207)远征辽东,曹操扫荡河北,剪灭袁绍势力,让北方复归一统。曹操在河北留下了历史足迹:建安五年(200),曹操在官渡击败袁绍;建安八年(203),曹操攻克邺城(今河北临漳);建安十年(205),曹操攻破南皮,北上幽州,救鲜于辅于圹平(今北京密云);建安十一年(206),曹操西征高干,又东征海贼管承;建安十二年(207),曹操远征辽东,至无终(今天津蓟州),出卢龙塞(今喜峰口长城),直至柳城(今辽宁朝阳),大破乌桓王,至此河北平定。平定辽东之后,曹操率军南归返邺，经碣石山，观渤海浪涛，慨然创作《观沧海》与《龟虽寿》。前诗描述雄浑壮阔的海景，抒发胜利的喜悦；后诗则思索人生，慨叹生命的短暂。他内心涌动的豪情化作壮丽的诗句，成为古今传诵的名诗佳作。

"华北四宝"与燕赵古桥

河北谚语"沧州狮子定州塔，正定菩萨赵州桥"，盛赞河北省登峰造极被誉为"华北四宝"的四样建筑工艺至宝。

沧州铁狮子是我国最大的铸铁文物，1961年，被国务院列入第一批全国重点文物保护单位。沧州铁狮子，又名"镇海吼"，位于沧县旧州城内，坐落在原开元寺前，总重量为29.30吨。狮颈右侧有"大周广顺三年铸"七字，右肋有"山东李云造"五字。五代后周广顺三年即公元953年，距今已有1000多年。

定州开元寺塔建于北宋初年。在北宋时期，定州是北部边防要地，为防御契丹，常利用此塔瞭望敌情，故又称"瞭敌塔"。该塔是著名的游览胜地，每当晴日，碧空万里，游人如织。只有亲临塔顶，才能体味出这座集历史、艺术、科学价值于一身的古代文物建筑的深刻内涵。

正定府大菩萨在正定城内隆兴寺大悲阁，为千手千眼观音菩萨像，高22.28米，42臂分别执日、月、净瓶、宝杖、宝镜、金刚杵等法器。面部表情恬静安详，仁慈庄重。始铸于北宋开宝四年（971），工程浩大，有 3000 名工匠参与铸造。它与北京雍和宫大佛、天津蓟县独乐寺大佛、承德普宁寺大佛齐名，并称"京畿地区四尊大佛"。

由隋朝著名匠师李春设计和建造的、坐落于赵县洨河之上的赵州桥（又名安济桥），已有 1400 多年的历史，是世界上现存最早、跨度最大、保存最完整的单孔敞肩古代石拱桥。赵州桥全长 64.4 米，净跨 37.02 米，其主拱由 28 道拱券纵向并列砌筑，在当时如此巨大的跨度可谓空前创举。古老而雄伟的赵州桥，其独特的建造工艺在中国造桥史上占有重要地位，其较高的科学研究价值，对世界桥梁建筑产生了深远的影响。

赵州桥

中国是桥的故乡，勤劳智慧的中国人在历史长河中，修建了很多奇巧壮丽的桥梁，这些横跨在山水之间的桥，不仅便利了交通，而且装点了江山胜景，成为中国文明的典范标志。河北省的古桥，素有"甲天下"的美誉。除了赵州桥之外，还有衡水石桥、苍岩山桥楼殿、邯郸弘济桥、临城三叉紫金桥、涿州永济桥、遵化五音桥、安国伍仁桥、沧州单桥等都个性鲜明，享誉海内。

坐落于衡水市胜利东路的安济桥，又名衡水石桥或衡水老桥，是河北省境内现存横跨滏阳河上规模最大的古代石桥。这座七孔联拱石桥全长116米，两侧各有望柱58根，每根柱顶都有形态各异的石狮，在望柱之间有石头拦板。桥东西两头的南北两侧，各有一只较大的石狮。在"衡水八景"中，这里的河水、石桥、狮子、明月等元素构成的"衡桥夜月"，极富诗情画意，具有较高的历史文化价值、工艺造型价值和桥梁科研价值。

坐落在石家庄市井陉县苍岩山景区的桥楼殿，是长15米、宽9米的桥和桥上建造庙殿的完美结合。这座楼殿、桥殿合一的石拱桥，飞跨在两座绝壁之间，横架于百米深涧之上，飘然欲飞，势若长虹。当游人置身桥上，凭栏远眺，可体验空中楼阁、若神若仙的奇幻感受。该桥设计施工独具特色，加之周边景色宜人，因而一年四季游人不绝。

位于邯郸市永年区广府古城东桥村的弘济桥，被当地人称为

"府东桥"或"老东桥"。其结构和赵州桥相似——为单孔双敞肩式石拱桥，全部用石块砌成。桥拱上有龙首、龙、凤、飞马等石雕形象，生动逼真，活灵活现。券顶两侧各雕有一个巨大的吸水兽。结构坚固结实，外形美观大方。桥上矗立着18对望柱，加上栏板精美的浮雕图案，工艺精细美观，为全国重点文物保护单位。

三叉紫金桥位于临城县竹壁村，又称"蛤蟆桥"。桥建在两条河的汇合处，由3座石拱桥组成，每座桥的桥头交会在一起，形成三叉形，与今之立交桥类似，可见建造者构思之精巧。更令人赞叹的是，这座桥并非官府修建，而是竹壁村陈氏一家三代人的不懈奋斗的结晶。清康熙三十年（1691）陈志美开始造桥，到他孙子陈文显桥始建成，共耗时61年，当时的诗人由衷赞美陈氏三代"愚公移山"修桥造福乡梓的精神。

涿州永济桥坐落在"京畿天下第一州"古城北关，横跨在拒马河上，桥孔跨度大，造型优美，长如玉带，远望恰似彩虹横贯两岸，故有"据马长虹"之美誉。永济桥始建于明万历二年（1574），为九孔石桥，桥身全部由长方巨石砌成，栏杆系汉白玉雕饰，桥端筑引桥，引桥各有涵洞11个。桥南桥北各建有牌楼一座，画栋雕梁，规模宏阔。

遵化五音桥位于遵化市清东陵顺治帝孝陵的神道上。清东陵中有顺治、康熙、乾隆、咸丰、同治5个皇帝的陵墓。慈禧太后的陵寝也在这里。陵墓建筑群气势磅礴，巍峨肃穆。五音桥是清东陵顺治皇帝的陵区内近百座石桥之中规模最大、造型最奇特、最神秘而有趣的、能发出美妙音响的一座桥梁。该桥全长110.6米、宽9.1米，桥上有石望柱128根，桥两侧装有方解石栏板126块，每块栏板的形状和大小相同。因桥栏板取材于含铁量较高的铁矿石，敲击能发叮叮咚咚的悦耳声音，有宫、商、角、徵、羽五音，故名。

伍仁桥又名贵妃桥、万寿桥，位于安国市伍仁桥村南。该桥建于明万历二十六年（1598），为五孔石拱桥。立在桥南、桥北两处的4座1米多高的大型石狮身上"爬"着数目不同、大小不同、神态不同的小石狮子：有的大如拳头，有的小如核桃；有的趴在背上，有的蹲在身上；有的挑逗戏耍，有的则只露出半个头部。据说，清末当地两家当铺的账房先生拿着算盘、带着伙计，多次到桥上清点小石狮子的数目，结果总是数目各异。于是民间流传"伍仁桥的狮子——数不清"的俏皮话。

明崇祯二年（1629）始建的沧州单桥是一座五孔石拱桥。依地形水势而设计，呈南高北低之势。拱与拱之间有腹拱4个，腹拱的精巧设计不仅可以减轻桥身自重，提高泄水能力，而且使桥体的外观显得美观别致。桥面铺砌青石，两侧桥栏由64根望柱和68块石栏组成。望柱上雕刻着形态各异的狮、猴、神兽，精美逼真。当地流传"三千狮子六百猴，七十二统蛟龙碑"的传说。

河北省依山临水的市县

一、因"山"得名的市县

"陉"指山脉中段的地形。山地由于河流的切割及断层作用,出现的横谷就是"陉"。例如太行山有"八陉",其中最著名的就是位于河北省西南部的井陉县。秦置井陉县。1958年将获鹿县并入,1962年复分。因南有井陉山而得名。《元和郡县志》载:其山"四面高,中央下,如井,故曰井陉。"又《太平寰宇记》载:"如井之深,如灶之陉,故曰井陉。"

磁县,位于河北省最南部,漳河北岸,雄踞中原腹地,为晋、冀、鲁、豫四省通衢。三国魏黄初三年(222),设临水县。北周保定元年(561),置滏阳县。隋开皇十年(590)置慈州。《元和郡县志》载:"以滏阳县西九十里有磁山,出磁石,因取为名。""以河东为慈州,故以此加石旁也。"宋政和三年(1113)始改慈州为磁州,1913年降磁州为磁县。

赞皇县，位于河北省西南部，与山西省接壤，因县城西南有赞皇山而得名。相传周穆王伐戎在此取得大胜，故封此山为赞皇山，为房子国地。隋朝时由高邑县析出，另置赞皇县。

曲阳县，位于河北省西部，太行山东麓。秦置曲阳县，《水经注》载："城在山曲之阳，是曰曲阳。"此处的"山"，指北岳恒山。即因建城于恒山弯曲之阳而得名。汉代因巨鹿郡有下曲阳，为相区别，此称上曲阳县。至北齐时，下曲阳废，故复名曲阳县。隋初更名恒阳，因位于恒山之南得名。唐元和年间为避唐穆宗李恒名讳，复名曲阳，一直沿用至今。

赤城县，位于河北省西北部，白河上游，清置赤城县。据《读史方舆纪要》载："古赤城，相传蚩尤所居。""赤城山、堡（赤城堡）东五里，山石多赤。志云：古赤城在北山。"赤城县因山得名。

涿鹿县，位于河北省西北部，桑干河下游。据《读史方舆纪要》载："涿鹿山，州（保安州）西南九十里，一名独鹿山，涿水生焉，相传黄帝破蚩尤于此。"可见涿鹿县因山得名。

兴隆县，位于河北省东北部，西邻北京市明长城北侧。清顺治二年（1645）划兴隆方圆800平方千米为马兰东陵后龙风水禁地，封禁270余年。1915年开禁后，北京、天津等地客商争相来此开设林木采植局及店铺，一时商贾云集，买卖兴隆，形成集镇。又因四周环山,故被时人称为兴隆山。1925年设兴隆县,因山为名。据《热河省县旗事情》载:"兴隆山在兴隆街后山,恰如屏风,为清皇陵后龙地。以兴隆为名,取龙依此而兴之意。"

盐山县,位于河北省东部,宣惠河畔,与山东省相邻。汉置高城县,隋开皇十八年(598)改为盐山县。《元和郡县志》载:"以县东南八十里处之盐山而得名。"

武强县,位于河北省中部,滏阳河畔。晋置武强县。《太平寰宇记》载:"武强汉为侯国,西晋于其城置武疆县,因古城以名之。"《明史·地理志》始改作武强。又《畿辅通志》载:"武强山一名弓形山,晋名县取此。"

望都县,位于河北省中部,保定市西南。战国时为庆都邑,至西汉始置望都县。张晏《汉书》注云:"尧山在北,尧母庆都山在南。登尧山见都山,故以为名。"其后至宋未改,金复名庆都,清代又改名望都。

二、以"水"命名的市县

泊头市,位于河北省东南部,在南运河和滏阳河之间。《读史方舆纪要》称:"泊头镇,县东五十里,卫河(即今南运河)西岸,商贾凑集,筑城于此。并置新桥驿,俗名泊头驿。"所谓"泊头",即停泊舟船的码头。明清为交河县泊头镇,因濒临运河，故名泊头。1946年设立泊头市；1949年改为泊头镇（县级）；1953年设泊头市；1962年恢复阜城县，将泊镇划归交河县辖；1982恢复泊头市；1983年撤销交河县，其政区并入泊头市。

涿州市，临近北京。秦置涿州，西汉设涿郡，唐改范阳县，明入涿州，1913年复改涿县，1986年改设涿州市。以境内有涿水而得名。

沙河市，位于河北省南部，据《沙河县志》载，隋开皇十六年（596）析龙冈县南境为沙河县，以境内有沙河横流而得名。《元和郡县志》载："以沙河在县南五里，因以为名。"1987年改县为市。

河间市，位于河北省中部，隋开皇十六年（596）于武垣县改置河间县，《读史方舆纪要》称："郡在滹沱、高河之间，故曰河间。"因其地处于两河之间而得名。1990年设河间市。

三河市，位于河北省中北部，西北邻北京市，东临天津市。唐武德二年（619）置临朐县，以县城濒临泃水得名。唐开元四年（716）改名三河县。据《大清一统志》载："以地近泃、洳、鲍邱之水而名。"1993年设三河市。

徐水区，位于河北省中部。北宋置安肃县，1914年因与甘肃省安肃县重名故改名徐水县，以境内有徐水流经而得名。2014年改为保定市徐水区。

平泉市，位于河北省东北隅，瀑河流域，北与内蒙古自治区、东与辽宁省相邻。清雍正七年（1729）设八沟厅，厅治八沟（今平泉市域），乾隆四十三年（1778）改设平泉州，1913年改为平泉县。因城内有平地涌泉，名曰平泉，故县以得名。2017年撤销平泉县，设立县级平泉市。

香河县，位于河北省中北部，西邻北京市，东临天津市。据《香河县志》，辽太宗会同元年（938）置香河县，"县东南滨水，多栽芰荷，夏秋之间，其香馥郁，因名香河"。香河县以河为名。

深泽县，位于河北省中西部。西汉置县，《太平寰宇记》载："以界内水泽深广名之。"因该地地势低洼，每到雨季，积水横溢，久蓄不涸，几成水国，故以"深泽"名之。

海兴县，位于河北省东部，与山东省相邻，濒临渤海。由于盐山县辖域增大，东北境远阔，不便于管理，故于1965年析出其东北境置海兴县。因地处渤海之滨，取依海而兴之意。

临漳县，位于河北省南部，与河南省安阳市相邻。古称邺县，西晋时为避晋愍帝司马邺的名讳，更名为临漳县。因县城北临漳水而得名。

涉县，位于河北省西南部，处在清漳河下游。原名沙县，东汉末年因清漳河故称涉水，故改为涉县。

滦州区，位于河北省东部，地处滦河西岸。辽设滦州，1913

年改为滦县，因滦河而得名。2018年撤县建市，称滦州市。

涞水县，位于河北省中北部，拒马河流域，北临北京市。汉置遒县，隋开皇十年（590）置永阳县，因与永州之永阳县重名，于开皇十八年（598）改称涞水县，以境内有涞水（今拒马河）流经而得名。

饶阳县，位于河北省中南部，滹沱河两岸。《史记·赵世家》载："（悼襄王）六年，封长安君以饶。"《史记正义》注此"饶"即"饶阳也"。饶河为滹沱河的支流。汉置饶阳县，因"在饶河之阳"故名。

清河县，位于河北省东南部，与山东省接壤。《元和郡县志》载："汉代又分巨鹿置清河郡，以郡临清河水，故号清河。"隋代置清河县。

新河县，位于河北省中南部，汉称堂阳县，因地处堂水之阳得名。后晋更名为浦泽县，以近漳河与滏河，地势低洼且盛产蒲草而得名。后为新河镇，以濒临新河而得名。北宋皇祐四年（1052），升南宫县新河镇为新河县。

清苑区，位于河北省中部，唐河流经县境。北魏称清苑县，明清两代为保定府治。《太平寰宇记》载："因县界清苑河为名。"1913年复置清苑县，2014年为保定市清苑区。境内冉庄有抗战时期地道战遗址。

涞源县，位于河北省西部，保定市西北部，与山西省相邻。汉称广昌县，隋改飞狐县，明初复为广昌县。后因与江西省之县重名，1914年更名涞源县。以境内为涞水之发源地而得名。涞水即今拒马河，发源于县城西南。

博野县，东汉为博陵，魏称博陆，北魏改名博野县。《太平寰宇记》载："以地居博水之野，故名。"

高阳县，位于河北省中部，潴龙河流域。战国时为燕国之高阳邑，至汉始于此置县，袭以原邑名之。应劭《汉书注》云："在高河之阳。"故以水之北为阳。

曲周县，位于河北省南部，地处滏阳河上游，汉置曲周县。《嘉靖广平府志》载：因"邑在河曲，水旋而周，故曰曲周"。后县时置时废，1962年复置曲周县。

永清县，位于河北省中部，永定河流域。隋置通泽县，唐先后更名为武隆县和会昌县。唐天宝元年（742）改名永清县。《永清县志》载：因永定河（原称桑干河）水流湍急，浑浊多沙，时长为患。幽州节度使张守珪上请改会昌为永清。《大清一统志》载："取边境永清之意。"

易县，位于河北省中部，保定市以北。据《太平寰宇记》载："隋开平元年，自今遂城所理英雄城移南营州居燕之侯台，乃改名易州。取州南易水为名。"隋开皇十六年（596）又置易县，仍沿用州名为县名。

沽源县，位于河北省北部偏西，洋河上游，北邻内蒙古自治区。清代为独石口厅辖区，1913年属独石口县，1915年更名沽源县，因沽水（今名白河）发源于县南九龙泉而得名。

卢龙县，位于河北省东部，青龙河下游。北魏设新昌县，隋置卢龙县，因其西北部依傍古漆河（今青龙河）而得名。据《卢龙县志》载："卢者黑也，龙者水也，北人谓黑水为卢龙。"

青龙满族自治县，位于河北省东北隅，东与辽宁省相邻。1930年析抚宁、临榆、迁安三县长城以北地区置都山设治局，1933年改为青龙县，因境内青龙河而得名。1987年改为青龙满族自治县。

宽城满族自治县，位于河北省东北部，地处瀑河下游，东与辽宁省相邻。宽城原名宽河城，因位于宽河（今名瀑河）南岸而得名。1963年设宽城县，1989年经国务院批准成立宽城满族自治县。

燕赵大地名山荟萃

位于河北省北部和西部的燕山、太行山山脉，北起承德，斜向西南，经保定西部、石家庄西部、邢台西部至邯郸西部，撑起了河北地形的骨架。这片区域山峰林立、沟壑纵横、分布狭长，产生了诸多以"山""岭""峪""坡"等命名的地名。河北省著名相声演员康达夫、李如刚表演的《乐逍遥》，如数家珍般地介绍了燕赵大地的名胜古迹，其中的苍岩山等名山，给人们留下了深刻的印象。

一、井陉苍岩山

苍岩山位于河北省石家庄市井陉县南。层峦叠翠，景色佳丽，山峦中有不少名殿古刹。苍岩山风景区总面积63平方千米，海拔1000余米。苍岩山的核心景区是福庆寺，相传隋炀帝长女南阳公主于此出家为尼，一说为隋文帝女妙阳公主修行之所，被列为全国重点文物保护单位。寺门悬"殿前无灯凭月照，山门不锁

井陉苍岩山悬空寺

待云封"的金字对联。苍岩山最著名的建筑——桥楼殿,在两壁断崖之上,凌空架有三座单孔石拱桥,桥上还建有楼殿,从山下仰望,桥楼凌空飞跨,云移楼动,恍然欲飞。此殿是我国三大悬空寺之一,也是我国古代建筑的杰作。

山上尚有苍山书院、万仙堂、峰回轩、藏经楼、公主祠等建筑和"岩关锁翠""风泉漱玉""阴崖石乳""山腰绮柏""峭峰嵌珠""尚书古碣""炉峰夕照""窍开别天""空谷鸟声"等观景。苍岩山为太行山支脉,风景优美,草木繁茂,上山处处有景,景景观奇,景景有典。井陉名在关险,秀在苍岩。苍岩之秀在于山奇、石怪、林异、境幽,更有桥楼夺造化之功,古刹增山林之色,故享有"五岳奇秀揽一山,太行群峰唯苍岩"

的盛名。为中国历史文化名山、国家重点风景名胜区、国家4A级旅游景区。

二、兴隆雾灵山

雾灵山又称五龙山,位于河北省承德市兴隆县城北,邻接北京市密云区。为燕山山脉主峰,海拔2116米,因阴雨天迷雾缥缈而得名,森林覆盖率高达93%。在峰顶西侧半山腰有"雾灵山清凉界"巨碑,高20余米。相传为明洪武重臣刘基所题。地形地貌的复杂性,使这里具有"山下飘桃花,山上飞雪花""山下阴雨连绵,山上阳光明媚""三里不同天,一山有三季"的独特景观。盛夏时节,山顶气温在10摄氏度以下,故为京郊避暑胜地。1988年辟为国家森林公园。名胜古迹有玉皇顶、五龙头、七盘井、仙人塔、莲花池等。

三、秦皇岛祖山

祖山位于秦皇岛青龙满族自治县境内,由于渤海以北、燕山以东诸峰都是由它的分支绵延而成,故以"群山之祖"命名。山势跌宕,峰峦陡峻。祖山以山、水、石、洞、花五奇著称,春季繁花似锦,百鸟争鸣;夏季风凉气爽,云蒸霞蔚;秋季红叶满山,野果飘香;冬季银装素裹,玉树琼花,被誉为"塞北小黄山"。

山势雄伟,群峰林立,海拔1000米以上的高峰达20多座。其最高峰天女峰,海拔1428米。登上天女峰,东观日出,南追帆影,西望长城,北俯群山,美景尽收眼底。著名景点有乌龙谷、云海佛光、仙女云床、飞瀑谷。

四、崇礼长城岭

海拔2100米的长城岭,位于河北省张家口市崇礼区,距张家口市52千米,风光秀美,交通便利。长城岭地处内蒙古高原与坝下丘陵区过渡地带,夏季最高气温不超过23摄氏度,暑期平均气温只有19摄氏度。冬季最低气温不低于零下23摄氏度,降雪量大、风力小、雪质好,地下水资源丰富。空气湿润,云蒸雾绕,百兽栖息,百花争艳,沟壑丛生。站在长城岭海拔2100米的高原草甸眺望远处,古老的长城宛如一条巨龙盘伏在群山之间。国家级田径运动训练基地就建在长城岭景区内。

五、小五台山

小五台山坐落在河北省西部偏北,蔚县与涿鹿县交界处,是太行山北段的高峰。因五座山峰突出,分别名为东台、西台、南台、北台和中台。这五处台顶的海拔均超过2500米,其中海拔2882米的东台是河北省最高峰。为与山西省五台山相别,故称"小五台山"。这里山势险峻，沟深坡陡，小五台山气温低、温差大，降水集中于夏季，无霜期短，冻结时间长，阴坡积雪终年不化。现有 3 个国有林场。小五台山动物资源丰富，有世界珍禽国家一类保护动物褐马鸡。为河北省自然保护区。

六、京西野三坡

野山坡地处北京西部、河北省西北部、保定市涞水县境内，位于中国北方两大山脉——太行山脉和燕山山脉的交会处。太行山从该处沿冀、晋、豫边界千里南下，燕山从这里顺京、津、冀一路东行。野三坡总面积 460 平方千米。野三坡雄踞紫荆关深断裂带北端之上，以"野"著称，原生态的自然环境孕育了异常丰富的动植物资源。野三坡先后获得世界地质公园、国家级风景名胜区、国家 5A 级旅游景区、国家森林公园等称号。

七、涞源白石山

白石山位于河北省保定市涞源县城南，为太行山最北端，由 100 多座高低错落、相对独立的山峰组成，主峰海拔 2096 米。战国时度岭分燕赵，辽宋时一山分两国。因山体遍布白色大理石而得名，为大理岩构造峰林地貌。山体高大，少曲线，多棱角，高差大，密度大，有"三顶""六台""九谷""八十一峰"等景区，主脊线长 7000 余米，最高峰是华北平原西北隆起之龙首。被评为国家森林公园、世界地质公园、国家 5A 级旅游景区。

八、易县狼牙山

狼牙山位于河北省保定市易县西部的太行山东麓，北邻易水，由五坨三十六峰组成。因奇峰林立、峥嵘险峻、状若狼牙而得名。为"保定八景"之一的"狼山竞秀"，地貌复杂，大部分山峰海拔 500—800 米。1941 年，八路军五壮士在此英勇抗击日军，名扬海内。主要景点有莲花峰、棋盘陀、石棋盘、蚕姑祠、老君堂、勇士陈列馆和壮士纪念塔等。为省级爱国主义教育基地、国家级森林公园、国家 4A 级旅游景区。

九、平山县天桂山

天桂山位于河北省石家庄市平山县城西南，山势俊秀，最高峰黑狗尖，海拔 1426 米，杀九坨海拔 1296 米，主景区三清峰海拔 1054 米。风景区内海拔 1000 米以上的山峰有 30 多座。总面积 60 平方千米。南坡平缓，北坡为百丈深崖。山上有利剑峰直插云际，母子岩为绝壁天堑。山崖壁间多天然石洞，藏风洞长达 60 余米，三眼洞内清幽深邃。会仙楼、吕祖祠、老君堂等道教建筑分布在天桂山西峰的南北两侧，而建筑规模宏伟的青龙观更为闻名。另有玄武峰、万佛岩、翠屏山、银河洞、天桥山等景区。素有"皇家道院""北方桂林"之誉,为国家重点风景名胜区。

十、冀晋交界驼梁山

驼梁山位于晋冀两省交界处,因山顶状如驼峰而得名。是西柏坡通往五台山的一条黄金通道。驼梁山主峰海拔 2281 米,系河北省五大高峰之一。层峦叠翠,林海涛涛,千山披翠,万瀑齐飞,茂密的原始森林和连绵不断的瀑布构成独具特色的景观。景区总面积 165 平方千米,由百瀑峡、三叠泉、太行风情谷和中台山四个景区组成,共计 200 多个景点,以"凉、静、野、幽、翠"等特色而著称。为国家 4A 级旅游景区、国家重点风景名胜区。

燕云十六州史话

唐代中叶,在安史之乱爆发前,大量的北方游牧族群人口不断迁入中原地区,唐朝政府把这些来自北方的"归化"人口分别安置在幽、蓟、云、朔等边州。北方游牧人口不断内迁,与中原农耕人口频繁交融,逐渐掌握了农耕技术,产生了对农耕文化的认同。与此同时,中原农耕人口也接触和感受了游牧文化。因此这一地区形成了农牧兼具的文化特色——民风雄健刚强,士兵勇武善战。

唐玄宗末年,安史之乱爆发,虽然这场酷烈的战乱最终得以平息,但唐朝已元气大伤。留下的后患是叛军残部仍盘踞在河北地区,形成藩镇割据局面。尤其是幽州地区,战乱频仍,政局动荡,节度使反复更换,在150年内先后更换了28个统治者。而盛极而衰的大唐王朝根本无力阻止这些纷争,直到五代初期,这里成为各种政治势力竞相争夺的热门地带。

五代后晋天福元年(936),后晋开国皇帝石敬瑭(原后唐的河东节度使）反唐自立，向契丹求援。契丹出兵扶植其建立了后晋朝廷，辽太宗耶律德光与石敬瑭约为父子。天福三年（938），石敬瑭按照契丹的要求把燕云十六州割让给契丹，使得辽国的疆域扩展到长城沿线。其后，中原数个朝代都没能将其完全收复。

石敬瑭割让给契丹的十六个州，后人称之为"燕云十六州"，或称"幽蓟十六州"，指中国北方以幽州（今北京市西南）和云州（今山西省大同市云州区）为中心的十六个州——幽州、顺州（今北京市顺义区）、儒州（今北京市延庆区）、檀州（今北京市密云区）、蓟州（今天津市蓟州区）、涿州（今河北省涿州市）、瀛州（今河北省河间市）、鄚州（今河北省任丘市北）、新州（今河北省张家口市涿鹿县）、妫州（今河北省张家口市怀来县）、武州（今河北省张家口市宣化区）、蔚州（今河北省张家口市蔚县）、应州（今山西省朔州市应县）、寰州（今山西省朔州市东北）、朔州（今山西省朔州市）、云州——即今北京、天津北部（海河以北）以及河北省、山西省的北部地区。其中前十二个州都在今京津冀辖境范围内。

"燕云"之名始于北宋末年，初为宋人企图收复北部失地的泛称。自宣和四年（1122）宋朝宣布成立燕山府、云中府二路才有了确定的地域。但这二路的辖域包括后唐失陷的平州、营州和契丹所置的景州，并不限于石敬瑭当年割地的范围。到元朝修《宋史》时，始将燕云和十六州联系在一起，后世便沿称"燕云十六州"了。宋朝所设燕山府（治今北京城西南隅），辖域相当于今天津市宁河区、武清区，河北省容城县以北，易县、紫荆关以西和长城以南地区。所设云中府（治今山西大同市）是宋金联合攻辽盟约中预定应归宋之地，但后因金人失约，该地遂入金人版图，仍改名大同。

燕云十六州所辖地区东西约600千米，南北约200千米，面积约为12万平方千米。其北部在今河北省北部地区，处于华北大平原北端，囊括了燕山山脉；西部在今山西北部山地，地形复杂，地势险要，堪称军事天险。燕山山脉和北太行山山脉就像两座相连的城墙，在历史上曾使以骑兵为优势的北方游牧民族在此受阻。这里成为中原政权抵御北方铁骑南下的第一道天然防线。处在燕云中南部的桑干河和拒马河，成为运输军事物资的两条干线。拒马河以易水与白沟河为两翼，形成河流防御体系，在战略上成为抵御北方铁骑南下的第二道天然防线。另外，燕云地区的长城，尤其是该地区的"五关"，即金坡关、居庸关、古北口、松亭关、渝关，也构成抵御北方铁骑南下的人工防线。

在古代战争中，骑兵对于以步兵为主力的中原军队，无疑具有绝对优势，但在军事地理上，长城对于北方游牧民族骑兵的南下，则能起到防御屏障的作用。紧挨着长城南侧的燕云十六州，以其坚固的城池、巍峨险峻的山脉及横贯交错的大河构成了战略上又一道防线。

燕云地区归入后，对辽朝政权的稳固与强大起到十分重要的作用。此后，直到元朝统一中原，燕云地区长期脱离了中原王朝的统治。辽朝设立"五京"，以燕京为南京，以云州为西京。这种政区布局巩固了国家的根基。契丹统治者"因俗而治"的观念及实践，使辖域的社会面貌发生了翻天覆地的变化。

在经济上，契丹辽朝逐渐由部族时期单一的游牧经济模式向农牧相结合的经济模式转变，这有赖于燕云十六州的归入，给他们带来了广阔的农耕土地、大量的农耕人口以及先进的农耕技术。辽南京和西京还设有学校，为燕云地区培育出了大量杰出的政治人才。辽朝统治下的燕云地区，人口密集，手工业发达，商业繁荣，成为辽朝与北宋、西夏、高丽三方经济往来的重要交通枢纽。

宋朝开国之后，面对辽朝铁骑由燕云十六州疾驰而至的威胁，不得不在汴京附近广植树木。在河北南部兴建"北京大名府"以与辽国对峙。太平兴国四年（979）宋太宗赵光义移师幽州，试图一举收复燕云地区，在高梁河（今北京西直门外）展开激战。结果宋军大败，宋太宗中箭，乘驴车逃走。景德元年（1004）宋真宗抵澶州（今河南省濮阳市）北城，次年与辽国定下停战和议，史称"澶渊之盟"。其后宋辽边境长期处于相对稳定的状态。

值得一提的是，发生在宋辽间的一次著名战役，史称"燕山之役"。宋金订立"海上之盟"，相约夹攻辽国。宣和四年（1122）五月，宋派童贯率军15万人，分东西两路向辽燕京（今北京）发起进攻，但为辽军所败。九月，辽将郭药师以涿州（今河北涿州）、易州（今河北易县）降宋。十月，宋预改辽燕京为燕山府，复命童贯、刘延庆会合郭药师部共10万人再次进攻燕京，又为辽军所败。这场大战遂将神宗以来所积军实损耗殆尽。十二月，金军南下，攻占了燕山府。纵兵焚掠后答应以燕山府空城及蓟、景、檀、顺、涿、易六州之地归宋。宋则将原输辽之岁币并加燕山府代税钱100贯送予金。宣和七年（1125），金军再次南下，燕山府复被其夺占。燕山之役充分暴露了宋统治集团的腐败无能。靖康元年（1126），金军大举南下，攻破汴梁；次年，徽、钦二帝被俘，史称"靖康之变"。自此，金人占据了中原地区，北宋遂亡。

金朝获得亡辽燕云地区后，随着金政权的逐渐稳定，燕云地区得到了进一步的发展。沿袭辽朝于此地牧马的旧例，金朝也于此地营田牧马，用以充实军力。后来，金朝在完颜亮的统治下，于天德五年（1153）迁都燕京，改称中都。

在金朝将注意力聚焦于南方的同时，北方的蒙古势力却迅速崛起。他们在成吉思汗的带领下建立起大蒙古国，并开始了对西夏、西辽、金朝等政权的征伐活动。1213年，燕云十六州被蒙古帝国占领。铁木真率大军南下，横扫河北。1215年，攻克金中都，并改名为燕京。1234年，蒙古灭金朝，占有旧金之地，包括燕云地区。元朝建立以后，对燕云地区进行了有效的统治。1276年，元朝灭南宋，1279年，元朝消灭南宋残余抵抗势力，统一全国。1264年八月，元世祖忽必烈下诏改燕京（今北京市）为中都，定为陪都。1267年忽必烈迁都位于中原的中都，1272年，将中都改名为大都，将上都作为陪都。

直到元至正二十七年（1367），朱元璋命令徐达为主帅、常遇春为副帅，北伐元朝。仅用一年多时间，就攻占了元朝都城大都，至此燕云十六州被汉族政权收回，并入明朝版图，结束了数百年北方游牧政权的统治。明太祖朱元璋实行分封制，封第四子朱棣为燕王，镇守北平；封十三子朱桂为代王，镇守大同；封十九子朱橞为谷王，镇守宣府——成为"九边重镇"的重要组成部分。1421年，明成祖朱棣迁都，北京成为全国的政治、军事、经济和文化的中心，一直延续至今。

滦河及派生县镇地名

一、滦河简介

滦河,位于河北省东北部。古名㶟水,因发源地有众多温泉而得名。"㶟"后讹为"濡"。㶟、滦音相近,唐朝时演化为"滦",元朝又称"御河"或"上都河"。

滦河发源于河北省丰宁满族自治县巴彦图古尔山麓大滩镇东部的小梁山南麓大古道沟,经内蒙古自治区正蓝旗转向东南,经多伦县南流至外沟门子又进入河北省丰宁满族自治县。在内蒙古自治区境内由黑风河、吐力根河(吐里根河)汇入后称大滦河,至隆化县郭家屯汇小滦河后称滦河。中游穿流燕山山地,经隆化县、滦平县、承德县、兴隆县、宽城满族自治县、迁西县、迁安市、卢龙县、滦州市。下游经昌黎县在乐亭县南兜网铺注入渤海,全长 877 千米。滦河在河北省境内长度 626 千米,流域面积 44750 平方千米,其中山区面积 43940 平方千米,多年平均年径流量

44.23 亿立方米。滦河水系主要分布于坝上高原、燕山山地与河北平原。滦河源远流长，沿途接纳了众多支流，其中流域面积大于 1000 平方千米的即有 9 条河流，即小滦河、兴洲河、伊逊河、武烈河、老牛河、柳河、瀑河、潵河及青龙河。支流中流域面积最大的是伊逊河，长度和水量最大的是青龙河。滦河的干流开发较晚，20 世纪 70 年代末始建有潘家口水库、大黑汀水库等水利工程。

二、引滦入津工程

滦河是河北省北部、东部的主要水源，著名的引滦入津工程，将滦河水引入天津市区。引滦入津工程主要为解决天津市城市用水问题而建。1981 年 9 月经国务院决定兴建，跨流域从 300 多千米以外引滦河水。工程起点为河北迁西县大黑汀水库，穿燕山余脉，使滦河水西流，循黎河入于桥水库，经州河、蓟运河，转输水明渠，引入天津市区。整个引水工程途经河北省迁西县、遵化市及天津市蓟州区、宝坻区、武清区、北辰区，全长 234 千米。其中隧洞及上下游连接全长 12.4 千米，黎河输水河道 57.6 千米，于桥水库库区长 26 千米，州河输水河道 52 千米，蓟运河输水河道 2 千米，九王庄至尔王庄明渠 47.2 千米，尔王庄至宜兴埠泵站暗渠 26 千米，宜兴埠至西河预沉池 10.8 千米。沿线筑有隧洞、泵站、水库、暗渠、管道、倒虹、桥闸等 215 项工程。工程于 1982 年 5 月全线开工，翌年 9 月 11 日通水，比原计划提前两年竣工。引滦入津工程发挥了巨大的社会经济效益。在正常情况下每年可输水 10 亿立方米，为天津市提供了一个稳定可靠的水源，缓解了天津城市用水紧张状况，结束了天津市民喝咸水的历史，改善了工业用水条件，从而促进了天津经济的发展。同时，这一工程还产生了一定的环境效益，为恢复海河排水功能、控制地面沉降、城市绿化创造了条件。

在天津市红桥区海河三岔河口处，有引滦入津纪念公园。公园中央耸立着一座高高的纪念碑，碑座上竖立着一座面向海河的年轻母子雕像，雕像名为"饮水思源"，寓意着天津人民喝到甘甜的滦河水，不忘挖井人——人民子弟兵的深情。面向子牙河与南运河的纪念碑两侧镌刻邓小平同志当年题写的"引滦入津工程纪念碑"九个金色大字。由于引滦工程的通水，天津城市饮用水水质达到国家二级标准，为全国饮用水质量最好的城市之一；工业生产缺水的被动局面得到扭转，不仅缺水企业全部恢复生产，而且使天津港获得了新生，新港船闸得以重新开启使用，停产三年之久的内河港区码头恢复了生产；同时为新建企业提供了可靠水源，加速了工业发展，改善了投资环境，滦河水成为天津经济和社会发展赖以生存的"生命线"。

三、滦河派生地名

滦州市，位于河北省东部，滦河西岸。滦州市在河北省唐山市东部，京哈、京秦两铁路和滦河经过境内。五代辽置滦州，1913年改滦县，后改为县辖市。属燕山余脉，中部丘陵，南部为滦河冲积平原。滦南县，位于河北省东部，滦河以西，在河北省唐山市东南部，南部临渤海，县人民政府驻地。1942年析滦县南部地区置县，因位于滦县南部而得名。

滦平县，位于河北省北部，地处燕山山脉、滦河上游、长城古北口外，西南临北京，京通铁路斜贯。清乾隆七年（1742）设喀喇河屯厅，乾隆四十三年（1778）改滦平县。相传因喀喇河屯濒临滦河，县名取"滦河无患，民众平安"之意。名胜古迹有金山长城、小城子古墓群。

滦河镇，在河北省承德市西南、滦河南岸，锦承铁路支线终点，有公路通滦平、兴隆两县，是承德市西南部重要集镇之一。

历史悠久的"鹿"字地名

曾广泛分布于华夏大地之上的梅花鹿，因性情温顺、体态优雅，一度被视为瑞兽。古代围猎"训练"出的鹿群反应敏捷，在捕猎时，捕猎者需严密地指挥和配合，还时常会因猎物归属而引发冲突。《史记·淮阴侯列传》："秦失其鹿，天下共逐之，于是高材疾足者先得焉。"裴骃集解引张晏曰："以鹿喻帝位也。"后以"逐鹿"比喻争夺统治权，"逐鹿"也成为群雄并起、割据争雄的代名词。地名中凡与"鹿"有关的行政区域地名，几乎在历史上都与战争有关。河北省以"鹿"为名的四个县——涿鹿县、巨鹿县、束鹿县和获鹿县亦如此。

隶属于张家口市的涿鹿县，地处河北省西北部、桑干河下游，东邻北京。据《涿鹿县志》载，涿鹿在秦以前史书上称独鹿。因当地有山形似一只奔跑的鹿，故名独鹿。后因山脚下有泉水流出，又称为浊鹿，不久改为涿鹿，称这座山为涿鹿山。历史传说的涿鹿之战，最早的可靠文献记载是司马迁的《史记》："帝乃征师诸侯，与蚩尤战于涿鹿之野，遂擒杀蚩尤。"还有"（黄帝）邑于涿鹿之阿"的记载。

巨鹿县，隶属于邢台市，位于河北省南部，是秦代三十六郡之一，是历史上的巨鹿之战、黄巾起义的发生地。"巨鹿"其名源自大陆泽，《后汉书·郡国志》载："巨鹿，故大鹿，有大陆泽。"《巨鹿县志》亦云："许氏《说义》，巨，大也，古者鹿陆通用，则巨鹿、大陆一也。"从上述沿革，可知"巨鹿"之"鹿"字，与动物"鹿"无关。

束鹿县，位于河北省中部，县治为辛集。1986年撤销县改市，称为辛集市。今之辛集市境，东汉时称鄡县，北魏改名束县，北齐改称安国县，隋开皇十八年（598）改名鹿城县，为该地名中有"鹿"之始。唐天宝十五载（756）改名为束鹿县。"束鹿"之名有一段耐人寻味的史实，待与下文获鹿之名并说之。

位于河北省西南部的鹿泉区，地处滹沱河上游。西汉置石邑县，北齐改称井陉县，隋开皇十六年（596）析井陉县西部置鹿泉县，以境内有白鹿泉而得名。传说汉韩信在率军攻赵的锦河战役中，曾派武士胡申四出寻找水源，申射鹿得泉，取名白鹿泉，县即以鹿泉为名。为纪念射鹿得泉的武士胡申，白鹿泉西边的村落即以胡申命名。唐天宝初年，节度使安禄山驻节于此。天宝十五载（756）改名获鹿县。1994年，设立鹿泉市。2014年，撤市设区，设立鹿泉区。自古即为兵家必争之地，也是遐迩闻名的"旱码头"，民间有"一京二卫三通州，比不上获鹿旱码头"的俗谚。

唐天宝十四载（755），安禄山在范阳造反，《资治通鉴》卷二百一十九记载，唐玄宗于天宝十五载（756），"改常山之鹿泉曰获鹿，饶阳之鹿城县曰束鹿，以厌之"。《旧唐书·本纪》记载："天宝十五载三月，改常山郡为平山郡，房山县为平山县，鹿泉县为获鹿县。"鹿泉改获鹿（方言读huáilù），鹿城改束鹿，常山、房山改为平山——寓意抓获安禄山、平定安禄山。其后，唐朝由盛转衰，经五代十国，获鹿和石邑一直为县。至宋开宝六年（973），获鹿、石邑两县合并为获鹿县。

为何鹿城、鹿泉、房山三个县同时分别改名为"束鹿""获鹿""平山"呢？原是唐玄宗李隆基想用这三个新地名，表达俘获束缚叛匪敌酋安禄山、平息叛乱的强烈意愿。天宝年间，安禄山密谋叛乱，但唐玄宗却毫无察觉，反而把前往宫中报告安有反意之人押至安禄山处，听其处置。当安禄山发动叛乱、大举南侵时，他惊慌失措，借"鹿""禄"谐音，将安禄山南下必经之路的"鹿城"改称"束鹿"，将"鹿泉"改为"获鹿"，来发泄内心的愤恨。但改地名易，撼叛军难！结果哥舒翰兵败潼关，致使安禄山兵临长安，唐玄宗匆忙出逃，奔往巴蜀。马嵬坡兵变后，唐玄宗一行在宝鸡一带又遭叛军之阻，几乎被叛逆"束""获"。最后安史之乱终被平息，但唐玄宗也失去皇位，大唐帝国从此走向衰败，只留下"束鹿""获鹿""平山"三个县名，任后人指点评说。写至此，不禁想起唐元稹著名的五绝《行宫》："寥落古行宫，宫花寂寞红。白头宫女在，闲坐说玄宗。"

"九州"与河北省"州"字地名

长期以来,人们习惯于用"九州"泛指整个中国。在中国诗歌史上有两首典型的名作,一是南宋陆游《示儿》诗:"死去元知万事空,但悲不见九州同。"另一是清龚自珍《己亥杂诗》:"九州生气恃风雷,万马齐喑究可哀。"

"九州"是我国传说中的上古"行政区划"。《尚书·禹贡》作冀、兖、青、徐、扬、荆、豫、梁、雍州。其中,冀州相当于今河北省南部和山西省东南部一带,兖州相当于今河南省北部和山东省西南部一带,青州相当于今山东省东部和北部,徐州相当于今河南省东南部、安徽省东北部、山东省南部和江苏省北部地区,扬州相当于今安徽省南部、江苏省中南部以及江西省东部、浙江省和福建省的部分地区,荆州相当于今湖南、湖北两省及河南省、贵州省、广东省、广西壮族自治区的部分地区,豫州相当于今河南省南部、安徽省北部一带,梁州相当于今陕西省南部、四川省东部地区;雍州相当于今陕西省和甘肃省、宁夏回族自治区的部分地区。

其实,"九州"只是先秦传说中的地理划分,并非行政区划。汉武帝时,为加强中央对地方的控制,分全国为十三州,即冀州、兖州、青州、徐州、扬州、荆州、豫州、梁州、雍州、幽州、并州、司州、交州,并改梁州为益州,改雍州为凉州。随着唐代新的道、州、府制度的出现,以及元明之后省县制度的确立,古九州不再以行政区划的面貌出现。今天我们仍能看到的江苏省扬州市、山东省青州市、山东省济宁市兖州区、江苏省徐州市、湖北省荆州市等区划地名,则是《禹贡》九州留在地图上的孑遗。这些地名由原本大范围的地域概念,缩小为一些具体行政单位的名字。再如河北省简称冀、河南省简称豫,都属于我国最古老的地名遗产。

河北省以"州"为通名的政区地名有:晋州市、霸州市、定州市、涿州市、沧州市、深州市、冀州区等。

地处河北省中部偏西的晋州市,一听这个地名,人们以为到了山西省。晋州市有2500余年文字可考的历史。春秋时设鼓国,属晋国,都鼓聚(今十里铺村)。战国时分属中山国和赵国,设城邑下曲阳(今鼓城村)、昔阳(今十里铺村)。隋朝更名为鼓城县,元朝更名为晋州,因春秋时期的晋国而得名。《直隶名胜志》记载:"自晋伐鲜虞围鼓,其君鸢鞮(dī)卒归于晋,乃知兹地属晋已久，州名盖取诸此。"1913年改为晋县，1991年改为晋州市，为省辖县级市，由石家庄市代管。

位于河北省中部的霸州市，东临天津市西青区杨柳青镇。汉称益昌县，唐称益津县，五代至清末称霸州。以"霸"为名，乃取威烈义，以示武功。据《大明一统名胜志》载，后周始立霸州，"留其将韩令坤守之，以示雄霸之义"。1913年设霸县。1988年9月，廊坊地区撤区建市，霸县属廊坊市管辖。1990年1月，撤销霸县，设立霸州市，为省辖县级市，由廊坊市代管。

位于河北省中部的定州市，地处保定市西南。西汉设卢奴县。北魏皇始二年（397）于卢奴置定州。唐改为安喜县，明代设定州。《元和郡县志》载："以安定天下为名也。"1913年改名定县，1986年升为定州市。

位于河北省中部的涿州市，与北京市相邻。秦代置涿县，西汉设涿郡，唐先设范阳县，后设涿州，因境内有涿水流经而得名。1913年改涿县，1986年设涿州市。

位于河北省东部的沧州市，地处京杭运河畔。西汉设浮阳县。北魏孝明帝熙平二年（517），设立沧州，当时辖域很广，东临渤海，故取"沧海"之义为名。天宝元年（742），改沧州置景城郡，治清池县（今河北省沧州市东南）。乾元元年（758），复改为沧州。1913年更名沧县。1983年，沧州市改为省辖市。1993年地、市合并为沧州市。

位于河北省中南部的深州市，隋开皇十六年（596）置深州。北宋为静安县。清为深州直隶州。1913年降为深县，沿用古州名。《深州八景记》载．"隋始置深州，取州西故深池为名。"1994年设深州市。

位于河北省中南部的冀州区，地处衡水市西南。古称冀州，西汉始置冀州刺史部，其后历代均置有冀州，但辖域愈渐缩小，治所也时有迁徙。1913年降为冀县，1993年撤县建市，2016年改为衡水市下辖的冀州区。

河北省以"州"为通名的"镇"，还有廉州镇（藁城区）、赵州镇（赵县）、蔚州镇（蔚县）、祁州镇（安国市）、易州镇（易县）、雄州镇（雄县）、瀛州镇（河间市）、恒州镇（曲阳县）、清州镇（青县）、洺州镇（威县）、景州镇（景县）、磁州镇（磁县）等，在此就不一一介绍了。

热河·察哈尔·晋察冀

在历史上曾经存在的察哈尔省和热河省，与河北省的关系极为密切。1952年和1955年，这两个省被撤销时，将察哈尔省的张家口市、宣化市，热河省的承德市，划归河北省。

另外，在抗日战争期间流行着一首著名的歌曲《解放区的天》，歌词开头是："解放区的天是明朗的天，解放区的人民好喜欢，民主政府爱人民呀，共产党的恩情说不完。"所谓"解放区"，是指推翻了反动统治、建立人民政权的地区。特指抗日战争和解放战争时期，中国共产党领导的军队从敌伪统治和国民党反动统治下解放出来的地区。抗日战争后期，到1945年上半年，中国共产党领导的人民军队已建立起陕甘宁、晋察冀、晋绥、冀热辽、湘鄂赣、鄂豫皖等19块抗日民主根据地。日本投降后统一改称为解放区。其中晋察冀和晋冀鲁豫两个抗日革命根据地，就是建立在燕赵大地及邻近省份的部分地域上。

一、察哈尔省

1914年6月，民国政府划内蒙古的22个旗及直隶、绥远省特别区的部分区域合置察哈尔特别区。同年设兴和道，1928年废道制。1928年9月改特别区为察哈尔省，简称"察"。

1948年8月，察哈尔省属华北人民政府管辖，初治万全县，后治张家口市。1950年11月12日改属中央人民政府华北事务部统辖，张家口市兼内蒙古自治区首府。1952年6月28日政务院批准内蒙古自治区政府迁治绥远省会归绥市（今呼和浩特市）。

1949年察哈尔省的行政区划，下辖3个地级市和3个专区。

地级市：（1）张家口市，城区分一、二、三、四区；（2）大同市，城区分一、二、三区和口泉矿区；（3）宣化市，城区分一、二区，下花园区，庞家堡矿区。

专区：（1）雁北专区，治大同市。辖大同县、广灵县、灵丘县、应县、浑源县、阳高县、朔县、山阴县、怀仁县、左云县、右玉县、平县；（2）察南专区，治宣化市。辖宣化县、蔚县、怀安县、涿鹿县、天镇县、阳原县、万全县、四海县、延庆县、赤城县、龙关镇、怀来县；（3）察北专区，治张北县。辖张北县、康保县、宝源县、多伦县、崇礼县、尚义县、商都县、化德县。

1950年撤销宝源县，恢复宝昌、沽源二县。1950年8月将察北专区的宝昌、多伦、化德三县划归内蒙古自治区。1952年8月撤销四海县，分别并入延庆、赤城两县和热河省的滦平县。1952年11月15日中央人民政府委员会第十九次会议决定撤销察哈尔省，将张家口市、宣化市、察北专区全部、察南专区除天镇县外的10个县，划归河北省；将大同市、雁北专区全部和察南专区的天镇县，划归山西省。

二、热河省

1914年1月，民国政府划直隶省15县（局）及内蒙古16个旗合置为热河特别区，同年设热河道。1928年废道制，9月改特别行政区为热河省，简称"热"，治承德市。

1948年8月，热河省属东北人民政府管辖。1952年11月15日，改由东北行政委员会领导。1954年6月19日，后由中央直属管辖。

1949年底，热河省的行政区划：省下无地级单位，市、县、旗均由省直辖。下辖2个县级市、16个县、4个旗。

2个县级市：承德市、赤峰市。

16个县：承德县、赤峰县、朝阳县、凌源县、平泉县、建昌县、建平县、宁城县、围场县、青龙县、隆化县、北票县、乌丹县、丰宁县、滦平县、兴隆县。

4个旗：喀喇沁右旗、敖汉旗、翁牛特旗、喀喇沁左旗。

1950年又设置了羊山县和叶柏寿县。这两个县又于1951年撤销。1952年撤销赤峰市，其行政区划并入赤峰县。1953年撤销翁牛特旗，设立翁牛特旗蒙古族自治区（县级）。该自治区又于1955年被撤销，同时设立翁牛特蒙古族自治旗。

1955年7月30日，经第一届全国人民代表大会第二次会议讨论撤销热河省。将承德市和承德县、平泉县、青龙县、兴隆县、滦平县、丰宁县、隆化县、围场县划入河北省，将赤峰县、乌丹县、宁城县、敖汉旗、喀喇沁右旗、翁牛特蒙古族自治旗划入内蒙自治区，建昌县、凌源县、建平县、朝阳县、北票县、喀喇沁左旗划辽宁省。

三、晋察冀根据地

晋察冀抗日根据地是八路军进入华北抗日前线后开辟的第一个敌后根据地。位于同蒲路以东，渤海以西，张家口、多伦、锦州以南，正太、德石路以北，横跨山西、河北、察哈尔、热河、江苏5省。1937年10月下旬，聂荣臻率领一一五师一部，开始创建以五台山区为中心的敌后抗日根据地。11月，成立晋察冀军区。1938年民主选举产生了晋察冀边区临时行政委员会，为边区政权的最高领导机构，整顿和改造了县、区、村各级政权，成立了工人、农民、妇女等的救国会。3月,在北平郊区成立平西抗日根据地。4月成立冀中军区。7月,冀东建立了抗日政权,晋察冀边区抗日根据地初具规模。从1938年11月起,边区军民粉碎了日军一次又一次的"扫荡",获得了发展。到1940年7月,边区政府辖有2个行政主任公署、9个专员公署、75个县政权。较之1938年1月边区政府成立时,人口增加200万,抗日的县政权增加36个。1940年至1943年,根据地军民粉碎了日军大规模"扫荡"。1944年,发动了一连串的反攻,共拔敌据点1500个,恢复村5000余个,巩固并发展了根据地。1945年8月11日,晋察冀根据地部队开始了大反攻作战,至9月3日抗日战争结束,共收复28座大中小城市,包围了北平、天津、保定,解放了察哈尔全省和河北省、辽宁省一部。

晋察冀抗日根据地的区划:包括晋、察、冀、热、辽5省的一部分或大部地域,辖北岳、冀中、冀热3个行署区,108个县,是华北地区最大的敌后抗日根据地。其中,北岳区曾设6个专区,47县。1944年7月28日,北岳又分出冀晋、冀察2个行署区,下设8个专区,55个县。冀中行署区下辖5个专区,51个县。冀热辽行署区下辖11个县。

晋察冀抗日根据地所辖地区,包含今河北省的深州、沧州、青县、大城、河间、武强、饶阳、肃宁、蠡县、博野、安国、安平、晋州、深泽、无极、灵寿、新乐、曲阳、阜平、定州、唐县、望都、顺平、清苑、任丘、大城、文安、雄县、霸州、容城、永清、固安、新城、满城、易县、涞源、蔚县、阳原、涿鹿、崇礼、张北、康保、赤城、遵化、隆化、迁安、滦南、唐海、乐亭以及今山西省、内蒙古自治区、辽宁省的部分地域。

四、晋冀鲁豫根据地

晋冀鲁豫抗日革命根据地是以刘伯承师长、邓小平政委领导的八路军一二九师为主开辟的抗日根据地，也称晋冀鲁豫边区，包括晋冀豫和冀鲁豫两个战略区。晋冀豫区包括山西省的东南部、河北省的西南部、河南省黄河以北一部。冀鲁豫区，包括河北省的南部、山东省的西部、河南省的北部。1937年11月，一二九师及第十八集团军总部进入晋东南地区，到1938年4月，将敌人全部赶出晋东南，建立晋冀豫根据地，成立晋冀豫军区。同年春，一二九师一部开赴冀南，开辟了冀南区。9月，开辟冀鲁豫根据地。1940年4月，成立冀鲁豫军区，建立行政主任公署。6月，建立冀南军区、太行军区和太岳军区。8月，成立了冀南、太行、太岳行政联合办事处，杨秀峰任主任，作为过渡性质的全区统一政权组织。1940年底，晋冀鲁豫抗日根据地发展到西起同蒲路，东至津浦路，南临黄河，北抵石太、石德路的广大地区，拥有10万部队和2000万人口。1941年7月，正式成立晋冀鲁豫抗日根据地政府，杨秀峰任主席，薄一波、戎子和任副主席。1941年至1942年，日军对根据地进行频繁"扫荡"，加之连年自然灾害，根据地的斗争相当艰苦。从1943年起，全区进入恢复与再发展的新时期。1944年，根据地军民对敌展开局部反攻，把许多被分割的小块游击区变成大根据地。1945年8月11日，晋冀鲁豫根据地军民展开大反攻。9月20日，计歼灭敌伪5万余人，收复县城59座，据点数百处。太行、太岳、冀南、冀鲁豫4个根据地连成一片，成为当时全国较大的解放区之一。全区拥有县城105座，面积18万多平方千米。

晋冀鲁豫抗日根据地所辖地区，有今河北省的邯郸、磁县、成安、临漳、大名、魏县、广宗、威县、清河、临西、丘县、馆陶、鸡泽、曲周、南和、沙河、永年、武安、涉县、邢台、任县、巨鹿、南宫、故城、枣强、景县、隆尧、柏乡、内丘、临城、高邑、元氏以及今山西省、山东省、河南省的部分地域。

由河北省划入京津的区县

一、由河北省划入北京市的区县

1956年和1958年,由河北省划入北京市的有昌平、密云、通州、延庆、顺义、大兴、怀柔、平谷、房山等区县。

昌平区,位于北京市西北部。西汉置昌平县。治所屡徙。明设昌平州,辖密云、顺义、怀柔三县。景泰三年(1452)徙今昌平县治。《清一统志》载:"昌平城南有南沙河,此河又名昌平水,故县以水得名。"1913年设昌平县。1956年由河北省划入北京市,改置昌平区。1960年改为昌平县。1999年改称昌平区。

密云区,位于北京市东北部。后魏时置密云郡,并置密云县,因县南有密云山而得名。《名胜志》载:"山藏云雾,县取名。"即山藏于云雾中,得名密云山,县以山为名。唐为檀州治。明设密云县。1958年由河北省划入北京市。2015年改置密云区。

通州区,位于北京市东南部。西汉置路县,东汉改潞县。金设通州。据《元史·地理志》,通州"取漕运通济之意"命名。

明亦设通州，俗称北通州，以与江苏省的南通市相区别。1914年撤州设县，称通县。1953年设通州市。1958年划入北京市，改置通州区。1960年复称通县。1997年设立通州区。

延庆区，位于北京市西北部。西汉为居庸县，元置龙庆州，《明一统志》卷五云："以仁宗生于此，升为龙庆州。"永乐三年（1405）改置隆庆卫。明永乐十一年（1413）改为隆庆州，明隆庆年间因避隆庆年号，改延庆州。1912年改延庆县。1928年属察哈尔省。1952年属河北省。1958年划入北京市。2015年改置延庆区。

顺义区，位于北京市东北部。据《古今图书集成》，春秋时期属于燕国，汉分属狐奴、安乐二县地。南北朝齐始置归德郡。《新唐书》载："贞观四年平突厥，以其部落置顺、祐、化、长四州都督府于幽灵之地……"明改为顺义县，取"归顺"之意命名。1958年由河北省划入北京市，改置顺义区。1960年改顺义县。1998年设立顺义区。

大兴区，位于北京市南部。辽设析津县，金贞元元年（1153）改析津府为永安府，定都于此。次年改为大兴府，改县名为大兴县，取"大金兴旺"之意命名。明清两代为顺天府治。1914年设大兴县。1928年迁治于今黄村（今址）。1958年由河北省划入北京市，置大兴区。1960年改大兴县。2001年改置顺义区。

怀柔区，位于北京市东北部。春秋战国时代属燕国渔阳郡。唐天宝元年（742）置怀柔县，因安置契丹部落于此而得名。怀，意为来；柔，意为安。取笼络契丹，使之归附之意。故治在今顺义区，金更名温阳县。明洪武年间析昌平、密云二县置怀柔县。《日下旧闻考》云："虽取古名，实非旧地。"1958年由河北省划入北京市。2001年撤县设区，改置怀柔区。

平谷区，位于北京市东部。秦置平峪县。西汉改平谷县。北魏废。金大定二十七年（1187）于大王镇置平谷县，即今平谷县治。平谷县设在四山高耸、中间宽平的谷地中，故名平谷。1958年由河北省划入北京市。2002年改置平谷区。

房山区，位于北京市西南部。秦设良乡县，金置万宁县，后更名奉先县，元改名房山县。1958年房山、良乡两县由河北省划入北京市，合并改置周口店区。1960年改名房山县。1980年建燕山区。1986年改置房山区。

二、由河北省划入天津市的区县

1973年，由河北省划入天津市的有武清、宁河、宝坻、静海、蓟州等区县。

武清区，位于天津市西北部，北运河畔，西邻河北省。古为建置于秦代的泉州县和建置于西汉初年的雍奴县二县之境。北魏为渔阳郡治。唐天宝元年（742）更名武清县，取"武功廓清"之义。1950年将县治由武清城关迁至杨村。1958年与安次县合并仍称武清县。1973年由河北省划入天津市。2000年改置武清区。

宝坻区，位于天津市北部，潮白河畔。秦代属渔阳郡，隋代属冀州涿郡，唐代初期改为涿州。金大定十二年（1172）析香河东部始置宝坻县。因境内产盐，盐为国之宝，取"如坻如京"之意，故名。1973年由河北省划入天津市。2001年改置宝坻区。

静海区，位于天津市西南部。宋大观年间，始置靖海县，以地处海滨故名。明洪武初年改名静海县，相沿至今。县东北滨海，为海道咽喉，县名有祈望风平浪静、以利运输之意。1973年由河北省划入天津市。2015年改置静海区。

宁河区，位于天津市东北部。西周时境域属幽州。春秋战国时期，属燕地。秦朝为上谷、渔阳二郡分属。西汉属渔阳郡。清雍正九年（1731），析宝坻置宁河县。据《河北省县名考原》称："蓟运河纵贯县境，时多水患，故县以宁河名。"1973年由河北省划入天津市。2015年改置宁河区。

蓟州区，位于天津市最北部。西周时期，辖域属燕国。秦置无终县。隋置渔阳县。唐置蓟州。明清时代为蓟州，辖平谷、玉田、遵化、丰润四县。1913年改称蓟县，因境内盛产蓟草而得名。一说因古蓟国而得名，另一说"取古蓟门关以名"。地处京、津、唐、承四市之腹心。1973年由河北省划入天津市，2016年改置蓟州区。蓟州区是天津行政区划范围内历史最悠久、文物古迹遗存最丰富、文化底蕴最深厚的县区，被称为"天津的后花园"。

河北磁县贺兰山

岳飞名作《满江红》,到底是不是岳飞所写?持"此词非岳飞所写"说的学者,提出的主要理由之一,是"贺兰山"在西北方的西夏境内,与起自东北的女真族金人毫不相干。关于"贺兰山",《中国地名词典》释曰:"贺兰山,一称阿拉善山。蒙古语'贺兰',意即'骏马'。在宁夏回族自治区西北边境和内蒙古自治区接界处。南北走向,长200多千米,宽15—50千米,一般海拔2000米以上,同名主峰(3556米)在银川市西北与内蒙古自治区交界处。西侧和缓,东侧以断层临银川平原。是我国外流区与内流区的分水岭。森林茂密,林区有珍禽蓝马鸡。为宁夏回族自治区重要林区之一。煤藏丰富,并以产青石著名。山间坪口(苏峪口和三关口等)为东西交通要道。"其实,"踏破贺兰山缺",纯属文学虚构,并非实指。宋邵伯温《邵氏闻见录》卷十六载:姚嗣宗字因叔,华阴人,豪放能文章,喜谈兵。尝作诗曰:"踏破贺兰石,扫清西海尘。布衣有此志,可惜作穷麟。"

宋神宗赵顼《祭狄青文赞》云："狄青乃出，捐躯效力，所向无前，踏贺兰石。"贺兰石就是贺兰山。在北宋诗人笔下，写"贺兰山"自然风物诗文的数量很多。如张耒《送刘季孙守隰州》诗："君家将军本缝掖，叱咤西摧贺兰石。"陈郁《赋薛侯》诗："焉知不将万人行，横槊秋风贺兰道。"黄庶《送李室长庆州宁觐》诗："我生南方长诗书，爱国区区肺如炙。欲于塞外勒姓名，往往夜梦贺兰石。"北宋诗人喜欢以书写贺兰风物表达个人的特殊情志，这与北宋和西夏的冲突当然有一定关系；但就文学传统而言，这种表达英雄精神的"贺兰"，并非实指。①

与宁夏贺兰山同名，河北省邯郸市磁县境内也有一座贺兰山，原名西山，距县城西北 30 里，在今林峰村南面。据载，宋

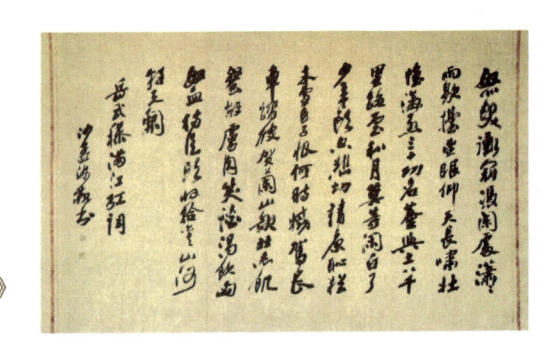

《满江红》
书法作品

---

① 范子烨：《满江红"驾长车踏破贺兰山缺"解》，《光明日报》2023 年 4 月 24 日第 13 版。

代道士贺兰栖真曾在西山筑建道观潜心修炼，并接受宋真宗的召见。此山经此殊荣，名声愈加显赫。地方官员乃仰承"上意"，申报朝廷，将西山更名为贺兰山，将牤牛河易名为贺兰河，附近村落定名为东贺兰村和西贺兰村，并相延至今。清康熙三十九年（1700）刊印《磁州志》，其中《磁州境图》就明确标出贺兰山、贺兰河、贺兰村的位置。志文曰："贺兰山在州西北三十里。山非高峻而蜿蜒起伏，长且二十里。宋贺兰真人隐居于此，因以得名。"磁县贺兰山为太行山余脉，东西长10余千米，南北宽1—2千米，海拔最高186.7米，南侧山势平缓，北侧稍显高峻。"贺兰积雪"为"古磁州八景"之一。《磁州志》载："贺兰山虽无灵峰幽壑，而碎玉平铺，积雪凝素数十里，云天一色，亦奇观也。"

　　磁县为官道要冲，向为兵家必争之地。宋金交战时，磁州一带是黄河北岸的军事要地。抗金名将宗泽曾驻守磁州。贺兰山虽不险峻，却是当时岳飞抗金的主要战场之一。岳飞曾率部多次往返，并在磁县西南驻扎，此地后称为"岳城镇"。后人为纪念抗金英雄，曾修建"岳穆庙"。《磁州志》记载："岳城在县西南五十五里。宋建炎初年，岳武穆曾驻兵于此。"村北原有岳飞驻兵的遗址，人称"岳飞寨"。磁县有东候召、西候召、小候召三个村落，均以岳家军曾驻扎于此等候朝廷圣旨而得名。《磁州志》的《磁州境图》也标明了"岳城镇"和"武穆庙"的位置。

《满江红》"驾长车，踏破贺兰山缺"之句，不仅昭示了岳元帅的战略部署和行军路线，也表明他对磁县贺兰山军事要冲很熟悉且十分重视。故将《满江红》所指之处，定在磁县贺兰山——既有方志记载，又合乎战略方向，在逻辑上，亦顺理成章。

另外，在京畿地区还有与四川峨眉山同名的一座山，坐落在北京平谷，但因本身不够高峻，人文积淀不深，故鲜为人知。位于北京市平谷区东北部的峨眉山，东南为刘家河，西北连黑枣沟，因村北有一座峨眉山而得名。唐贞观年间，这里形成村落。村北山形似蛾，两谷分向左右，如同美女细弯的眉毛，故取"蛾眉"的谐音称之为"峨眉山"。被文人赞为"山景秀丽，峨眉耸翠"，因而成为清代"平谷八景"之一。村落亦因山得名，明天顺年间，此处建有峨眉山营，筑石城以屯兵，守卫北寨长城口。当时为河北蓟县管界，后来因平谷县来此定居的人越来越多，为管理方便，平谷人聚居区定名为西文家庄，峨眉山营被定为蓟县籍人居住地。20世纪40年代后，两处统称峨眉山村。抗日战争时期，曾一度化名高峰。现存明代峨眉山营遗址，石城南门上有题为"峨媚山营"的石刻匾额，还刻有镇守将官姓名和石城建造年代。属于同名的还有坐落于山西省西南部的峨嵋岭和福建省泰宁县北部的峨嵋峰。

别具一格的雄安地名

位于河北省中部的雄安新区是河北省管辖的国家级新区，东接廊坊市固安县、霸州市、文安县，西与保定市清苑区、徐水区接壤，南邻高阳县、任丘市，北与定兴县、高碑店市相连。包括雄县、容城县、安新县三县及周边部分区域，面积约1770平方千米。雄安新区规划建设起步区面积约100平方千米，中期发展区面积约200平方千米，远期控制区面积约2000平方千米。2019年8月30日，设中国（河北）自由贸易试验区雄安片区。2019年12月，入选首批交通强国建设地区。

雄安新区全境位于太行山东麓冲洪积平原前缘地带，属堆积平原地貌、海河流域的大清河水系，区内河渠纵横，水系发育，湖泊广布。白洋淀位于境内水域面积366平方千米，为华北平原最大的淡水湖。白洋淀上游有九河，下通津门的水乡泽国，史称西淀。到明弘治年间之前已淤为平地，地可耕而食，形成九河入淀之势。人们看到淀水"汪洋浩淼，势连天际"，故改称白洋淀。

京雄城际铁路和津保城际铁路等过境，G18 荣乌高速公路、G0211 津石高速公路、G45 大广高速公路、S3700 津雄高速公路、S3601 京雄高速公路等贯穿全境。雄安新区境内现有火车站三座（白沟站、白洋淀站、雄安站），还有雄安新区至北京大兴国际机场快线。

河北省雄县，位于大清河中游、白洋淀以北。汉置易县，唐改设归义县，五代周为雄州治，宋改归信县，明入雄州，后改雄县。《读史方舆纪要》载："契丹入寇瓦桥关，遣将屯戍。周显德六年伐契丹，……至瓦桥关，契丹守将以城降。周主以其地控扼幽、蓟，建为雄州。"这段历史记载说明：以雄州为名，取其威烈之义，以彰显雄威的武功震慑敌方。

"雄安"之名，取雄县、安新县各一字，朗朗上口，既尊重历史，又寓意吉祥。"雄"字意味宏伟、阳刚、英雄，"安"字包含稳定、牢固、安康，体现了地域特色，符合中华传统文化的内在要求。

在新建城区为道路命名，首先确定东西向通名为"街"、南北向通名为"路"的原则。2022 年底，雄安新区主次干道路建成投运，形成"三横四纵"的骨干路网，并已具备通车条件。标志性干路的命名，既延续历史文脉，又展现时代精神，还兼顾城市总体规划布局和区域功能等要素。例如：海岳大街，以新区"左

雄安新区春色

揽沧海，右拥太行"的地理特点，取"海""岳"二字命名；易宁大街，"易"既指易水流域，又指"临易"的都城，还寓意新区安宁；燕赵大街，体现河北大地悠久的历史文化底蕴；九河大街，与白洋淀"上承九河，下流入海"之说相呼应，彰显独特的地理环境；白洋淀路，因通往白洋淀而得名；临淀路，因道路临近白洋淀得名；淀安大街，带有吉祥的祈愿，且指位功能很强。

行走在雄安新区，街区道路地名令人耳目一新。如：体现规划设计理念的智源路、慧谷路，吸纳优秀传统文化的崇文路、尚德路，还有保留乡愁"接地气"的罗庄街，等等。据说，雄安新区新增地名1000多个，并已有序投入使用，涉及起步区、启动区、容东片区、容西片区、昝岗片区、雄安站枢纽片区等道路、住宅区名称，为雄安新区建设发展而服务。在新地名命名中有意识地保留了原有的历史村名,如南文营社区、文营路、龚庄路、八于街等,以延续乡愁记忆。

作为原有居民回迁的容东片区,地名命名尽量方便群众使用。例如首先命名了金湖、春明湖、秋朗湖、金源河等与水系相关的地名,由此派生金湖街、金湖南街、金湖北街、金湖东路、金湖西路,秋朗东路、秋朗西路,明朗北街、明朗南街等路名。地名虽是新的,但有东、西、南、北等方位词有规律地指引,居民和路人便好找易记。

为了赓续历史传统、贯通历史记忆,在城市建设中使用明清时期的历史地名——乐安里和兴贤里,分别命名为"乐安街"和"兴贤路"。同时还命名了"乐业""乐民""安居""广兴""贤良"等街道,形成有特色的系列地名,反映出"安居乐业"的民心民声。

贯穿起步区,通往雄安站的雁翎大街,以抗战期间"淀上神兵"雁翎队命名,彰显和传承红色文化。坐落于此的雁翎队纪念馆,是雄安新区最大的红色文化纪念馆和爱国主义教育基地。承载着红色文化记忆,雁翎大街每天都有来自四面八方的客人经过。正如河北省著名作家关仁山所言:"地名在文化塑造中具有日用而不觉的优势,从雄安新区的街道名称中,人们可以读懂这座未来之城赓续历史文脉、展现现代文明的精心用心。"

二

北京市地名文化

北京建制沿革与城市文化

一、北京建置沿革

北京，是一座历史悠久的古城，同河北省、天津市接壤。

在远古时期这里就有人类居住，考古学家在周口店发现的"北京猿人"化石，证明人类的祖先就在北京地区生息繁衍。3000多年前，在夏朝时，北京就已发展成为一个重要的有易氏部族居住聚落。作为帝王都城已有800多年的历史，我国历史上的四个封建王朝——金、元、明、清——相继在这里建都。北京这片土地，在春秋时期最初称"蓟"，后为燕所灭，遂为燕都。后在中原朝代更替或民族冲突中，蓟城一直是北方重镇，也是各方必争的战略要地。辽会同元年（938），辽太宗升幽州为南京，立为陪都。金人入主北京后，于贞元元年（1153）改燕京为中都。元定都北京后，忽必烈废大兴府，于北京置大都路总管府，直隶中书省，改称元大都。明初，朱元璋建都应天（今江苏南京），改大都路为北平府,这是北京第一次以北平为名。明成祖朱棣于永乐元年(1403)改北平为北京,后迁都于此,这是北京得名之始,并以"顺应天意"之意改北平府为顺天府。清沿明制,继续定都北京。1912年1月1日,中华民国建立,定都南京。同年4月1日,首都由南京迁回北京。1914年,顺天不再隶属直隶,并改顺天为京兆地方。南京国民政府于1928年6月拆撤京兆地方,改北京为北平,设特别市,直辖政务院。1930年7月6日,北平特别市降为北平市,由政务院改隶河北省。

1949年1月,北平和平解放。同年9月,中国人民政治协商会议第一届全体会议决定中华人民共和国定都于北平,改北平为北京。之后,北京的行政区划范围经过多次调整,直至1986年底形成10区8县的格局。市辖区10个:东城区、西城区、宣武区、海淀区、崇文区、丰台区、朝阳区、房山区、石景山区、门头沟区。县8个:昌平县、密云县、通县、延庆县、顺义县、大兴县、怀柔县、平谷县。1997—2001年,根据国务院批复,先后撤销通县、顺义县、昌平县、大兴县、怀柔县和平谷县,设立通州区、顺义区、昌平区、大兴区、怀柔区和平谷区,形成16区2县(即密云县和延庆县)格局。2010年,根据《国务院关于同意北京市调整部分行政区划的批复》,撤销北京市东城区、崇文区,设立新的北京市东城区,以原东城区、崇文区的行政区域为东城区的行政区域；撤销北京市西城区、宣武区，设立新的北京市西城区，以原西城区、宣武区的行政区域为西城区的行政区域，形成14个区和密云县、延庆县2个县格局。2015年11月13日，经国务院批准，延庆县、密云县正式撤县设区。截至2020年6月，北京市共辖16个市辖区，分别是东城区、西城区、朝阳区、丰台区、石景山区、海淀区、门头沟区、房山区、通州区、顺义区、昌平区、大兴区、怀柔区、平谷区、密云区、延庆区。北京市人民政府驻通州区运河东大街57号。

二、北京历史文化

北京地区是中华民族古代文明的摇篮之一。北京有3000多年建城史、800多年建都史。北京的历史脉络大致分为三个时期：辽代之前，北京或为诸侯国都，或为州郡治地，一直是北方重镇；辽金时期，伴随北方民族关系的变化，北京政治地位抬升，逐渐向全国政治中心转化和过渡；元代，正式确立北京为我国政治中心的地位。北京作为都城一直至清而未改。民国国都一度南迁，中华人民共和国成立后再次定都北京至今。北京建都起始为辽南京，"城方三十六里"。1152年，金海陵王自会宁府迁都于燕。1153年，改称中都，仿照宋都汴京形制而展拓改建而成。元世祖忽必烈即位后，定都于燕。1267年，在金中都东北郊另外规划建设新都城，在积水潭东北岸确定全城中心，设立中心之台，确定南北中轴线，东西两面城墙较长，南北两面城墙较短，周60里。明朝建立，建都应天府，1403年，正式定都北平，改名为北京。1420年11月，正式迁都北京诏告天下。1436年，修建京师九门城楼。1553年，始修北京外城，长28里，辟7门，北京城"凸"字形轮廓成形。一直延续至清代的皇城、内城、外城，没有大的变化。皇城故宫一直保存完好，成为北京最具历史感的文化古迹。

中华人民共和国成立后，因城市建设需要，城墙及城门大部分被拆迁。唯以北京西郊"三山五园"，即畅春园、圆明园、万寿山上的清漪园、玉泉山静明园、香山静宜园为主题的皇家园林举世闻名。第二次鸦片战争英法联军和1900年的八国联军入侵北京，园林遭洗劫，只有万寿山清漪园得以修复，改名为颐和园。近年来，北京市启动"三山五园"保护性修复，逐渐将这些园林打造成大众休闲之所。

北京重塑三大璀璨文化带。2017年，北京市统筹推进北部长城文化带、东部大运河文化带和西部西山—永定河文化带建设，将散落京城的500余处文物古建点亮成串。

（一）北部长城文化带——东起平谷，西至门头沟，途经6个区，在市域内蜿蜒573千米，包括八达岭、慕田峪、居庸关、红石门、古北口、箭扣、南口长城等。

（二）东部大运河文化带——在北京市域长 82 千米，横跨昌平、海淀、西城、东城、朝阳、通州 6 区，既是明清北京城连接西北部园林的纽带，也是古代中国连接南北方的大动脉，包括白浮桥、高梁桥、古河道等水利工程遗产，紫竹院、积水潭等古典园林，三教庙、燃灯佛舍利塔等历史遗址。

（三）西山—永定河文化带——跨越昌平、海淀、石景山、丰台、门头沟和房山 6 区，全长约 90 千米，以周口店龙骨山猿人遗址、琉璃河西周燕都遗址为代表的考古文化，以清代"三山五园"为代表的皇家文化，以潭柘寺、大觉寺为代表的宗教文化，

北京周口店遗址

以永定河为代表的山水生态文化，以及传统村落古道文化、园林古建文化、军事防御文化、民族融合文化、农业休闲文化等。

北京是一座文物古迹众多、历史悠久、世界著名的城市，是全球拥有世界文化遗产最多的城市。有故宫、长城、周口店北京猿人遗址、天坛、颐和园、明十三陵、大运河7处世界文化遗产，有颐和园、圆明园、香山公园等皇家园林，有雍和宫、八大处、潭柘寺、戒台寺、红螺寺等寺庙，有谭嗣同故居、荀慧生故居、李大钊故居、梅兰芳故居等名人故居四合院，有缸瓦市教堂、珠市口教堂、王府井教堂、西什库教堂等教堂，有北锣鼓巷、国子监街、校场口胡同、菊儿胡同等胡同。北京还是有名的休闲娱乐城。北京有卢沟桥、古北口保卫战纪念碑、军事博物馆等红色旅游景点。有颐和园等春季踏青赏花景点，有慕田峪长城、香山、喇叭沟、日坛公园等秋季观赏银杏、红叶的景点，有奥林匹克森林公园四季滑雪场、军都山滑雪场、怀北滑雪场等冬季滑雪景点，有大观园红楼庙会、地坛庙会、厂甸庙会、莲花池庙会等民俗庙会景点，每年吸引着上亿人次的中外游客。

北京与蓟、幽、燕的不解之缘

北京城起源于周朝早期的聚落"蓟",修建城墙后作为"蓟国"的都城,人称"蓟城"。1995年,在北京市宣武区广安门立交桥东北侧的滨河公园竖立了蓟城纪念柱,上有侯仁之先生拟定的榜文:"北京城区,肇始斯地。其时惟周,其名曰蓟。"从周初开始,"蓟"为封国的都城,到辽代改"蓟县"为"蓟北县"直至"析津县"止,以今北京广安门一带为中心的"蓟城""蓟县",一直是北方重镇"幽州"的治所。

西周初年,召公奭(shì)的封国称为"燕",因地处燕山脚下而得名。"燕山"之"燕"读作yān,与现代汉语"燕子"之"燕"(yàn)无关。

西周初年,在今北京地区与"燕"同时的封国还有"蓟"。晚近考古发掘证实,燕国都城在今房山区董家林。其据以命名的"燕山"只能是董家林西边的大房山一带的山脉。就是说在召公奭的时代,燕国的都城和今天的燕山之间,还隔着另一个封国

燕山山脉的主峰雾灵山，位于京、津、唐、承四市之间

"蓟"。大约在西周的晚期，蓟国被燕国所灭，于是，燕国的都城就北移到蓟国的都城蓟城。作为"燕国"命名语源的"燕山"就被转移到了蓟城之北，即今之燕山山脉。到了战国时期，燕国成为与秦、楚、齐等大国并称的七雄之一，"燕"的名声远超于"蓟"，最终"蓟"之名在北京渐趋式微，而在河北，尤在天津，"蓟县""蓟州"之名却得以赓续流传。"燕"长期作为我国传统地理学中的分野区域之一，与赵国并称的"燕赵"，则成为河北大地的代名词，至今仍在普遍使用。

汉武帝把全国分为十三州，今天的北京地区隶属于其中的幽州。所谓"幽州"的"幽"，含有北方寒冷昏暗之地的语义。在先秦时期，燕国境内已有"郡"一级的行政区域。《史记》记载："燕亦筑长城，自造阳至襄平。置上谷、渔阳、右北平、辽西、辽东郡以拒胡。"其中，上谷郡治在今河北怀来县官厅水库南岸的大古城，今北京延庆、昌平、门头沟三个区大多在上谷郡境内。

关于上谷郡得名理据，《水经注》引王隐《晋书·地道记》："郡在谷之头，故因以上谷名焉。"突出了地理方位和地形特点。渔阳郡治在今怀柔区梨园庄东、密云县统军庄南，以位于渔水之阳即河流北岸为名。今北京密云、怀柔、顺义、通州、平谷，今天津蓟州、武清等区县皆隶属该郡。右北平郡治所在今内蒙古宁城，今北京平谷区东北境在其辖域之内。辽西郡治在今辽宁义县西，辽东郡在今辽宁辽阳，战国时即属燕国疆域。上谷、渔阳、右北平三郡的设立，对北京地区秦代以后的政区设置及其命名都产生了深远的影响。

汉代以后，幽州的治所也设在历史上的燕都蓟城，一直是中国北方的军事重镇。《汉书·地理志》所载今北京地区各郡，皆隶属于幽州之下。于是"幽燕"这个地名，就成为今河北省北部及北京、天津、辽宁全部地域的泛称。唐杜甫《恨别》诗："闻道河阳近乘胜，司徒急为破幽燕。"毛泽东主席名作《浪淘沙·北戴河》，也有"大雨落幽燕，白浪滔天"的描写。

战国时燕国修筑了两条长城，即易水长城和东北长城，易水长城系燕国筑于易水沿岸之长城。《史记·张仪列传》记燕昭王元年（前311）张仪说燕昭王曰："今大王不事秦，秦下甲云中、九原，驱赵而攻燕，则易水长城，非大王之有也。"则易水长城当筑于燕昭王之前。其走向，起自今河北易县西，沿古南易水北岸东行，经今徐水、安新，至今雄县境，再转向东南，入今文安境。长约500余里。据实地考察，其遗迹仍可见，徐水遂城以北一段保存最佳，宽4—6米，土筑。东北长城系燕国筑于其东北边界的长城。《史记·匈奴列传》记燕将秦开"归而袭破走东胡，东胡却千余里。……燕亦筑长城，自造阳至襄平。置上谷、渔阳、右北平、辽西、辽东郡以拒胡"。秦开破胡约在燕惠王至燕王喜初年，长城亦当始筑于此期间或稍后。其路线约西起今宣化、张家口北，东北行，经围场、赤峰北，入敖汉旗境；东行经奈曼旗、库伦旗境，入今辽宁北部；再东南行至今辽阳以东地区。此后之走向，一说经阜新东行，再经彰武、法库、开原，越辽河，折而东南，继经新宾、宽甸，向东南至故贝水。据实地考察，自今赤峰市附近东行至奈曼、库伦二旗均可见此长城之遗迹，系利用天然屏障，就地取材，土筑或石筑，墙基宽度，石筑2—4米，土筑5—6米。在长城遗迹附近还发现多处燕国与秦、汉时期的古城、城障、烽燧及居住址。河北围场满族自治县、丰宁满族自治县境内亦发现有此长城部分遗迹。

在楚汉之际，项羽封臧荼为燕王。燕国都蓟县（今北京城西南隅）。西汉高帝五年（前202）平臧荼，立卢绾为燕王，为异姓七国之一。十二年（前195）平卢绾，立皇子建为燕王，为同姓九国之一。封地有秦上谷、渔阳、右北平、辽西、辽东、广阳六郡，相当战国燕地。景帝三年（前154）吴楚乱后，唯领广阳一郡之地，相当今北京市、河北廊坊市、天津市以南，河北易县以东，河北雄县、天津静海县以北地。三国魏太和六年（232）又改燕国，为幽州治。辖境相当于今北京市区、大兴、昌平和河北廊坊等市、县地。十六国后赵改为燕郡。治所、辖境依旧，为幽州治所。北魏、东魏、北齐因之。隋开皇三年（583）废。

先秦时期燕国建都的历史，奠定了北京别称为"燕京"的基础。燕京，唐乾元二年（759），安史之乱中，史思明自称大燕皇帝，以范阳（即幽州，今北京城西南隅）为燕京。另外，辽会同元年（938）以幽州为南京，为陪都之一，又称燕京。金初专称燕京。贞元元年（1153）完颜亮自黑龙江阿城迁都于燕京，改称中都。于是这里就成为从淮河以北地区直到东北外兴安岭的北部中国的都城。蒙古成吉思汗十年（1215）复称燕京。至元元年（1264）又改称中都。"燕京"后为北京市别称。因市区在春秋、战国时为燕国都而得名。尽管此后又有"燕郡""燕山府"等地名，但从历史影响和社会认知度上看，"燕京"之名叫得最响。清富察敦崇撰有《燕京岁时记》，详细记载了清代京师（今北京市）的民俗风情，堪称实录。在以传统文化为特色的北京前门外地区，琉璃厂东街有燕京书画社，复兴门外大街有燕京大厦，北京产的燕京啤酒，北京大学的校址即当年"燕京大学"的所在地。"燕京大学"与校内的"燕园""燕南园"等地名仍浸润着"燕京"的历史遗泽。

明成祖迁都北京的历史功绩

明洪武元年（1368）八月，征虏大将军徐达率大军攻克了元大都，宣告元朝的覆亡。朱元璋下令，将元朝的大都路改名为"北平府"，大都城也随之改名为"北平"，即北方平定之义。转年，以北平府为治所，设立了统辖八府、三十七州、一百三十六县的北平等处行中书省，后改为北平承宣布政使司。与之相应的军事建置是燕山都卫，不久改名为北平都指挥使司。

朱元璋建立明朝前后，在建都问题上，一直犹豫不决。他曾亲赴汴梁（今河南开封）考察，打算在那儿建都。元亡之后，他决定采取两京制——即以应天府（今江苏南京）为南京，以汴梁为北京，以兼顾南北。他于春秋两季巡行于两京之间，来巩固这一统天下的局面。直到临死之前，朱元璋还在作迁都关中（今陕西西安）的打算。因为当时对明朝构成最大威胁的是退居于漠北的元朝皇室——北元。历史上，凡建都南京的王朝皆为偏安性质，如以南京为都城来应付北元卷土重来的严重威胁，必有鞭长莫及的致命缺憾。在朱元璋生前，也有臣僚建议迁都北平，可利用元朝旧有宫殿，以节省民力和财力。但朱元璋认为北平是亡元旧都，不愿考虑；加之当时的江淮和华北地区历经长期战乱，破坏十分严重，所以迟迟没有作出都城北迁的决策。但为了防御北元，朱元璋派诸王镇守北边，加重其权力，节制诸军，以为边防屏障。并在今长城一线遍立各卫所，分军把守。例如在长城以北建立了安东卫（今辽宁丹东）、大宁卫（今内蒙古赤峰）、开平卫（今内蒙古多伦）、东胜卫（今内蒙古呼和浩特）等军事重镇，作为外围据点。于要害之地，如紫荆关、芦花岭、古北口、居庸关、喜峰口、松亭关等处，也都置兵戍守。于是东起辽阳，西经大宁、开平、兴和、独石、东胜，抵大同，数千里间，各边镇卫所都驻军队、开屯田，声势相连，形成了一条牢固的防务线。

朱元璋的太子朱标死得早，只得把皇位传给长孙朱允炆，这就留下了内乱的隐患。朱元璋死后，朱允炆当了皇帝。接着就是镇守北平的四子燕王朱棣起兵造反，通过"靖难之役"，一直打到南京，推翻继位不久的小皇帝。

《明太宗实录》卷十六记载，朱棣在南京当了皇帝后，礼部尚书李全刚等提出："自昔帝王或起布衣平定天下，或由外藩入承大统，其于肇迹之地皆有尊崇，切见北平布政司实皇上承运兴王之地，宜遵太祖高皇帝中都之制，立为京都。"按照惯例，古代帝王登基后，往往将自己发迹之地的行政级别提高。朱棣就采纳了上述建议，仿照朱元璋以故乡凤阳为中都的做法，把自己从前镇守的北平升格为"北京"。今日首都"北京"的语源就由此而来。

　　朱棣即位不久，就决定以北京为新都，并制订了都城北迁计划。永乐四年（1406），下令迁都。转年五月，从全国各地调集工匠、人夫云集北京，大规模的北京城修建工程拉开了序幕。北京建造工程主要分为内城、皇城与紫禁城三部分。内城大体上取元大都的南部，而南垣则稍向外扩展。皇城的位置基本上在元城旧址，宫殿规制建制一律模仿南京，但更为壮丽。由于元宫在

沟通南北的大运河

洪武时被拆除，因此，实际上是重新建造。这个浩繁的工程历时13年，直到永乐十八年（1420）才完工，所耗人力、物力、财力难以计数。

与此同时，朱棣加紧对南北运河的疏浚，以保证南粮北运，供给京师之需。经大臣宋礼、陈瑄等人的督工修建，沟通南北的大运河畅通无阻，岁运漕粮达300余万石。在这一系列的基础条件准备就绪后，永乐十九年（1421）正月，正式迁都北京。朱棣迁都北京后，以南京为留都，并称南北两直隶。南京诸司的设置继续存在，称为"留守"。原诸司印信全部移至北京。北京从此成为明朝的首都，全国的政治、军事、经济和文化的中心。

中国历代都城选址的文化地理条件大约有四个要素：第一，位于疆域的中心地区；第二，有充足的水源；第三，地区经济繁荣，交通便利，多位于平原；第四，具有可防可攻的区位优势。中国古代全国南北统一的朝代，建都多在西安、开封、洛阳，皆处在全国疆域的中央部位。

朱棣被封在燕地，担任燕王32年。他认为以南京为都，乃偏安政权之所为。南北朝的宋、齐、梁、陈，都把京都立在南京，因处于偏安局面，难以统一管辖南北各地，而且这些王朝的国祚都不久长。登上皇帝宝座后的朱棣，决心迁都北京，是基于军事、政治、经济和心理等多方面因素的综合考量。以前的皇朝建都南京，自有其经济原因，即江浙一带雨水充足，物产丰饶，为鱼米之乡。但朱棣考虑得更多的是军事要素——元朝虽覆灭，但蒙古贵族北遁大漠，如卷土重来，必对明朝政权构成致命威胁。朱棣建都北京，并在京城北边修筑长城，就是着眼于抵御北方游牧民族的南侵。而北京左环沧海，右拥太行，北枕居庸，南襟河济，优越的地理环境使其成为军事防御的理想之地。

另一个重要因素，北京是朱棣的龙兴之地，也是他经营多年的政治和军事力量的大本营，拥有雄厚的统治基础；而南京却是父皇朱元璋和建文帝朱允炆的势力范围。"靖难之役"后，为稳固政权，在南京大量诛杀建文帝的旧臣，背负着篡国夺权的罪名，而迁都北京即可摆脱这种潜在的心理压力。另外，北京作为首都，毕竟经过辽、金、元三朝的历史选择，其地缘的优越性已充分展现。因而决心迁都北京，并强力实施后获成功的朱棣，成为中国历史上第一位立都北京的汉族皇帝。

迁都前后，北京一带的政区地名的语言色彩随之发生显著变化。永乐十八年（1420）以前，明朝的"京师"（即正式的国都）一直在南京，而宫殿尚未全部完工的北京城被称为"行在"，意即皇帝所至之地，而北京行在周围的区域则称北京行部。这座与京师（南京）遥遥相对的北方行都，按照未来首都的模式逐步配备了全套的中央行政机构。永乐元年（1403），朱棣设立了北京留守行后军都督府、北京行部、北京国子监三个行政机构,并将北平府更名为"顺天府",以"顺应天命"标榜,比照南京的应天府,显示出都城的气派和地位。为做好迁都前后的衔接,永乐十八年(1420)朱棣下令:"以明年正月初一日始,北京为京师,不称行在。"而原来的"京师"随之改称"南京"。此后的京师,既指都城北京,也指直隶六部的行政区域。后者亦称"北直隶",与南京六部所辖的"南直隶"相对应。京师附近有怀柔、密云、顺义、香河、平峪、保定、延庆、昌平等县如众星拱月般地护卫。到了清代,北京仍用"京师"之号,顺天府也基本延续了明代的州县设置。

历史上的中国,作为大陆国家,最多的威胁始终来自北方。尤其是明代,来自北方的威胁更为严重,因此,明成祖迁都北京对国家的安全是十分重要的举措。到了清代,北部边患虽有减少,但俄国的威胁又接踵而至。因此,定都北京是维护国家统一及保持长治久安的重大战略。从地理角度看,华北地区两面傍山,一面临海,通过华北大平原可以直下江南,通过险山关隘可与东北、蒙古、西北及西部地区联系。从经济角度看,元代以后,随着华北地区的安定,人口和耕地面积迅速增加,各层级的城市陆续出现,经济地位有很大的提升,已然成为全国的基本经济区之一。

北京位于华北地区的中心,古称燕京、幽州,为五朝帝都(战国燕、金、元、明、清)。金时正式建都,称中都。元大都坐北朝南,分为大城、皇城和宫城三部分,城墙为夯土筑造,共有11座城门,东西南各3门。明清时期的北京,在元大都的基础上加以改建而建都,其布局近乎完整地保存到现代。从金、元开始,北京即为中国的政治中心,并延续到明清两代,直至中华人民共和国,一直是中国的政治、经济、文化中心。

明成祖朱棣在位22年,他尽力完善政治制度,发展经济,开拓疆域,迁都北京,使北京成为中国的政治中心且一直沿袭迄今。另外,他组织编修《永乐大典》,派遣郑和下西洋,北征蒙古,南平安南——这段历史时期被后世称为"永乐盛世"。

北京林林总总的别名

北京市地处华北平原西北边缘，其东南与天津市为邻，其余皆与河北省接壤。

北京作为中华人民共和国的首都，是全国的政治、经济、文化中心。这块土地，历史悠久，是中华民族的发祥地之一。

作为地名的北京，始于明永乐元年（1403）。明成祖朱棣登上皇位后，便将北平改为北京。在几千年的历程中，今北京市所在地的名字历经多次变化，其行政区划也多次更迭。据《史记·五帝本纪》及《尚书·禹贡》载，现在的北京在帝颛顼时称为"幽陵"，这是今北京地区见诸典籍文字的第一个名称。在尧帝时名叫"幽都"；在舜帝时名叫"幽州"；在殷商时代，这里是"蓟"和"匽"（即"燕"）两个"方国"；夏朝时称"冀州"；周朝时称"蓟"；春秋战国时，为燕国都城，故称"燕京"。

"蓟"和"燕"是在商和周这两段历史时期北京的名称。作为"城市"的蓟城，始建于西周初期，周武王封"黄帝之后"于蓟，故址在今西城区广安门一带。后来，燕灭蓟后，曾迁都于蓟城遂为燕国之政治、军事、经济中心。在战国后期，七雄之一的燕国，在渔阳（今密云区西南部）置渔阳郡，因而历史地名渔阳，就泛指今北京地区。到了秦始皇统一中国后，于"蓟设广阳郡"，故北京又多了一个别名：广阳。

秦置广阳、渔阳，西汉设幽州，东汉为广阳、蓟县，北魏称燕都，隋改涿郡，京杭大运河的北端就从这儿开始。到了晋、唐两朝，曾在蓟城设置了范阳郡，故当时称北京为范阳。安史之乱中叛军的起兵之地就是范阳。唐以后这里又称幽州。辽建都在上京（位于今内蒙古自治区赤峰市巴林左旗林东镇南侧，是契丹民族在中国北方建立的第一座辽代国都遗址。当时是辽朝的政治、经济、文化中心）。五代后晋石敬瑭把燕云十六州割让给契丹，使辽国的疆域扩展到长城沿线。辽于会同元年（938）把北京作为陪都，称为"幽都"，也称"南京"（因地理位置在上京之南），后改称"燕京"——燕京地名叫响始于此也。后来，宋从金"赎回"燕京后，曾一度改名"燕山"。于是，燕山也成为北京另一个别名。

金于贞元元年（1153）迁都于此，遂改称"中都"，并对此地进行扩建，是为北京八百余年建都史的开端。元朝至元九年（1273）改名为"大都"，为当时全国的政治中心。明朝洪武元年（1368）明太祖朱元璋定都南京，改大都为北平，并置北平府。

明成祖朱棣于永乐十九年（1421）将首都从南京迁到北京，改名"京师"。清袭明制，亦称北京为京师；1913年改名为京兆地方，1928年改称北平，并置特别市；1937年后又改称北京。——以上所言的幽陵、幽都、幽州、蓟、燕、渔阳、广阳、范阳、南京、燕京、燕山、中都、大都、北平和京师等十多个"实指"的地名，构成"北京"的别名系列。

在先秦文献里，"幽陵""幽州"的地理范围，大抵是指今河北北部及辽宁一带。西汉武帝设置十三刺史部，其中的"幽州"就包括了今天的北京地区。东汉时期，把幽州的治所设在蓟县（今北京西城区境内），当时的幽州刺史部的地域辽阔，今天的京、津、冀、辽、晋等省市及朝鲜大同江流域都在其辖域之内。到了魏晋之后，幽州的范围逐渐缩小。到了唐朝，幽州只留下其核心地带，即今天的北京、天津，及河北省的部分地区。

元朝时称大都，这时的北京城已是相当繁华的大都市。马可·波罗在他的游记中曾对大都作过详细描述。北京作为全国政治中心由此肇始。明朝建立后，朱元璋将首都定在南京；后朱棣从他侄儿手中夺得政权后，将首都迁到这里，故称北京。明朝时，还一度称为京师。清朝也建都北京，并沿用明朝的旧称。

1928年将北京改为北平。据说，这个建议是国民党元老陈立夫提出的。北伐战争后，陈立夫曾在南京办了一份《京报》。

这份民间报纸很敢说话，销路也很好，其销量高于国民党中央机关报《中央日报》。有一天，陈立夫忽然想到，首都既定在南京，北京这一名称就应更改，以免残余军阀野心骤兴而在此另设政府。于是，他让《京报》罗时实执笔，写下《正名之重要》一文。结果，国民政府采纳了陈立夫的建议。

其实，历史上北京的"北平"之称早已有之。那是1368年，朱元璋手下大将徐达攻占元朝大都之后，即对大都城进行改建。第二年，朱元璋下令将元大都改称北平府，有平定北方使之安平之意。到了1403年，朱棣定都北平时，才改名北京。1949年，中华人民共和国成立，又将北平改为北京。天津市于1946年将原英租界的广东路命名为北平道，到了1949年更名为唐山道，曾是天津市公安局所在地。

京华五坛庙

坛庙，是古代帝王祭祀天地、日月、社稷山川、帝王先贤、名人祖宗的场所，在我国古代建筑和地名文化中占有重要的地位。北京在帝都时代的皇家建筑，除了巍峨宏大的紫禁城外，周边还有众多的坛庙与之相配。明初的北平是由朱元璋第四子燕王朱棣镇守的，后来他发动"靖难之役"，在南京登基，改元永乐后，即将其龙兴之地北平升为北京，并作好了周密的迁都准备。据《明实录》记载，在永乐年间营建北京的过程中，"凡庙社、郊祀坛场、宫殿门阙，规制悉如南京，而高敞壮丽过之"，由此奠定了北京坛庙的基本格局。嘉靖九年（1530），嘉靖皇帝给礼部的谕旨说："南郊之东坛名天坛，北郊之坛名地坛，东郊之坛名朝日坛，西郊之坛名夕月坛，南郊之西坛名神祇坛。著载《会典》，不得混称。"按古人观念，向日为阳、背日为阴，南为阳、北为阴，天为阳、地为阴，因此，天坛、地坛分设于紫禁城的南北。又因太阳东升，月亮西落，位于城东祭祀太阳的坛庙称作朝日坛，

北京天坛

位于城西祭祀月亮的坛称作夕月坛，而神祇坛是先农坛建筑群的组成部分。这五坛是国家的祭祀之地，坛庙的朝向和名称，形成完整的系统。

  封建皇帝号称天子，自命为上应天命，下承鸿运，江山社稷全仗上天所赐。其居住的紫禁城正门，明代叫承天门，清初改为天安门；皇帝诏书以"奉天承运，皇帝诏曰"开头。于是，对天的祭祀成为国家大典之一。天坛位于前门外，天桥南大街—永定门大街东侧，最初是将天与地放在一起祭祀的，故称天地坛。到了嘉靖十三年（1534），"诏更圜丘名为天坛，方泽名为地坛"，人们把天地坛中的地祇神搬到北郊新建的方泽坛去祭祀，即将天坛和地坛分设。此后，皇帝在每年正月第一个辛日，到天坛祭天，祈祷五谷丰登；四月份再来为庄稼祈求丰沛的雨水；冬至日第三次前来禀告上天本年业已丰收。天坛的设计体现了华夏文明的精髓，整个建筑分为内坛和外坛两重坛墙，都是北部为圆形，南部为方形；内坛的圜丘、皇穹宇、回音壁、祈年殿等圆形建筑与周围的方形建筑相配，象征着"天圆地方"的宇宙观。永乐年间作为天地坛主体建筑的大祀殿，嘉靖年改建后称为大享殿，清乾隆年间重修后，改名为祈年殿。天坛是中国现存最大的古代祭祀性建筑群，它成功地将中国人对天人关系的认识以及对上天的敬畏与期望体现出来，处处展现着中国传统哲学观念和象征的艺术手法，成为颇具代表性的古典建筑精品。

　　北京的古树群，以古柏群为尊。四季常青的柏树寓意长寿美好，其木质细腻芳香，沁人心脾，为吉祥昌瑞的象征。古代帝王喜欢把柏树种植在皇家坛庙、皇家园林及帝王陵寝等处，如中山公园的社稷坛、太庙、天坛、地坛、北海、景山、中南海，再如故宫的御花园、孔庙，还有颐和园、香山、八大处、十三陵等处。这些柏树高壮昂然，气度雍容。天坛公园的"九龙柏"位于回音壁外西北侧，明永乐十八年（1420）所植，至今已600余年。古柏躯干布满凸出的干纹，从上往下缠绕树身，如同数条巨龙绞身盘绕，故名九龙柏。明清两代皇帝，每到圜丘祭天，都从这棵柏树路过，故有"九龙迎圣"之说。

　　大地是万物生长的基础，农业大国对土地怀有对母亲般的情感。与崇文门外的天坛在地理位置上相对称的，就是位于紫禁城东北、安定门外的地坛。在北京城的中轴线上，南有紫禁城的正门天安门，北有景山与鼓楼之间的地安门，显示着天与地具有同等重要的意义。地坛是明清时期皇帝每年夏至日祭祀地神祇的场所，始建于明嘉靖九年（1530），称为方泽坛，四年之后改称地坛。与天坛的圆形建筑象征天圆相对，地坛以汉白玉砌成的两层正方形祭台象征地方。上下两层四面各设八级台阶，与"面面八方""四至八到"的地理概念相呼应。上层摆设祭祀地祇神位及皇帝祖先的神主牌位。下层南侧，东西两边设置摆放五岳、五镇神位的石座，凿成山形；北侧东西两边摆放四海、四渎神位的石座，凿成水形。环绕着祭坛的水渠名为方泽，是为方泽坛得名的源头。《易经》思想理念被悄然融入天坛和地坛的建筑中，古代设计者的睿智构思，引发后人由衷赞叹。

太阳普照大地，给人间带来光明。我国历史上对太阳神的崇拜，早在新石器时代就已形成。当太阳从东方升起、西方落下以后，在黑夜降临之时，月亮又出来给人间照亮，好像与太阳轮流值班，这对于电灯发明前的古代人尤其重要。因而除天地之外，太阳和月亮也是古代祭祀的一对神祇。明清时期祭祀大明神（太阳神）与夜明神（月亮神）的朝日坛与夕月坛，后简称日坛和月坛，分别位于北京东郊朝阳门外东南的日坛公园与西郊阜成门外的月坛公园，在中轴线上左右对称分布。明清两代皇帝在春分日的卯时，即早上五点至七点祭祀大明神。朝日坛坐东朝西，祭祀者面向太阳升起的东方行礼。每年秋分日，则在夕月坛祭祀夜明神。月坛坐西朝东，祭祀者要面向月亮高悬的西方行礼。

在天、地、日、月四坛之外，另一座重要的坛庙就是位于永定门内大街以西的先农坛，是明清两代皇帝祭祀先农、山川、神、太岁等神灵的地方，始建于明永乐十八年（1420），最初称为山川坛；嘉靖九年（1530）改建后，称为天神地祇坛，万历年间定名为先农坛。明清时期有两重垣墙，内垣将整个建筑群分为内坛（含先农坛、太岁坛、观耕台、具服殿、神仓）和外坛（含天神坛、地祇坛、庆成宫）两部分。

"先农"是教民稼穑的始祖，上古传说中尝百草的神农氏、教人种植五谷的后稷，常被作为先农之神供奉。先农的祭坛是一座坐北朝南、砖石结构的方形平台，周长60米，高1.5米。先农的神位被供奉在坛北的正殿里。先农坛东南的观耕台，是每年农历三月上亥日皇帝行籍田礼的地方。台东面有一块面积为1.3亩的土地，皇帝亲耕三趟后，登上观耕台观看三公九卿继续耕作。时值春耕之前，皇帝此举表达奉祀宗庙、鼓励农耕之意。他们演习籍田礼的这块地方，就是民间所说的皇上的"一亩三分地"。

先农坛东北的太岁坛，又叫太岁殿，祭祀的是值年之神。太岁殿正南，从前有建于嘉靖十一年（1532）、由天神坛和地祇坛组成的神祇坛。天神坛奉祀云、雨、风、雷诸天神，地祇坛奉祀五岳、五镇、五山、四海、四渎诸地神。1930年以后，外垣墙被拆除，而今神祇坛也已毁掉。先农开创了源远流长的华夏农业文明，北京先农坛及其周边的派生地名，留下后人对上古先贤圣哲不尽的纪念。

北京城门说古

北京是元、明、清三朝国都,其城市建设格局,统称"内九外七皇城四",是在元大都的基础上逐渐形成的。元大都设计者刘秉忠,即建议忽必烈取《易经》"大哉乾元"之意,将蒙古更名为"大元"的首席智囊。大都各座城门就是由他苦心孤诣命名的。城门的名称在词语意义、结构形式、地理分布上,都形成对称和谐的格局。以城市南北中轴线为参照,元大都东西两侧的肃清门与光熙门、和义门与崇仁门、平则门与齐化门,北侧的健德门与安贞门;南侧以丽正门为中心,两侧的顺承门与文明门,都是分别彼此对称的。这 11 座城门的命名几乎都源于《易经》的哲学思想理念。

明代城门的命名,多半沿用元代旧制。南城墙改"丽正门"为"正阳门",改"文明门"为"崇文门",把"顺承门"改为"宣武门"(也叫"顺直门",取又顺又直之意),南面城门三个。东城墙,改"齐化门"为"朝阳门",改"崇仁门"为"东直门"。西边城墙,改"平则门"(又叫"平秩门",意思是西方平秩)为"阜成门",改"和义门"为"西直门"。北面城墙,改"健德门"为"德胜门",改"安贞门"为"安定门"。以上共有9个城门。

明正统二年(1437),形成北京内城九门的规制,其名称一直沿用至今天。新的城门名称讲究语义对称,例如北面的"安定"与"德胜",寄托着对国家长治久安的期望;南面的"崇文"与"宣武",表明文治、武功是维护江山社稷的两块基石。另外,"左崇文、右宣武"的设置,与官员们在朝堂上"文站东、武站西"的规定一致。而正阳门内皇城两侧的"东华门"与"西华门",又是文武大臣上朝时要分别经过的两条通路。

北京城门"内九外七"之说,即分为内城九门和外城七门。所谓"外城七门",指永定门、左安门、右安门、广渠门、广安门、东便门、西便门。所谓"内城九门",指东边的东直门、朝阳门,西边的西直门和阜成门,北边的德胜门、安定门,南边的崇文门、正阳门(前门)和宣武门。

在北京城"内九外七皇城四"里,内城九门更为重要,且各自的用途不同。用老北京老话来说,叫作"九门走九车"。现在除正阳门、德胜门和后来重建的永定门之外,其余的已不复存在。其中部分城门在老北京人中还留有儿时那衰败城垣的记忆。

北京正阳门（前门）

　　正阳门，元代叫丽正门，老北京人俗称"前门"，在九门之中，正阳门最为宏伟，迄今保持完整。北京俗谚："内九外七十六城，前门楼子第一名。"前门成为区片地名，指正阳门和它前面的珠宝市、大栅栏等区域。正阳门处在北京城的南北中轴线上，现存城楼与箭楼为北京城垣建筑的代表作。

　　崇文门，元称文明门，俗称"哈德门"，据《析津志》载："哈达大王府在门内，因名之。"把"哈达门"说成"哈德门"，属于语音流变。崇文门以瓮城左首镇海寺内的镇海铁龟著名。崇文门外是明清两代税关所在地，所有进城货物都须在此缴税。税官历来是肥缺，故北京有歇后语："崇文门里当差——发了"。另外，崇文门多走酒车，因此俗称"酒门"，城外是酒道，一路酒香四溢。当年的美酒佳酿大多是从河北涿州等地运来，进北京自然要走南路。

宣武门，元代叫顺承门，明正统四年（1439）改称宣武门，有"武烈宣扬"之义。宣武门外是菜市口，为清代处决死囚的刑场，囚车从此门出入，因此人称"死门"。故而民间流传着"崇文门要钱，宣武门要命"的俗语。

东直门，原为元大都东垣中门崇仁门，城楼形制同朝阳门，但规制略小。东直门走货车，因此俗称"货门"。当初，东直门外是砖窑集中地，南方运来的木材、日用杂货，多从东直门入城。最早的东直门大街约三里长，是摊贩云集之地。1965年拆除东直门城楼，1979年在城门原址东侧建立交桥，为重要交通路口，附近有地铁站和长途汽车站。

西直门，元代名为和义门，为京畿地区重要通行关口，是除正阳门外规模最大的一座城门，在明清两代，自玉泉山向皇宫运水的水车必经之门，故有"水门"之称。原西直门外，柳树成荫。每至清明时节，京华文人到此踏青折柳，留下不少诗词名作。1969年修建环线地铁时将西直门城楼、箭楼等拆除。

朝阳门，元称齐化门，门内九仓之粮皆从此门运至，故俗称"粮门"。朝阳门离京杭大运河通惠河段较近。南粮北运，由通惠河走水路，先运至通州，再装车由朝阳门进城入库。朝阳门内的禄米仓、海运仓、南新仓、新太仓等，都是当年的国家粮库。朝阳门瓮城门洞内刻有谷穗一束，每逢京都填仓节日，往来粮车都将"朝阳谷穗"视为南粮北运的喜迎神。朝阳门的形制与崇文门略同，1915年经过一次拆除，后于1956年彻底拆除。

阜成门，位于西城区中部，元代名为平则门，是明清两代自门头沟运煤进城的重要通道，故有"煤门"之称。当年外出，时兴骑驴，于是阜成门外驴市兴盛。20世纪70年代修建环城地铁，阜成门城楼及附近城墙皆被拆除，护城河也填平为路了。

安定门，元称安贞门，始建于明洪武元年（1368），皇帝每年起驾赴地坛祭祀，祈求五谷丰登，必经安定门。此门还有另一功能即走粪车，因安定城外比较荒凉，是京城粪场的集中地。老北京俗谚："安定门儿，三道坎儿，粪场儿窑坑儿乱葬岗儿。"清咸丰十年（1860），通州八里桥失守后，英法联军首先攻打安定门，并于10月13日攻陷，进而控制北京城。1915年修环城铁路时拆除安定门的瓮城及闸楼，1956年拆除箭楼，1969年拆除城楼。

德胜门，取"旗开得胜""得胜凯旋"的寓意，始建于明正统二年（1437）。明清两代，外敌多来自北方，位于城北的德胜门多走兵车，是出兵征战之门，素有"兵门"之称。1644年李自成攻克京师、1696年康熙率军征伐准噶尔、1900年慈禧光绪仓皇出逃避难，皆经由德胜门。德胜门是北京重要的交通枢纽，为八达岭高速路的起点，连接北京北部地区。

一提"内城九门",人们就容易把它和"九门提督"的官衔连在一起。清朝步军统领衙门的全称是"提督九门巡捕五营步军统领"。即京师卫戍部队的司令,执掌京城的守卫、稽查、门禁、巡夜、禁令、保甲、缉捕、审理案件、监禁人犯、发信号炮等。清朝九门提督的权力相当于首都卫戍区司令,就是掌管内城守卫重任的负责人。九门提督衙门设在崇文门里头,辛亥革命后仍沿用。1924年其职权转归京师督察厅。

城门的俗称叫得更响,例如正阳门俗称"前门",地安门俗称"后门",因为符合语言的经济原则。俗名"前门"取代了正阳门,但"后门"却没有取代地安门。可能是带贬义的"(走)后门",其消极的文化义制约了人们对地名称谓的取舍。另外,城门附近的酒店、医院等,喜欢用"门"的别名或古名来命名,如"哈德门饭店""安贞医院"等,就保留了元代城门的称呼和记忆。

京华名塔览胜

古塔是我国古代源于印度的高层建筑,在印度梵语中称为"浮屠",据说是出于向佛祖表达敬意或供奉佛祖舍利而建造的。汉语有一条流传很广的俗语:"救人一命,胜造七级浮屠。"所谓"七级浮屠",即指最高等级佛塔,被视为达到精神领域高峰的象征,体现佛教徒对完美、和谐及智慧的追求,也承载着深厚的宗教意义和象征,是佛教文化重要组成部分。巍峨高大的古塔既是独具特色的传统建筑,也是地名文化重要的内容,往往成为某地区地标式的建筑。我国现存佛塔有2000余座,遍布大江南北。作为首都北京,拥有丰富的历史文化遗产,其中就包括许多著名的古塔。它们不仅展现了深厚的历史文化底蕴,也是游客们喜欢探访的文化景点。择其名塔简介如下:

(1) 北海公园白塔,原名永安寺塔,矗立于北海公园琼华岛的山顶,是北京古城的至高点,与远处的景山万春亭遥相呼应。初建于清顺治八年(1651),后毁;于康熙十九年(1680)重建。

北海公园白塔

为藏传覆钵式塔，通体洁白，塔身呈圆形，通高36米。底部为须弥座及金刚圈，塔身南面正中辟时轮金刚门（眼光门），门周围饰以西番莲花，内有金光闪闪"十相自在图"。塔体内部中空，置佛龛，以银盒奉舍利子。顶部为十三级相轮，承托华盖及铜质鎏金仰月、宝珠。北海白塔周围苍松翠柏环绕，与园林景观、湖光山色、亭台楼阁相互呼应，营造神秘而庄重的美感。登上白塔可俯瞰整个北海公园的美景。

（2）妙应寺白塔，位于西城区妙应寺内，是中国现存最早的大型藏式佛塔之一。塔高50.9米，外观庄重美观。元至元八年（1271），元世祖忽必烈为迎释迦佛舍利，命尼泊尔工匠阿尼哥在辽代古塔遗址上修建一座藏传覆钵式塔，即妙应寺塔。塔身通体刷白垩，通高超50米，为我国现存最高大的藏式佛塔之一。

底部为高大的方形基台，台前有一通道并设阶梯。上为双层"亚（亞）"字形须弥座，上砌一层覆莲座，连接五级金刚圈，承托覆钵塔身。塔身硕大，各面均平素无饰，仅环绕7条铁箍。塔身之上为须弥座、十三层相轮，顶端为装饰流苏和风铃的铜质华盖。塔刹为一座高约5米、重4吨的鎏金铜塔，以8条铁链固定在铜盘之上。妙应寺原名大圣寿万安寺，俗称白塔寺。数百年来，妙应寺塔一直是老北京城的主要标志。独特的建筑风格和精美的佛教文物，展现了首都与西藏地区的文化交流与融合，为全国重点文物保护单位。

（3）天宁寺塔，位于西城区广安门滨河路西侧，为一座平面八角形十三层密檐式实心砖塔，始建于辽代天庆九年（1119），高达57.8米，雄伟壮观，是北京市区最古老的地面建筑物之一。底部为高大的三重须弥座，束腰内雕刻半身狮子。塔身四正面雕出拱券假门，门侧各置一天王；四隅面刻直棂假窗，窗边各立一菩萨。塔檐全部为仿木式，檐下砖雕双杪斗栱，檐面覆以绿色琉璃瓦，檐角置角神。塔刹为双层仰莲座上承托砖砌宝珠，亦为后世所改建。天宁寺塔融合了汉、藏、西域等不同建筑风格，展现了古代中国建筑的多元文化特色。游客可在塔内欣赏精美的佛教壁画和佛像。

（4）慈寿寺塔，原名永安万寿塔，俗称玲珑塔，位于海淀区八里庄北里，始建于明万历四年（1576），由明神宗（万历帝）的生母慈圣皇太后李氏敕建。平面八角形十三级密檐式，高56.5米，是明代密檐式塔的代表作。第一层塔身各面辟假门、假窗，门侧、窗侧均有泥塑天王及菩萨；塔檐仿木式，檐角置角兽，檐下砖雕斗栱。慈寿塔造型仿天宁寺塔，但前者外部轮廓较为僵直，而不似后者"具有音乐的韵律"（梁思成语）。慈寿寺塔上的砖雕、泥塑等装饰体现世俗化的特点，其中须弥座浮雕"善财童子五十三参"及栏板上44件古代乐器图案，均有较高的艺术价值。

（5）真觉寺金刚宝座塔，位于海淀区五塔寺路北侧，与北京动物园、国家图书馆和首都体育馆等相毗邻。明永乐年间，印度高僧班迪达进贡佛陀伽耶塔模型；后来，明宪宗于成化九年（1473）敕建真觉寺，并诏令依照伽耶塔的图样模型建造一座金刚宝座塔。真觉寺塔在造型及装饰上均展现了鲜明的中国传统特色。全塔自下至上为须弥座基台，五层金刚宝座座身，五座方形密檐式实心塔及一座圆形琉璃罩亭。须弥座束腰内，刻有四大天王、降龙伏虎罗汉、五方佛坐骑以及佛八宝等图案。座身为五层佛龛（四面共384个），内设坐佛，形态各异。宝座南北两面正中各开券门，门楣上浮雕六拿具形象。从南券门进入塔室，可登上宝座平台。平台上的五座塔象征五方佛，其中主塔为十三级，四隅小塔为十一级。塔身四面中央辟券龛，券面刻"六拿具"，龛内雕坐佛，两侧雕菩萨及菩提树；须弥座、塔檐上均布满各种浮雕，塔身无一处空白，令人目不暇接。真觉寺塔是我国现存最早的大型金刚宝座塔之一，其雕刻之精美、保存之完整，皆属诸塔之冠，为全国重点文物保护单位。

（6）玉峰塔，位于颐和园西侧玉泉山上。该山位于北京西郊，因山泉"水清而碧，澄洁似玉"而得名。作为皇家园林，早在金代即大兴土木、建造行宫。元明两代在山上修建多处园林、寺观，清康熙、乾隆年间进行大规模扩建，发展至极盛。晚清时经历外国侵略战争的破坏，大部分建筑被毁，但仍有4座古塔屹立于山间，点缀着湖光山色，其中以玉峰塔和妙高寺塔最为醒目。玉峰塔又名定光塔，清乾隆二十四年（1759）敕建，造型仿镇江金山寺慈寿塔。平面八角形，七级楼阁式，砖石结构，高33米。塔身每层四正面辟拱券门，四隅面辟拱券式镂花漏窗，位置上下交错。各层均为仿木檐，檐下砌出斗拱，檐角悬风铎。顶部为八条垂脊交会而成，上置葫芦宝珠形铜刹。塔身内部有盘旋式石制阶梯。为北京地区地理位置最高的塔之一。

（7）妙高寺塔，位于玉泉山北侧峰顶的妙高寺，建于清乾隆三十六年（1771），造型属金刚宝座塔。中央主塔为覆钵式，塔身有两条金刚圈，上置七级相轮，顶部为铜质镀金塔刹；四隅小塔为亭式，平面圆形，上置十三级相轮，塔刹为细长锥形，带有南传佛教的风格。

（8）通州燃灯塔，全称"燃灯佛舍利塔"，位于通州区西海子公园内，是古代燃灯佛舍利的瘗埋地，因塔前供奉燃灯佛像而得名。始建于北周时期，历代屡有重修。八角形十三层砖木结构密檐式实心塔，高56米，是北京地区最高之塔，也是中国现存最古老的木结构佛塔之一。建筑风格独特，融合了汉、藏、印度等多元文化元素。该塔作为京杭大运河漕运北端终点的标志物而令人瞩目，遐迩闻名。

（9）房山云居寺塔，位于房山区大石窝镇水头村云居寺内，由佛塔和石经组成文化遗存。最早的佛塔建于唐景云二年（711），是北京市最古老的一座唐塔，此外还有四座唐塔和一座辽塔。石经开凿于隋大业年间结束于明代，前后延续1000多年。房山云居寺附近保存下来的盛唐时期的石塔和辽代的砖塔，其塔内的雕刻佛像、供养人、金刚力士等，神态生动，线条流畅，显示了唐辽时代建筑和雕刻艺术的高度成就。数量之多，雕琢之精，为北京地区所罕见，名列第一批全国重点文物保护单位。

（10）延庆妫川宝塔，位于延庆区夏都东湖公园，塔高约53.9米。塔身各层外挑檐及塔顶为金黄色琉璃瓦，塔刹为9米；莲台、覆钵、项轮、宝戎芦、云烟处斜拉八条环索至翼角。环索每隔50厘米挂一小铜铃，各翼角下置铜风铃。塔基直径47.8

米高，分二层至塔身，每层外围沿用汉白玉浮雕栏板装饰，青石板压花组合铺装地面，清新古朴。红墙碧瓦，飞檐翘拱，雕梁画栋。塔内每层都有壁画，生动描绘当地历史故事和神话传说。塔内一层展厅的奇石赋予天地灵气，引人遐想。建筑风格独特，塔身呈八角形，每层檐下均设有佛龛。宝塔内还藏有大量佛教文物，为研究佛教艺术和历史提供了重要依据。

（11）清静化城塔，俗称"六世班禅塔"，位于原朝阳区黄寺大街西黄寺博物馆内。塔及塔院建成于清乾隆四十七年（1782），建筑面积19000平方米，是为纪念六世班禅而建，结合了汉、藏建筑风格。清净化城塔塔院坐北向南，面呈南北向的长方形，由三进院落组成，全院建筑原为五进，主要建筑全部位于一条南北中轴线上，共有殿堂房屋59间。清净化城塔建筑群由塔前牌楼、护塔兽、塔、塔后牌楼以及东西碑亭组成，为全国重点文物保护单位。

（12）多宝琉璃塔，又名"多宝佛塔"，位于颐和园万寿山后花承阁遗址上。清乾隆十六年（1751），为庆祝皇太后六十寿辰而建造。塔高16米，八面七层，为楼阁式与密檐式相结合的塔形建筑，整座塔身用黄、绿、青、蓝、紫五色琉璃砖镶嵌而成。三层塔身，七级塔檐，平面为不等边八角形。底部为"亚（亞）"字形汉白玉雕须弥座，上砌石栏杆。塔身设平座、栏杆、角柱、阑额、普柏枋等仿木构件，四正面（宽边）中央下部辟拱券假门，内置佛像；塔身布满小佛龛，共有 580 尊大小佛像。塔刹为鎏金铜质。乾隆皇帝在多宝琉璃塔建成后，命名为"多宝佛塔"，并亲笔撰写《御制万寿山多宝佛塔颂》，镌刻于石碑上，矗立于塔前。在北京现存琉璃塔中，其造型最优美、颜色最丰富，堪称极品，观赏价值很高。

这些古塔体现了中国古代建筑的精湛技艺，为北京重要的旅游打卡地，也是中外游客了解中国古代建筑艺术和佛教文化的重要窗口。

北京"坟""陵"地名多

在北京海淀西山和西北郊皇家园林附近,陵墓、坟地数不胜数,专职看坟户形成的聚落数量多而集中。被称为"某家坟"或"某王坟"的地名,多为明清时两代形成的村落。这类地名从海淀、石景山、丰台区交界的永定路开始,在永定河引水渠以南,有铁家坟、甄家坟、九家坟、吴家坟、黄家坟等;引水渠以北,有善家坟、郑王坟、柴家坟、十王坟、杜家坟、佟家坟、马家坟、高家坟等,由此转向西北方的香山一带,有牛倮坟、瑞王坟、礼王坟、胆家坟、贾家坟、老公坟等。这些以"坟"为通名的聚落,大多是源于看坟人家聚集成村的。海淀区西部四季青镇有村名丰户营,其原名就是"坟户营"。坟户,又称"看坟户"或"照应坟地户"。在明代分为五种类型:一是随"燕王扫北"的亲军;二是参加"靖难之役"的兵丁;三是王府的拨役(听差衙役);四是租地农户;五是代为照料。这些坟户成村的地名群,坐落之地,四野空旷,松柏成林,幽深静邃,风水极佳。

明十三陵

说到皇家陵墓，距北京城区最近的就是昌平区的明十三陵。明代设立各陵的神宫监，如长陵神宫监、献陵神宫监等。清顺治元年（1644）在各陵墓设司香官和陵户。在这个基础上发展起来的聚落，分别以所在陵墓的管理机构命名，如长陵监、献陵监、景陵监、裕陵监等。到了清末民初一律以"村"为通名。以上各"监"，分别更名为"长陵村""献陵村""景陵村""裕陵村""茂陵村""泰陵村""康陵村""永陵村""昭陵村""定陵村""庆陵村""德陵村"。明代为生产皇陵祭祀所用果品，在十三陵镇又专设长陵园、康陵园等，以种植果树为业。后来这些果园，也变为聚落名称。这些带"陵"字的地名群，显示聚落原始居民的来源及其职业，形成特殊的历史文化标记。

以上"坟""陵"地名数量虽多，但毕竟处于郊外，而处在市中心区，尤其在交通要道上的"坟"字地名，就十分令人醒目了。例如大名鼎鼎的公主坟，位于复兴门外，为清嘉庆皇帝两位公主的陵墓。东边是庄敬和硕公主,嘉庆皇帝的三闺女,皇贵妃所生,嫁蒙古亲王;西边是庄静固伦公主,皇后所生,嫁蒙古郡王。按祖制规定,公主下嫁,死后不能葬于皇陵,也不能进夫家墓地,须单建墓地为夫妻合葬墓。该地名因"公主坟立交桥"和地铁1号线和10号线换乘的公主坟站而驰名。数百年来,北京形成的"公主坟"为数不少,例如海淀杳山公主坟、房山公主坟、朝阳草房公主坟等。

北京封建王爷墓地的地名,为数众多。例如八王坟,位于东四环四惠桥西南侧通惠河北岸,是清朝开国皇帝努尔哈赤第十二子英亲王阿济格的墓地。在1650年多尔衮病死后,这位王爷密谋承袭摄政王位,事泄遭幽禁,后被赐死,葬于通惠河畔荒凉之地。因阿济格在清朝初期开国诸王序列中名列第八,故民间俗称"八王坟"。现有八王坟公交站和八王坟汽车客运站。地铁1号线横穿于此,设站点大望路,八王坟地名就逐渐被大望路所取代了。九王坟,位于海淀区北安河附近,是清道光皇帝第九子孚郡王奕譓的墓地,为北京市文物保护单位,正式称谓为孚郡王墓。十王坟,位于海淀区西部,是清康熙皇帝第十子胤䄉的墓地,占地72亩,松柏茂密,曾为林木保护区。村落位于永定河引水渠两侧,以十王坟命名。郑王坟,位于海淀区南部玉渊潭附近,因村中葬有清代郑亲王瑞华之墓而得名。别名王爷坟,占地136亩,墓地红松和马尾松树干直径在 1 米以上的有三四百株。照看坟地的就有 24 户人家。庆王坟，位于昌平区西部，系清代庆僖亲王永璘及家族后人的墓地。庆王墓群分为陵园八处，由众多坟户逐渐发展为村落。墓区内被列入北京市一级保护古树的就有 100 多株。瑞王坟，因清朝嘉庆皇帝第四子绵忻的墓地而得名，位于香山脚下，具体位置在西五环与闵庄路交会处。礼王坟，位于海淀区四季青镇门头村，是清"铁帽子王"代善的墓地，位于一片樱桃树林中。

以高官家族墓地命名的地名，仅以索家坟和铁家坟为例。索家坟位于西直门外，系清康熙重臣索额图及其家族的墓地。此人即康熙二十八年（1689）奉命担任大清帝国与俄国谈判中国东北边界问题的首席代表，并签订了中俄《尼布楚条约》。索家墓地被平掉后，于 20 世纪 50 年代发展为住宅区，但仍沿用"索家坟"地名，如索家坟地铁站、索家坟公交站、索家坟社区等。铁家坟，位于海淀区西南部，东起航天部二院宿舍，西至玉泉路，为清代四大书法家之一铁保的墓地。铁保，正黄旗籍，曾任漕运总督和两江总督（管辖苏、皖、赣三省的最高军政长官）。其看坟户聚集成村，故以铁家坟为村名。

位于北京师范大学东门，有地名铁狮子坟。自东汉以来，为帝王陵寝镇墓神兽的多为石狮，但有一对硕大的铁狮子却成为北京师范大学新校舍家属宿舍大门的标志，其墓主身份却不明晓。1958年铁狮子被送进了炼铁炉，但因途经21条线路的铁狮子坟公交站，这个地名得以长久留存。此外，还有一个地名"架松坟"也值得一说。朝阳区劲松街道，在20世纪40年代末，其西部是架松坟等自然村的农田。所谓"架松坟"，因墓地有六棵古老的龙松，其弯曲的主干由多杆架木支撑而得名。墓主是清开国功臣肃武亲王豪格家族。后据"架松"谐音更名为"劲松"，成为著名的住宅区。

陵墓所在地皆林茂境幽，风光秀丽，例如位于海淀区中部、军事科学院的原董四墓村，因明代内监董四年老退宫后，在此种植贡品御桃而得名，逐渐形成种桃农户聚居的村落。董四去世后，当地民众奉之为"桃仙"，为他修建了墓地和祠堂，并将村落命名为"董四墓"。位于北京海淀区北新区的罗家坟村，地处上庄镇的中心地带，被评为北京郊区文明生态村与首都精神文明示范村。李家坟村坐落于北京海淀区上庄镇，紧邻上庄水库，被评为北京最美乡村及全国第五届文明村镇。

北京地名的满蒙文化遗存

北京有3000年的建城史和800年的建都史，是汉、蒙古、满、回、藏等民族的世居之地。北京地名中仍保存着各族百姓在历史行程中聚居、交流、交融的文化遗存。

北京是宫殿、寺庙、坛庙最为集中的历史文化名城之一，那些立于大殿两侧龙凤覆莲的高大石碑，给游客留下深刻印象，尤其是和汉文碑文并列的还有若干横竖串联的陌生文字。据统计，北京地区有汉文与满、蒙、回、藏等民族文字合璧撰写的碑刻600多座，居全国之首。这些碑刻以联袂并行的多种文字印证了各民族在不断融合中逐渐形成中华民族共同体的历史过程。在北京胡同里生活着不同语言、信仰和文化习俗的各族同胞，他们比邻而居，相互尊重，里仁为美，和谐共处。

一、北京地名里的蒙古语遗存

语言学家张清常先生曾从语言学角度追溯北京地名里的蒙元

文化遗存，因为有一些街巷地名是蒙古语和汉语组合而成的。例如哈德门，元末熊梦祥《析津志》载："文明门，即哈达门。哈达大王府在门内，因名之。""菜市丽正门三桥、哈达门丁字街。""文明闸四在哈达门第二桥下。"哈达，是白色或其他颜色的长条丝巾或纱巾，藏族和部分蒙古族为表示敬意或祝贺时献给对方。传说到北京敬献哈达要从这个城门进来，故名哈达门。元代的文明门，明清两朝改名为崇文门，而民间仍称之哈达门、海岱门或哈德门。所谓"哈达""海岱""哈德"，皆为蒙古语音译。哈德门香烟，是20世纪二三十年代流行的香烟品牌，最初由英美烟草公司联合生产，其广告宣传语："无人不抽哈德门，是人都抽哈德门。"

奤夿（hǎbā）屯位于北京昌平区马池口镇，系元朝在北京建都时，在此屯兵屯粮。地处从塞外经八达岭、居庸关进京的必经之地和交通要塞。当年穿村而过的古道上往来的骆驼队、车马商队甚为壮观。"奤夿"是蒙古语音译，原意是河边。元末明初，山东人和山西人陆续迁入形成村落，奤夿屯这个地名一直保留至今。

北京带"海"字的地名，名气都很大，如后海、什刹海、北海、中南海等。张清常先生在《胡同及其他》一书中指出："海"在蒙古语中意为"湖泊"。海子和海子桥的地名均见于《析津志》。海子桥,位于西城区地安门外大街,始建于元至元二十二年(1285),原为木构筑,后改为石筑,2000年重修后恢复万宁桥原名。该桥对保障元大都城的供给至关重要,是元代大都城与通惠河上游沟通的重要孔道。西海俗称积水潭,在旧内城的西北角。西海的湖水继续流向东南,直到中南海。北京有名的积水潭医院位于西城区新街口,在什刹海附近,其所在地在元代曾是大运河终点樯帆林立的码头。

南海子(现以南海子公园为中心的地带)位于大兴区,属京南永定河冲积平原,是辽、金、元、明、清五代的皇家猎场,也是元、明、清三代的皇家苑囿。清吴长元《宸垣识略》载:"南苑在都城南苑二十里永定门外,元为飞放泊。明永乐时,增广其地,周垣百二十里。我朝因之,设海户一千六百人,各给地二十四亩。"皇家猎场和皇家苑囿都需大量的工匠、猎手、园丁等人员,因此明清时期南苑地区周边的大量"海户"世代居此为业。海户即定居于此垦田种植、岁时狩猎的外地移民户。因南苑内有南海子,故以"海户"名之。现北京有三处以"海户屯"为名的村落,分别位于朝阳区西南部十八里店乡、丰台区南苑乡和通州区马驹桥乡。

骚子营位于海淀区中部,在圆明园西侧,原是元朝拱卫大都的蒙古兵营,驻扎了人数众多的蒙古官兵。改朝换代后,百姓称之为"骚子营",后成为海淀区青龙桥街道管辖下的一个社区。北京老地名有"褡裢坑""南褡裢胡同""北褡裢胡同"等。蒙古语把长方形的口袋称为"褡裢",中间开口,两端各成一个口袋,可搭在肩上。东直门南小街西侧有一个褡裢坑,一左一右两个坑,中间是空地。南褡裢胡同和北褡裢胡同,搭在西四南大街西侧的羊肉胡同(后更名"洋溢胡同")的正中腰。纱络胡同,位于东城区西北部,东起北锣鼓巷,西至宝纱胡同。原名"沙拉胡同","纱络"是"沙拉"的音变。元代《析津志》载:"沙刺市,一巷皆卖金银。"朱一新《京师坊巷志稿》考订:"沙刺即沙拉。国语谓珊瑚也。……今沙拉胡同,疑元时旧称也。"据此可知,沙拉胡同当是元代贩卖金银宝器的交易市场。

二、北京地名里的满语遗存

位于西城区东北部的麻状元胡同,俗称"状元街",东起护国仓胡同,西至新街口南大街,因清顺治壬辰科满族状元麻勒吉居此而得名。麻勒吉后改名马中骥,故此地又称"马状元胡同",1965年更名群力胡同。

位于东城区东北部的案板章胡同,东起针线胡同,西至东直门北小街。俗称"擀面杖",被人误认为是卖案板和擀面杖的商街。其实,此地在清朝叫昂邦章京胡同。昂邦,满语"大臣"的意思；章京，满语指军职。清代初年，昂邦章京指亲信重臣。由此推断，昂邦章京胡同因巷内有满族高官宅邸而得名。嘎哩胡同，位于西城区东南部，宣武门大街附近，清代称"噶礼儿胡同"，因康熙时两江总督满洲正红旗人噶礼居此而得名，后谐音为"嘎哩胡同"。

海淀区西部原有聚落以"牛碌坟"为村名。牛录为满语，是清代满族八旗组织下属户口兼军事的基层建制，以300人为一牛录。其首领称为"牛录额珍"，后称"牛录章京"，汉语称为"佐领"，掌管户口、田宅、兵籍、诉讼等事务。后改写为"牛碌"。牛碌坟就是这些佐领亡故后的墓地。

三、皇家园林周边源自八旗军营的系列地名

京津冀地区是元、明、清三朝皇家建筑、皇家园林最集中的区域之一。皇家园林分为旧城城内和城外两大系列。城内系列包括紫禁城及其他王公宅邸，还有北海、中海、南海、景山、天坛、地坛、日坛、月坛、社稷坛、太庙、先农坛等。城外系列主要是"三山五园"，即万寿山、香山、玉泉山，静宜园、静明园、畅春园、圆明园、颐和园。另外，皇家行宫坐落在津冀地区的，如天津蓟州的盘山行宫、河北承德的避暑山庄、正定的行宫，等等。

北京城外的古典园林集中在西郊，为了维护皇家园林的安全，

需要在其外围驻扎军队守卫。另外，朝廷把部分八旗士兵安置在远离繁华都市的西郊军营，也是为了防止他们在京城生活安逸而消磨了斗志，以重振入关前的强悍雄风，因而在颐和园、圆明园等海淀诸园以及香山地区的外围，驻扎了圆明园八旗护军营、负责静宜园（香山）守卫任务的左右翼健锐营。随着历史变迁，以这些军营为基础形成并发展的居民点，在聚落命名上承袭所属旗籍与军营的称谓，在这一代地区形成带有八旗军营痕迹的系列聚落名称。

在香山公园东南、西五环路外侧的厢红旗村，原是清代健锐营右翼镶红旗营地，后演变为村落，以所属旗名为村名，并以同音的"厢"字取代笔画繁复的"镶"。厢红旗村东北有红旗村，这里原是清代健锐营右翼正红旗的营房，曾名"正红旗下营"。由这两个村落向北至北京植物园一线，在西五环路以西形成以"旗""营"为通名的聚落地名群——厢蓝旗、厢红旗、红旗、南正黄旗、北正黄旗、新营、厢黄南营、厢黄北营、厢黄西营、正白旗、厢白旗、正蓝旗等。转到北五环路北侧，在颐和园和圆明园以北，自西向东则有厢红旗、正红旗、正黄旗、河北新营、河南新营、哨子营、厢黄旗、正白旗，直到圆明园遗址公园东北角的厢白旗；由北五环路厢白旗桥南折，圆明园东路东侧有厢白小营，清华大学南侧有蓝旗营。这些村落地名都源自清代圆明园八旗护军营地。

另外，在颐和园东南、京密引水渠西侧的蓝靛厂一带的老营房村，是清代圆明园护军镶蓝旗营房的故地；火器营村是乾隆三十五年（1770）火器修建营房的旧址；火器营以北的船营村，是乾隆十五年（1750）在昆明湖指导香山健锐营士兵演习水战的福建水师营驻地——这几处军营呈环状拱卫着皇家园林。这些军营虽早已消失，但由此产生系列聚落地名，却为后人默默指点着当年清代卫戍部队的布局。

与蒙藏相关的北京地名文化

位于朝阳区西北部的外馆斜街，东起安定门外大街，西至黄寺大街。大体呈东西走向，东段略偏向东南。因街位于原外馆地区，故名外馆，亦名"哈尔哈馆"。外馆始建于明代，后成为隶属于清廷理藩院接待少数民族上层人士的地方。据《清会典》载，蒙古王公和西藏黄教领袖按照"年班制度"，每年轮班进京朝贡，谒见皇上，被分别安排在外馆和黄寺居住。当时外馆占地48亩，因当时蒙古共有48家王公贵族，故设大小宅院48所。他们的随员及蒙古族商人则用骡马、骆驼驮运皮毛、药材等土特产，在这里搭帐篷与内地商人进行丝绸、布匹、金银首饰等易货交易。外馆和西邻的黄寺在清朝时成为繁华的商贸区。

黄寺，位于朝阳区西北部、东城区和西城区的交界处。东起鼓楼外大街，西至裕民中路，过三环路向南延长的规划线，北起北三环中路，南至黄寺大街。黄寺分为东、西两寺，又称"双黄寺"。东黄寺始建于清顺治八年（1651），是在原普静禅林旧址上修建的，于康熙三十三年（1694）建成。西黄寺建于雍正元年（1723），乾隆三十六年（1771）重修。西黄寺有两座碑亭，东亭为雍正皇帝制碑文，西碑亭为乾隆皇帝御碑文。碑文载："黄寺东有一区，同垣异构，土人号曰双美寺，蔚为北垌名刹。"可见当时黄寺已具相当规模，在清政府与少数民族的交往中发挥了重要作用。在西黄寺西侧，现存有乾隆四十七年（1782）为纪念班禅六世而修建的一座清静化城塔院。塔内安放有班禅六世的衣冠经咒。乾隆四十四年（1779）六月，班禅从后藏赴京为清高宗祝寿，翌年七月在热河行宫（今承德避暑山庄）觐见高宗，同年九月初一随高宗到北京在西黄寺下榻。十一月初二，因染天花圆寂。乾隆四十六年（1781），清廷将班禅六世的舍利金龛送回后藏，次年将其衣冠经咒安葬于清净化城塔内。塔的建筑形式吸收印度佛陀迦耶大塔四角之布局，汉白玉结构，中心塔高16米，主塔四隅各有高约7米的密檐式经幢各一座。1987年在此成立中国藏语高级佛学院。

　　清朝时，与蒙古族做生意的内地商户就把商店总号开设在外馆、黄寺一带，北京各行业的推销员及内陆各省的外联人员，也都集中到这里推销可销售口外、适合蒙古人的物品。口外指张家口和归绥（今内蒙古自治区呼和浩特市）以西蒙古族居住区的地方。当时张家口叫"东口"，归绥叫"西口"，是内陆商户到蒙古地区做买卖的两个枢纽城市。西口是"山西帮"的活动范围，早在清朝中期，他们就打通了到外蒙古的贸易通道。东口则是所谓"京帮"的活动据点，但东口的商铺都是京城商户在张家口设立的分号。

京帮的总号在外馆，张家口是分号，运往外蒙古的货物在张家口聚集、分类、包装、起运。那时去外蒙古既无公路，更无铁路，货物全靠骆驼队驮运。所有货物在张家口装入木板箱或荆条筐，经仔细捆扎后，雇用蒙古人拉骆驼，一步一步走到库伦（今乌兰巴托），再从库伦转运到外路的各个支号，主要是乌里雅苏台和科布多。库伦西北叫西外路，东南叫东外路。西外路较远，在那一带做买卖一般两三年才能返京一次，东外路虽较近，但在那一带做买卖一两年返京一次。从张家口到库伦有3000多里地，要走30天，如果有紧急货物，就要"包程赶运"（即按规定时间运到，误期罚款），可缩短到半个月左右。

外馆经办的大路货有砖茶、生烟、斜纹布、牛皮靴、毡帽、铁器、酒类、糕点等，其中有的就在张家口采办。从外蒙古运回的主要是驼毛、羊毛、粗细皮货、药材、土法开采的黄金、眼镜石等。从内陆到外蒙古路途遥远，有一定风险，但是货物到了外蒙古，由于供需缺口大，在以物易物的贸易中利润丰厚。例如，蒙古人生活中离不开的砖茶，需求量大，两块茶砖可换回100斤羊毛，而100斤羊毛在张家口可以卖16—20块银圆——正是这样丰厚的利润吸引了大量的外馆商人。

1927年，仅在库伦一处，就有内陆商户约500家，常驻商人约4000人，其中四分之一是山西帮，另外都是北京外馆派遣的。另外，在乌里雅苏台和科布多还有一些常驻商人。这些外馆商人以各分支号为中心，每个分支号有羊7000—10000只，马400—500匹，牛200—400头，骆驼50—60匹。外馆商人养的这些牛羊、骆驼、马匹，除了自己使用和食用外，也和当地人交换，一部分赶到西口，再由西口赶到内陆出售。马匹是外蒙古的主要交通工具，也是重要出口物资，外馆商人每年都要赶回大量马匹到内陆销售。

1921年7月11日，外蒙古脱离中国宣布"独立"，1924年11月26日成立蒙古人民共和国。但当时外蒙古人民生活必需品十分短缺，鼓励中国商人前去做生意，1923年到1927年是外馆的复兴时期，当时的外蒙古不仅急需茶叶、布匹等生活必需品，连哈达都急需中国商人运送。那几年，内陆货物运到外蒙古，外蒙古的土产，特别是粗细皮毛业大批运到内陆，外馆商人做了几年好生意。

从1927年起，外蒙古政府改变了进出口贸易政策，对进出口贸易严格管控，提高了关税，并且对中国商人的财产重新估价，所有超过原估价的部分，作为欠税财产，限期补缴。商人已经无利可图，于是纷纷歇业回家，外馆商人对外蒙古经商就此终止。

清朝时的北京城有八座蒙古王府，例如：僧王府，僧格林沁亲王王府，坐落在东城区炒豆胡同和板厂胡同；卓王府，卓哩克图亲王王府，坐落在东城区什锦花园原19、21号院；末代达尔罕亲王那木济勒色楞亲王府（安定门内花园府，北京人称之为"达子府"花园）；那木济勒色楞后来迁住的达尔罕亲王府（原东四马大人胡同，现育群胡同15号）；色布腾巴拉珠尔达尔罕亲王府（东城区张自忠路7号院）；奈曼亲王府（泰安侯胡同，今西四北七条27号）；那彦图王府在安定门内国祥胡同2号，清王朝的漠南、漠北、漠西蒙古王公、扎萨克等都在本旗有领地，在京城大多不赐府第，只是少数有战功、有结下满洲皇族婚姻关系的蒙古王爷在北京受赐藩邸，在京蒙古王无事时留居京邸，一旦国家有战事，则可调动其部蒙古精锐同驰赴援。

北京胡同故事多

　　《周易》曰："地势坤，君子以厚德载物。"任何一片土地，只要在历史上承载着著名人物或典型事件，那里的故事就丰富，文化就深厚，其地名就不胫而走，闻名遐迩。文学家特别注重地名，为在作品里如何突出地名而殚精竭虑。以现当代文学为例，例如《龙须沟》《荷花淀》《白鹿原》《芙蓉镇》等以地名为书名的作品都给人留下深刻的印象。

　　北京街巷地名以"胡同"为通名的数量最多，尤其在明清内城范围内，胡同的分布更为集中。胡同即小街巷，在天津可称为"里"，在上海可称为"弄"。一般认为"胡同"是蒙古语"城镇"的音译（浩特），或为"水井"的借词。因为凡有居民聚落处必有水源（井）。另据学者考证，"胡同"系由蒙古语"火疃"转化而来，元朝扩建大都时，城内居民按片分开，中间留有通道，蒙古语称为"火疃"。总之，"胡同"是蒙古语音译，用汉语无法解释其构词理据。

北京砖塔——
元万松老人塔

　　北京"胡同"地名，最早出现在元杂剧《沙门岛张生煮海》两个角色——张羽和梅——的对话，张问梅："你家住哪里？"梅答："我家住砖塔儿胡同。"这个胡同就位于今北京市西城区，东起西四南大街，西至太平桥大街，因胡同东口有一座元代高僧的七层砖塔而得名，胡同两侧多为平房民居。从元朝迄今，胡同、砖塔、地名三者皆存，成为北京最古老的胡同之一。《日下旧闻考》卷五十载："万松老人，耶律文正王之师也"，"砖塔七级，高丈五尺"，"有石额曰万松老人塔"，清"乾隆十八年奉修九级，仍旧制"。

　　万松老人，名万松行秀（1166—1246），河南洛阳人，俗姓蔡，自称万松野老，世人尊称万松老人。据《五灯严统》本传，万松行秀对诸子百家之学无不会通，对《华严经》用功尤勤。为金元时期佛教曹洞宗高僧，先后住持邢台净土寺，燕京万寿寺、报恩寺和栖隐寺。元初中书令（宰相）耶律楚材奉其为师，向其参学三年，接受"以佛治心，以儒治国"的主张，积极维护中原文化，终成一代名相。金明昌四年（1193），金章宗召见万松行秀，询问佛道，十分器重。金承安二年（1197），又诏令万松行秀出任栖隐寺（位于燕京西郊仰山）住持，直至81岁圆寂，留下著述《从容录》《清益后录》《万寿语录》《祖灯录》等。万松高僧圆寂后，后人修建墓塔以示纪念。这座砖塔，明清两代曾加修缮。1927年，由著名社会活动家叶恭绰等人集资重修，并在砖塔胡同口外以南处另辟一门，题额"元万松老人塔"。塔高16米，八角九级密檐式，清塔中包着元塔，古朴典雅。2013年5月，被国务院公布为第七批全国重点文物保护单位。

北京城内和郊外有星罗棋布的各种寺庙，根据清乾隆十五年（1750）《京城全图》所标北京内外城寺庙有1320个，其中数目较多的是：关帝庙116座、观音庵108座、土地庙42座、真武庙41座、火神庙30座、白衣庵27座、伏魔庵26座、天仙庵24座、五圣庙23座、地藏庵22座、三官庙20座等。①

---

① 侯仁之：《北京城市历史地理》，北京燕山出版社2000年版，第201—201页。

其中带"寺"字的地名数量最多，如护国寺、白塔寺、碧云寺、潭柘寺、普度寺、大佛寺、大钟寺、五塔寺、法华寺、隆福寺、卧佛寺、观音寺、慈云寺、天宁寺、延寿寺、双黄寺、永泰寺、碧峰寺、正觉寺、弘仁寺等。这些地名表明，佛教在北京的影响相当深远。北京嵌入"观""庙""宫"等字的地名也很多，如白云观、崇元观、回龙观、弘通观、清虚观，东岳庙、药王庙、牛王庙、三义庙、铁狮子庙，雍和宫、灵济宫、天后宫等。北京还有建寺已千年的伊斯兰教的牛街礼拜寺。

有些寺庙派生的街巷地名，是隐性的，即地名表面不出现"寺、庵"之类的通名。例如：位于广安门附近的善果胡同，因巷内有善果寺而得名；东城区南锣鼓巷附近的蓑衣胡同，因巷内有蓑衣寺而得名；西城区的石类胡同，因巷内有一座石类庵而得名；南长安街路西的玉钵胡同，则因巷内有玉钵庵而得名。北京许多寺庙的专名原封不动地变成胡同的专名，例如东城区的净土胡同、青龙胡同、柏林胡同、慈慧胡同，西城区的碧峰胡同、黑塔胡同、能仁胡同、翠峰胡同、真武胡同——以上这些地名表明了北京多元包容的宗教文化的历史状况。

北京还有许多因"井"得名的胡同，如大甜水井胡同、苦水井胡同、四眼井胡同、南井胡同、北井胡同、高井胡同、井儿胡同等。还有许多胡同名是后改的，如将"狗尾巴胡同"改成了"高义伯胡同","王寡妇胡同"改成"王广福胡同","大哑巴胡同"改成"大雅宝胡同","勾阑胡同"改成"钩帘胡同","劈柴胡同"改成"辟才胡同","鬼门关胡同"改成"贵人关胡同","绳匠胡同"改为"丞相胡同"等。二者只是读音相近,语义却风马牛不相及。

　　地名的原始理据容易被人误读或误解的,有两种有趣的语境。第一种是以比喻修辞命名的地名。例如位于东城区东南部的"干面胡同",东起朝阳门南小街,西至东四南大街。这条胡同的东端与禄米仓胡同相接,历史上是城内各处去禄米仓运输禄米的必经之地,旧时街道皆为土路,车马驰行,尘土飞扬,于是,居民戏称为"下干面",故以之为胡同命名。但这个地名容易使人误认为是"制售干面的作坊"。第二种是源于传说故事的地名。例如位于原崇文区东北部的白桥大街,北起崇文门东大街,南至广渠门内大街。旧时,南粮北运的漕船,由于水门狭窄,无法进入北京内城,部分粮食便屯于东便门南面,即白桥大街的北头。而"气筒杨家",就是负责保管粮仓的行家。为防止储粮腐烂发霉,他在粮仓周围安装许多通气筒,使粮仓得以通风透气。于是"气筒杨家"由此得名,发了大财。当时有好事之徒,出于嫉妒,便在"气筒杨家"门口对面竖起上刻"卧虎桥"三字的巨石,自此杨家开始走倒运。后请风水先生观看,断言乃"卧虎桥"巨石作崇，并提出解厄方案：请石匠刻"白桥"二字石碑，立于"卧虎桥"巨石的对面，取"白瞧"之谐音——于是老杨家的财运才转危为安。如果路人对这个传说毫不知晓，很自然就将"白桥"解读为"白色的汉白玉桥梁"了。

位于东城区西北部的雨儿胡同，东起南锣鼓巷，西至东不压桥胡同。明代名为"雨笼胡同"，清代更为今名。别看这不显眼的寻常巷陌，却是书画巨匠和共和国将帅的居住地。齐白

北京老胡同

石曾在这条胡同13号院居住，大师迁居西城后，这里成为齐白石纪念馆，现为中国美术家协会的办公处。雨儿胡同31号院和33号院，本是一个四合院，前院是罗荣桓元帅的故居，后院是粟裕大将的故居。

北京和胡同并列的通名是"巷"，例如东城区的千福巷、大格巷、公益巷，西城区的青柳巷、清秀巷、万明巷、安平巷"，崇文区的永生巷、元宝巷、民乐巷、幸福巷，宣武区的红罗巷、南运巷、通河巷、中禾巷、北极巷、南柳巷、果子巷、大吉巷、齐胜巷、天福巷等。与胡同地名相比，巷名多为三字，遣词用字较为典雅。

清代北京市场与地名文化

清代北京外城为汉族官民居住处，各地商人携货来京汇聚，商业市场自然繁荣。但由于清政府采取满汉分居政策，内城居民几乎都是旗人。旗人马上得天下，不事农工商业，按月领取饷银。清初，除在棋盘街准许市场交易外，内城基本没有店铺，商业处于凋敝的状态。

康熙、雍正时，东、西安门路旁允许商民临时支伞作书场、茶社，也准许在隆福寺、护国寺等庙市营生，于是内城商业渐趋活跃。到了乾隆、嘉庆时，内城店铺、戏馆陆续开张，但商业贸易还是依靠庙会、集市和摊点开展。

道光、咸丰后，满汉分居的旗坊制业已松弛，随着商品经济的深入，北京内城的商业店铺日益增多，固定商业网不断扩大，正阳门街、地安门街、东西安门外、东西四牌楼、东西单牌楼等大型商街加上外城的菜市、花市、庙会、集市等构成了北京的商业市场网络格局。

其中正阳门前棚房比栉,百货云集,成为在明代朝前市基础上发展起来的前门商业区。其范围广大,北起大清门前棋盘街左右,南达珠市口,东抵长巷二条,西至煤市街,前后左右计二三里,殷商巨贾,列肆开廛。凡金绮珠玉以及食货如山积,酒榭歌楼,欢呼酣饮,堪称京师之最繁华处也。这里银楼、绸缎庄、茶叶店、靴鞋店等店铺密集,行业众多,雕梁画栋,金碧辉煌。金银珠宝、古玩玉器、绸缎估衣、钟表玩物、饭庄饭馆、烟馆戏园,毕集其中。京师之精华,尽在于此;热闹繁华,亦过于此。光绪时《朝市丛载》记载全城著名的50家饭馆、16家戏园、101家旅店,坐落在这里的就有38家饭馆、9家戏园、71家旅店。前门商业中心也是全城的金融中心,聚集了许多的银号、钱庄、汇号、当铺等金融性机构14家,占全城总数的76%。雄冠全城的前门商业中心集中了全城最多、最热闹的街市,其中最富丽繁盛者,莫过于大栅栏。

大栅栏,是北京闻名中外、名铺荟萃的老胡同、老闹市。它的读音很为特殊,充满京腔京韵。如按字面读dàzhàlán,几乎无人能懂;但说"dàshílànr",可谓人人皆知。大栅栏始建于明永乐年间,从《明北京城图》看,它本名"廊房四条",是正阳门外与廊房头条、廊房二条、廊房三条并列的四条胡同之一。廊房,最初指"招民居住,招商存货"之地。到了清初,"廊房四条"

逐渐发展为繁华的商街。看《乾隆京城全图》,已改名为"大栅栏"了。探究这个地名的命名理据,应源自明清时代京城的安防制度。明弘治年间,有臣上奏,建议"于京城内外小巷置立栅栏,夜间关闭",以防止日益猖獗的盗寇流窜。这项奏折得到批准。于是,内外城重要街巷统一设立栅栏,夜间关闭,派兵巡逻。至清代,外城守护更为严格。《大清会典》载:"乾隆三十九年准奏,外城各街道胡同设有栅栏,至为严密,交五城不时稽查,务令以时启闭,栅顶仍钉木牌,书写街道胡同名称。"从清雍正七年(1729)到乾隆年间共建栅栏1746处,每处栅栏都设有出入的门。当时的廊房四条已是商贸繁华之地,胡同大幅拓宽——商铺聚集,财源雄厚,较之附近其他胡同,其东口和西口的栅栏既坚固又高大,故人们以"大栅栏"名之。

老北京过去有"看玩意儿去天桥,买东西到大栅栏"的说法。这条综合性的商街有近80家店铺,许多中华老字号聚集于此,例如明嘉靖九年(1530)开业的六必居酱园,清康熙八年(1669)创立的同仁堂,清末开设的瑞蚨祥绸布庄、大观楼、东兆魁帽店、张一元茶庄、聚庆斋糕点铺等名店。著名的京师饭店,如东升堂、西域楼,以及素有"四大居"之称的福兴居、万兴居、同兴居、东兴居也在此一带,还有广德楼、庆和园、同乐园、庆乐楼和三庆园等著名戏园。正如《都门记略》卷三所载:"画楼林立望重重,金碧辉煌瑞气浓。箫管歇余人静后,满街齐响自鸣钟。"

琉璃厂,是北京城南闻名中外的文化街,位于和平门外,东西走向,以新华街为界,分为东琉璃厂、西琉璃厂。这一带,元朝时属于郊外,是专为皇城烧制琉璃瓦的工厂,故名"琉璃厂",人称"官窑"。明代营建宫廷,拓展其生产规模,为工部五大厂之一,由工部三品大员主管。街东头有一块空场平地,是晾晒、存放琉璃瓦的地方,人称"厂甸"。明嘉靖年间,北京扩建外城后,在城里烧窑,渐成不便,故清初将琉璃厂迁到京西门头沟琉璃渠。这里只留下"琉璃厂"和"厂甸"的空名。清初实行"旗民分居制",汉族官员及文人学者多迁居宣武门一带,众多会馆也汇集于此,外官进京、学子赶考自然多居于此,于是琉璃厂这块地方逐渐成为学子墨客往来的古玩字画一条街。康乾以来,古籍字画、文房四宝、古玩奇珍等列肆而陈,吸引学者名流集萃于此。乾隆时修《四库全书》,各地书贾纷纷在此设摊、建店,出售大量藏书,促进了琉璃厂文化街的发展。到光绪年间,这里的书店发展到270多家。民国初年,经营文化商品的店铺及其作坊近200家。名为琉璃厂,实则乃中国传统文化交流荟萃之地。尤以荣宝斋闻名,其前身松竹斋,始创于清康熙十一年(1672),光绪二十年(1894)开设荣宝斋,重视商品质量,其木版水印誉满世界。原本储存琉璃瓦的厂甸街区,因处于东西琉璃厂之间,其后向南北延伸，演变为京城闻名的春节集市——厂甸庙会，成为每年正月京城最为热闹的地方，并长盛不衰。正如《东华镇录》所载："琉璃厂厂甸，每岁正月元旦至元宵，例有会市。一岁之中仅此数日故游人之繁，远胜各处庙会。"

外城西部主要商业中心——菜市口市场。其中著名店铺很多，如与同仁堂齐名的西鹤年堂药店、王麻子刀剪铺、首创烤鸭的便宜坊饭店、广和居饭店、设有戏园的财神会馆和文昌会馆。另外还有菜市、骡马市、米市、小市等集市。

外城东部主要商业中心——崇外市场。自明代以来就在崇文门外设税关，统管全城各门进京商旅税收。为纳税方便，外地商贾和本地富户多居于此。花市大街是北京花卉和绢花的集中产销地，各类花店集中于此。这里还是酒行集中地，京东烧锅都在此设店销售。另外，钱庄、汇号和茶馆戏园、杂耍演出也集中于此。

内城东部主要商业中心——东四牌楼市场，俗称"东大市"。这里有操纵北京经济命脉、号称"四大恒"（即恒兴、恒利、恒和、恒源）的四家钱庄。首饰店、鞋帽店、估衣店、茶叶店、食品店汇聚于此。其中专做文武朝靴的内兴隆靴店和致美斋糕点铺非常有名气。东四一带还有四家著名的书肆——三槐堂、同立堂、宝书堂、天绘阁。内城最早的两家戏园——景泰园、泰华园就开设于此。

内城西部主要商业中心——西四牌楼市场，店铺稠密，招牌高挂，车水马龙，热闹非凡。西四一带有羊市、马市、猪市、鸡鸭市等集市。著名店铺有桔井堂药店。著名饭店有和顺白肉馆（后改名砂锅居），竹枝词云"缸瓦市中吃白肉，日头才出已云迟"，可见生意兴隆。另外，还有同和居饭庄，终日车马盈门。

东单牌楼市场，清中叶后出现了很多店铺，如药店、鞋店、香料店、刀剪铺、糕店铺及饭馆等。东单北大街有全城著名的米市。东单邻近有科举考试的贡院，每逢春秋二试之年，成为东单市场营业的高潮。东单一带各条胡同，家家出赁外省考生临时居住的寓所，命名为"状元吉寓"。每至此时，东单牌楼左近百货麇集，其值则昂于平日十之三。负戴往来者，至夜不息，人数骤增至数万。

西单牌楼市场，在乾隆时米市发达。道光、咸丰年间，商业更见起色，尤以餐饮娱乐行业更为兴盛。如金兰斋、天福号所制食品遐迩闻名，广顺园等戏园观众盈门。光绪年间，西单牌楼一带各类商店、书馆戏园、茶房酒肆，均拥挤不堪。

地安门外市场，北至鼓楼，每天日中为市，百货齐聚，人流熙攘。道咸年间，著名店铺有伟仪斋帽店、陈一贴药铺、桂英糕点铺、和堂饭庄等。在鼓楼前曾有万年茶园、乐春芳戏园。因临近风景幽雅的什刹海，夏日湖中荷花盛开，被视为都城"消夏第一胜地"。为接待游人，这里酒楼饭庄云集。著名的有乾嘉时的天香楼，道咸以后的会贤堂、庆云楼、一曲湖楼等。商业闹市与风景区相辅相成，成为地安门市场的一大优势。

另外，在交通枢纽或干线，如北新桥、新街口、东安门、交道口等大街都成为内城热闹的市场。朝阳门、安定门、德胜门、西直门、阜城门、广安门等各门的关厢（即城门外的大街和附近居民区），市场都有发展，尤以朝阳门外的商业最为繁盛，其人流汇聚处主要是芳草园和隆和园两处戏园及其附近的酒馆饭店和其他娱乐场所，加之每月两次的东岳庙会，也形成当地的商贸高潮。

北京街巷地名的谐音雅化

北京朝阳门附近有吉兆胡同，其原名是"鸡爪胡同"，因胡同分岔多，如从高空俯瞰，像老母鸡的爪子，故名。传说当年北洋政府掌权者段祺瑞住在这条胡同，有一次他回府，走进鸡爪胡同时，突然手足抽搐，手呈鸡爪状。后经多方医治，总算恢复了原状。一位风水先生对他说，恐"鸡爪胡同"之巷名不吉利所致。于是，段执政下令将"鸡爪胡同"改名为"吉兆胡同"。当然这只是民间附会的传说，因为清宣统年间的北京地图就已标出"吉兆胡同"了；再说 1924 年 11 月，段祺瑞就任中华民国临时执政时，家居吉兆胡同北边的仓南胡同，人称"胡同五号老段府"。三年后发生"三一八惨案"，段祺瑞下台后搬到天津居住。

对北京街巷历史地名进行修订，大体上有三种情况：

第一种是谐音雅化，例如：打劫巷（明）→打街巷（清）→大吉巷（民国）。第二种属于词语简化，例如：西城兵马司（明）→兵马司胡同（清）→兵马司（民国）。第三种属于机构变革所致，例如：锦衣卫后街（明）→刑部后身（清）→司法部后身（民国）；噶噶胡同（明）→禁卫军街（清）→航空署街（民国）。

战国哲学家荀子在《正名》篇有名言："名无固宜，约之以命，约定俗成谓之宜，异于约则谓之不宜。"地名的形成就是依据大众的共同认可，约定而成的。历史上许多聚落的命名多为随手拈来，我辈数人定则定矣，用于口语，难免俚俗。但随着时代的发展，这类鄙俗的地名用字，往往被后人用同音字或近音字来替代。清末民国时，对北京街巷地名进行整顿就沿袭着"谐音雅化"的思路。

北京历史街名反映当年的商业经营特点，如"肉市街""鲜鱼口街""羊市口街""磁器口大街""灯市口大街""花市大街"等等，这些地名都保留了下来。但"鸡市口"和"猪市口"却被谐音改名。鸡市口胡同位于朝阳区西部，其南口对着朝阳门外大街，原为鸡鸭市场，故名"鸡市口"，民国初年谐音更名为"吉市口"。广渠门内大街有"猪市口"地名，因此处在明朝是"猪市"，清宣统年间更名"珠市口"，1965年将各段街巷合并统称"珠市口大街"。

前门附近有北火扇胡同和南火扇胡同，实际是"北火神庙"和"南火神庙"，省略了"庙"字的谐音改造。再如东城区的千福巷源于千佛寺，灵光胡同源于"灵官庙"，三源胡同源于"三元庵",清华街源于"青化寺",国英胡同源于"观音寺",成方街源于"城隍庙",灵境胡同源于"灵济宫",地昌胡同源于"地藏庵",等等,为数众多。

有些地名用字的谐音或近音转换,基本上是从众从俗的自然演变。例如:"大墙缝胡同"改为"大翔凤胡同","弥勒庵"改为"民乐巷","大哑巴胡同"改为"大雅宝胡同"等。还有,朝阳门内大街南侧的竹杆胡同,明代名为"铸锅巷",清乾隆年间更名"竹杆巷胡同",1965年简化为"竹杆胡同"。民族文化宫西南大沙果胡同、小沙果胡同,在明代是"砂锅刘胡同"(以巷内居民的职业为名),清代分成东西两巷,称为"大砂锅琉璃胡同"与"小砂锅琉璃胡同",民国年间改"砂锅琉璃"为"沙果"。

街巷地名中有"猪""狗""驴""臭""血""粪"等不雅的字眼,都利用谐音法加以改造。例如:东城区的梅竹胡同、珠营胡同,西城区的朱苇箔胡同、小珠帘胡同、智义胡同,在清代分别名为"母猪胡同""猪营儿""猪尾巴胡同""小猪圈""猪尾胡同"。西城区的高柏胡同、寿逾百胡同、高义伯胡同,在清代都叫作"狗尾巴胡同"。东城区的打鼓巷,在清代称为"打狗巷"。东四南大街东侧的礼士胡同,在明代是思诚坊的"驴市胡同",清宣统年间改为"礼士胡同"。阜成门外的南礼士路与北礼士路，是从清代的南北"驴市口"谐音转化而来的。礼士路与阜成门外大街相交处，在清代分称"南驴市口"与"北驴市口"，民国年间改为"南礼士路"与"北礼士路"。经过谐音雅化，"驴市"变"礼士"，带有"礼贤下士"的典雅意味。鼓楼东大街南侧的寿比胡同，在明代是以熟皮作坊命名的"臭皮胡同"；佟麟阁路东侧的受水河胡同，在清代称为"臭水河胡同"；新街口北大街西侧的时刻亮胡同，原名"屎壳郎胡同"；天坛路北侧的粉厂胡同，清代称"粪厂"；珠市口西大街南侧的留学路，在明代是"牛血胡同"。东四西大街南侧的报房胡同，在明代是"豹房胡同"。朝阳门南小街西侧的协和胡同，在清代名为"蝎虎胡同"。明代的"绳匠胡同"，因制绳工匠居此而得名，晚清以谐音改为"丞相胡同"，即今天的菜市口胡同，已发展为宽阔的道路。从"绳匠"到"丞相"，可用一部电影片名形容：《从奴隶到将军》。

新街口北大街侧的有果胡同，清末称为"油炸果胡同"或"油炸鬼胡同"。东四南大街西侧的桂花胡同，清代原称"鬼门关"，又谐音为"贵人关"，1965年改成今名。崇文门外街西侧的远望街，明代是阎王庙街，谐音改为"延旺庙街"，1965年再度谐音简化为今名。鼓楼东大街南侧的黑芝麻胡同、东四北大街西侧的汪芝麻胡同、建国门附近的芝麻胡同，在明代分别名为"何纸马胡同""汪纸马胡同""罗纸马胡同"。所谓"纸马"，即服务于丧葬祭祀的糊纸马作坊。佟麟阁路西侧的光彩胡同，明代名为"棺材胡同"，都是在民国年间谐音改为今名。

这种对粗俗街巷地名的谐音雅化，在清末民初时期很盛行。如东城区旧鼓楼大街东侧的国祥胡同，在明代是"锅腔胡同"。清光绪年间，崇文门外广渠门内大街北侧的上锅腔胡同与下锅腔胡同，到了民国年间谐音改为"上国强胡同"与"中国强胡同"。另如，新街口北大街西侧的秃子胡同，改为"常图志胡同"，后并入中教场胡同。日本学者多田贞一完成于1944年的《北京地名志》写道："北京从民国以来，地名的改订大约达到三百以上，其中还有完全没有经过当地人民承认的，这一点在寻问道路的时候就是检验。例如：礼路胡同、寿比胡同、慕义胡同、福绥境等，在群众中还是按照以前的驴肉胡同、臭皮胡同、马尾胡同、苦水井等去叫……向中国人询问改名的理由，他们的回答，是仅仅因为卑俗。这不外是北京人近来对于雅俗的感觉不同了，但无论如何这总不能说是中国人近来的一般倾向。"[①]

更改后的地名，语词含义变得积极健康了，但也带来某种缺憾：部分更改的地名，因迁就原地名读音，选用的新地名使原地名语源理据缺失，显得生硬勉强。例如，把明代光禄寺所属的烧

---

① 多田贞一：《北京地名志》，北京书目文献出版社1986年版，第17—18页。

酒作坊后形成的烧酒胡同，改名为"韶九胡同"（"韶九"源自《尚书·益稷》："箫韶九成，凤凰来仪。"）；再如把干鱼胡同改名为"甘雨胡同"；新街口北大街西侧的烧饼胡同，改名为"寿屏胡同"；牛街东侧的轿子胡同，改为"教子胡同"；崇文门大街的羊肉胡同，改为"洋溢胡同"；牛街东侧的熟肉胡同，改为"输入胡同"；景山东街的狗鹰胡同，改为"高卧胡同"；等等。把"烧酒"变"韶九"，"干鱼"变"甘雨"，"烧饼"变"寿屏"，"轿子"变"教子"，"熟肉"变"输入"，"狗鹰"变"高卧"，单纯追求语音相近，但语义生硬且毫无关联。

雅与俗是相对而言的。明清时期北京"东富西贵，南贫北贱"的城市生态格局，在外城和关厢地区多为小手工业者、小作坊主、小商贩聚居之处。其社会身份和生活境况决定了当地街巷命名的品位和格调欠雅，这是客观存在，如"粪场大院""粑粑楼胡同""羊尾巴胡同"等，对其作谐音雅化处理是必要的。但有一些更名并非必要，例如"裤子胡同""汤锅胡同""豆腐陈胡同""佟府夹道"，分别改为"库司胡同""汤公胡同""豆腐池胡同""同福夹道"，一是切断了历史的联系，二是文化理据的缺失。因此，对于保留历史风貌、富于市井烟火气息的历史地名，应尽量保持原名，不宜擅改。

世界文化遗产——北京中轴线

北京城是现存规模最大、保存最完整的古代都城之一，也是中国古代传统城市营建文化最典型代表和最完整见证。从现存文化遗产的类型和数量上来看，京津冀地区也是中国古代传统官式建筑现存数量最多、最集中、规格最高的区域。经历了从金中都到元大都再到明清北京的营建过程，首都北京的城市圈分为三个圈层。第一是内部圈层，包括大兴、通州、房山、密云、昌平等郊县地区；第二是中部圈层，包括京畿地区，如保定、张家口、承德、天津等城市；第三是外部圈层，扩展到冀、晋、辽三省，包括石家庄、沧州、大同、沈阳等城市。三个圈层相互策应联络，井然有序。

北京的外部有三个城市圈层如众星拱月般护佑，内部则依靠一条中轴线来规划城市建设的格局。著名建筑学家梁思成先生在1951年发表的文章《北京——都市计划的无比杰作》中指出："一条长达八千米、全世界最长也最伟大的南北中轴线穿过了全城。

北京中轴线鸟瞰

北京独有的壮美秩序就由这条中轴的建立而产生。前后起伏、左右对称的体形或空间的分配,都是以这中轴为依据的。"梁思成是中国最早提及"中轴线"这一概念的人,在他看来,"无论是东方、西方,再没有一个民族对中轴线对称如此钟爱与恪守"。

2024年7月27日,在印度首都新德里召开的联合国教科文组织第46届世界遗产大会通过决议,将北京中轴线列入《世界遗产名录》。至此,中国世界遗产总数达到59项。这是世界对中国的认可,也昭示了中国对世界的贡献。

北京钟鼓楼及周边的街区,其肌理与历史功能形成于13世纪元大都时期并延续至今,万宁桥也是这个时期的遗存,它们为元明清三代北京中轴线位置与走向的延续提供了历史见证。景山、故宫、端门、天安门、外金水桥、正阳门，都是15世纪明朝迁都北京时建设的结果。再向南至永定门，其规划格局与主要建筑群形成于16世纪中叶明北京外城的建设。天安门广场及其他建筑的建设时代为20世纪50—70年代，但其规划格局依然延续了北京中轴线居中对称的景观形态：人民英雄纪念碑、毛主席纪念堂的位置延续中轴线的走向，国家博物馆和人民大会堂形成对称的布局。纵贯老城南北的北京中轴线历经元、明、清及近现代，超过7个世纪的城市历史演进而延续至今，具有突出的连续性，而且至今依然生机盎然，与人们的生活息息相关。

中轴线的南端，是与天坛比肩而立的先农坛，即明清皇帝祭拜神农坛庙，俗称"一亩三分地"。当年皇帝就是在这小块土地上亲耕、行籍田礼。如今这里已成为人们感受中华传统农耕文化的场所。

北京过去堪称"北方水乡"，有永定河、拒马河、温榆河、潮白河、泃河五大水系纵横。北京城至今保留有"海、河、湖、池、塘、湾、淀、潭、沟、泉、井、坊、坑、桥、坝、坞、壕"等与"水"相关的地名通名。其中有北海、后海等6个"海"，有通惠河、金水河、高粱河、菖蒲河、亮马河等若干条河，还有积水潭、玉渊潭、昆明湖、龙潭湖、海淀、莲花池、金鱼池等若干个湖，还有龙须沟、南河沿、玉泉、毛家湾、王府井、白纸坊、甘石桥、东坝、北坞等与蓄水、通水、排水有关的地名。一座北方的都市有如此之多与"水"相关的地名，实属罕见。

当年元大都的中轴线，从中心台出发，向南经万宁桥、皇城北门，纵贯御苑、宫城，从宫城南门崇天门，出皇城正南门灵星门，直通T形广场，抵达大都城的南门丽正门，全长约3.8千米。

明永乐时期的北京城，由宫城、皇城、内城、外城组成，基本上沿用了元大都中轴线，但由于宫殿、庙社、门阙、郊祀祭坛等建筑增多，中轴线长度被延伸。宫城以北，修建了景山、钟鼓楼。宫城以南，"左祖右社"的太庙与社稷坛建于中轴线两侧；南城墙向南平移了0.8千米，南城门丽正门，改名为"正阳门"。北京城的南郊，还新建有祭祀性的建筑天坛、先农坛。这时的城市中轴线，北起钟鼓楼，南到正阳门，全长为4.8千米。从元大都的3.8千米到明永乐年间的4.8千米，北京中轴线延长了1千米。

公元1553年，大明朝廷修建了北京外城，高大而厚实的外城墙，把南郊的先农坛与天坛包裹进来，因而北京城的安保能力和防御能力得以大大增强。中轴线的南段，也自然延伸到了外城的正南门永定门。此时的北京城，呈长长的"凸"字形，中轴线被拉长到7.8千米。这就是今天北京中轴线申遗的长度。这条轴线也是目前世界上保留最长、保存最完整的城市轴线。

"北京中轴线"保留了15个历史文化建筑遗产的构成要素，

即钟鼓楼、万宁桥、景山、故宫、端门、天安门、外金水桥、太庙、社稷坛、天安门广场及建筑群（包括天安门广场、人民英雄纪念碑、毛主席纪念堂、国家博物馆和人民大会堂）、正阳门、南段道路遗存、天坛、先农坛、永定门。如果从北至南一一展示其点位，恰似展映一部纪录片——北京3000多年的建城史、800多年的建都史，870年前设金中都、700多年前设元大都、600多年前建明都、380年前建清都，110多年前的辛亥革命，75年前新中国成立，历史的画卷都投射在这条中轴线上，落笔不凡，刻度清晰，为世界留下中国的印迹，史载千秋，历历在目。

北京中轴线是活化的文化遗产，是物化的艺术结晶，集中体现并标注了中华传统文化和现代文明特征，突出体现了中华文明的连续性、创新性、统一性、包容性、和平性，像明珠一样闪烁在人类文明的皇冠之顶。北京中轴线是一部高度凝练了古代中国哲学思想、人文精神、价值理念、道德观念和创造智慧、艺术传统、美学原理的文化经典，是一个国家、一个民族、一座城市的文化主心骨，保护好、建设好、利用好它，就是留住了城市的根，赓续了文化之魂。

第二章 北京市地名文化

北京街巷地名趣谈

北京是帝都,自元大都建立,街巷就作为北京城市显著特色之一,承载着北京地形地貌、景物、文物和民俗等历史文化。皇亲国戚、王公贵族、文臣武将,乃至文人墨客、商贾工匠、五行八作、平头百姓,皆居于此,街巷地名的个性风格多种多样,人文轶事自然就多不可数。

首先,从宏观上看,北京历史地名体现北京老城东西对称的严整格局,如东四(牌楼)—西四(牌楼)、东单(牌楼)—西单(牌楼)、东安门—西安门、东华门—西华门、崇文门—宣武门、安定门—德胜门、广安门—广渠门、左安门—右安门、东直门—西直门等。反映历史遗迹的还有骡马市、蒜市口、灯市口、珠宝市、粮食店、煤市街、打磨厂、花市、皮库胡同、石驸马大街、王大人胡同等。另外,北京以数字打头的地名已形成系列,例如半壁街、一眼井、二龙路、三间房、四棵树、五道口、六里屯、七圣庙、八里庄、九松山、十里河、百果园、千福巷、万泉寺等。

其次，富有艺术想象力的巷名，如"芳草地""杏花天""百花深处胡同""什锦花园胡同"等都很引人入胜。位于朝阳区西部、作为街巷地名的芳草地，早在1933年出版的《北平地名典》中已然出现："此地当因草著，故称。"其地域范围大体在今大桥路以西、芳草地西街以东之间。其北有化家胡同，北口东建有蓝岛大厦。朝阳区宣传文化中心主办、已创刊20多年的《芳草地》杂志，是全国著名的散文刊物，影响深远。

地安门外大街东侧有杏花天胡同。据《北京市西城区地名志》载："据传，胡同西口原有杏花天酒房，因酿造的酒香醇可口，故胡同得名杏花天。"传说杏花天酒房来源于杏花园，顺治年间某王爷在地安门外营建一座花园，园中广植杏树，人们遂称之为"杏花园"。

西城区新街口南大街有地名百花深处，被京城百姓誉为"春光与诗意盎然的胡同"。《北京琐闻录》载，明万历年间，曾有张姓夫妇在此以种菜为生，后在园中种植树木、牡丹、芍药等花卉，并修建了假山、池塘、草阁、茅亭等景观。普通的菜地渐生曲径通幽的野趣。每至春季，百花盛开，文人雅士慕名来此，心旷神怡。乾隆年间，此处成为专门种植花卉的场所，人称"花局胡同"。光绪年间《京师坊巷志稿》已改名为"百花深处胡同"，但因字数过多，人们遂以"百花深处"简称之。

与植物相关的北京历史地名,还有垂杨柳、四季青、樱桃园、苹果园、芍药居、木樨地、樱花园、核桃园、葡萄园、五棵松、八棵杨、九松山、槐树街、莲花池、菊儿胡同等等。至于下里巴人的街巷俗名也很多见,例如辘轳把、簸箩仓、朱苇箔、小喇叭、大豁子、水锥子、黑石头、白羊城等等。

前门外有八大胡同,其实是晚清和民国时期高等青楼妓院集中区的代名词。当时经官方批准挂牌营业的一等小班和二等茶室,多集中在珠市口大街以北的八条胡同里,具体名称是陕西巷、百顺胡同、石头胡同、韩家潭、王广福斜街、万佛营、外郎营胡同、胭脂胡同。有好事者曾编一首顺口溜,成为该地的旅游指南:"八条胡同自古名,陕西百顺石头城。韩家潭畔弦歌杂,王广斜街灯火明。万佛寺前车辐辏,外郎营里路纵横。貂裘豪客知多少?簇簇胭脂坡上行。"在老北京人嘴里,八大胡同就是尽人皆知、不必解释的专用地名。后来,随着妓业发展,青楼扩展,胡同由八条增为十条:王皮胡同、蔡家胡同、朱家胡同、百顺胡同、留守卫胡同、石头胡同、王广福斜街、火神庙夹道、燕家胡同和李纱帽胡同。于是又有好事者把这十条胡同浓缩为:"王蔡朱白留,石广火燕纱。"此外,更简要的提法是"十条"。旧时,哪位对拉洋车的说俩字:"十条",不必多言,洋车夫心领神会,麻麻利利地就把人拉到目的地。

如今这些胡同仍在,但风貌已与昔日迥然不同了。

刘宝瑞、郭启儒合说的相声《北京地名对》曾列出七副地名对联,其中有人物、有情节、有故事,听来和读来皆饶有趣味:

(1)椅子圈架住胳膊肘儿,象鼻坑拐住骆驼脖儿。

——由四个地名组成:椅子圈胡同、胳膊肘胡同、象鼻子中坑胡同、骆驼脖胡同。

(2)汪芝麻拴马桩上拴马,苏萝卜钓鱼台下钓鱼。

——由四个地名组成:汪芝麻胡同、拴马桩胡同、苏萝卜胡同、钓鱼台。

(3)蚕池口养蜂夹道,谁见吐丝酿蜜;黑窑厂喇叭胡同,哪有吹气冒烟。

——由四个地名组成:蚕池口、养蜂夹道、黑窑厂街、喇叭胡同。

(4)禄米仓取干面送到粮食店,柴火栏抱竹竿拿进芦草园。

——由六个地名组成:禄米仓、干面胡同、粮店胡同、柴火栏、竹竿儿巷、芦草园。

(5)豆嘴儿、豆瓣儿、豆角儿、豆芽菜儿,沙滩儿、沙窝儿、沙岭儿、沙土园儿。

——由八个地名组成:豆嘴儿胡同、豆瓣儿胡同、豆角儿胡同、豆芽菜儿胡同,沙滩儿后街、沙窝儿胡同、沙岭儿胡同、沙土园儿。

（6）王广福买樱桃，遇着李铁拐，腰插大烟袋；高义伯打烧酒，碰到麻状元，手托小金鱼。

——由八个地名组成：王广福（原名王寡妇）斜街、樱桃斜街、李铁拐斜街、烟袋斜街、高义伯（原名狗尾巴）胡同、烧酒胡同、麻状元胡同、金鱼胡同。

（7）铺陈市，拿麻线，补袜子，缝皮裤，整旧如新；铁匠营，拉风箱，打剪子，造锥子，大力支援。

——由八个地名组成：铺陈市、麻线胡同、袜子胡同、皮裤胡同、铁匠营、风箱胡同、剪子胡同、锥子胡同。

我们在欣赏老舍小说《骆驼祥子》、话剧《茶馆》或林海音的小说《城南旧事》时，凡呈现老北京历史地名时，那种历史沧桑感和京味京腔就会扑面而来。在20世纪上半叶的北京儿童歌谣里，尚有"平则门，拉硬弓，隔壁儿就是朝天宫""齐化门，修铁道，南行北走不绕道"的典型句子。需要注意的是：第一，"平则门""齐化门"是元朝的城门地名，早在500年前就已被改称为"阜成门"和"朝阳门"了，但在人们的口语传播中仍沿用历史地名，可见历史地名的影响是根深蒂固的。第二，"隔壁儿"按北京方言读作"jièbǐr"。下面选录两首北京地名童谣：

（1）平则门，拉硬弓，隔壁儿就是朝天宫。朝天宫，写大字，隔壁儿就是白塔寺。白塔寺，挂红袍，隔壁儿就是马市桥。马市桥，跳三跳，隔壁儿就是帝王庙。帝王庙，绕葫芦，隔壁儿就是四牌楼。四牌楼东，四牌楼西，四牌楼底下卖估衣。我问估衣怎么卖，桃红裙子二两一。老太太打火儿抽袋儿烟儿，隔壁儿就是毛家湾儿。毛家湾儿，找老四，隔壁儿就是护国寺。护国寺，卖叭狗儿，隔壁儿就是新街口儿。新街口儿，道儿长，隔壁儿就是蒋养房。蒋养房，安烟袋，隔壁儿就是王奶奶。王奶奶，啃瓜皮，隔壁儿就是火药局。火药局，卖花针儿，隔壁儿就是北城根儿。北城根儿，卖破盆儿，隔壁儿就是德胜门。德胜门，两头缩，当间儿有个王八窝。晴天出来晒盖子，阴天出来把脖儿缩。

（2）东直门，挂着匾儿，隔壁儿就是俄罗斯馆儿。俄罗斯馆儿，照电影儿，隔壁儿就是四眼井儿。四眼井儿，不打钟，隔壁儿就是雍和宫。雍和宫，有大殿，隔壁儿就是国子监。国子监，一关门儿，隔壁儿就是安定门儿。安定门，一甩手儿，隔壁儿就是交道口儿。交道口儿，跳三跳，隔壁儿就是土地庙。土地庙，求灵签，隔壁儿就是大兴县。大兴县，不问事，隔壁儿就是隆福寺。隆福寺，卖葫芦，隔壁儿就是四牌楼。四牌楼南，四牌楼北，四牌楼底下喝凉水。喝凉水，怕人瞧，隔壁儿就是康熙桥。康熙桥，不白来，隔壁儿就是钓鱼台。钓鱼台，没有人儿，隔壁儿就是齐化门。齐化门，修铁道，南行北走不绕道。

这两首北京地名童谣，是不同年代的儿童在游戏中你一句、我一句，类同顺口溜儿、数来宝式的自由创作，由于逐渐积累，赓续绵延，而敷衍成篇。但不同的记载、不同的版本，在内容和词句上略有差异，但"齐化门""平则门""马市桥""朝天宫"等元代、明代的地名，却由此代代相传。这两首童谣儿歌之所以数百年来传唱不衰，一是口语化、接地气，押韵上口；二是大量的儿化韵，突出"京味儿"情趣；三是用"隔壁儿"作为历史地名空间连缀的纽带。

相当多的北京地名，都得读出儿化韵来，例如"天桥儿""官园儿""官庄儿""马甸儿""厂甸儿""小关儿""小屯儿""枣林儿""公主坟儿""高碑店儿""挂甲屯儿""朝阳庵儿""核桃园儿""衙门口儿""海户屯儿""菜户营儿"等等。但是，电影或歌剧《白毛女》的主角——喜儿，她的名字就得读出双音节来。北京有些胡同的专名是单字加"儿"构成的，但要注意，这个"儿"得读出来，例如"帽儿胡同""雨儿胡同""菊儿胡同""土儿胡同""香儿胡同""鸦儿胡同""阡儿胡同""盆儿胡同""鹞儿胡同"等等。

以人名命名的北京地名

　　文丞相胡同，北起大兴胡同，南至府学胡同，因文丞相祠堂得名。明洪武九年（1376），为纪念南宋抗元名将文天祥，在当年文天祥被元政府囚禁处修建了文丞相祠堂。文天祥，南宋吉州庐陵（今江西吉安）人，宝祐四年（1256）进士第一，后任右丞相兼枢密使。在蒙古大军压境的情势下，坚持不懈抗击元军，后率兵在闽粤一带坚持抗元。祥兴元年（1278）十二月，在广东海丰被俘。在押解大都途中，写《过零丁洋》诗表明心迹，留下"人生自古谁无死，留取丹心照汗青"的千古名句。被押送大都（今北京）后，囚禁三年，屡经威逼利诱，但誓死不屈，创作出大义凛然的《正气歌》。元至元十九年（1282）十二月，元世祖忽必烈亲自劝降，用宰相高位相诱。文天祥道："愿赐一死足矣！"忽必烈只得下令次日在柴市处死文天祥。次日，文天祥走下囚车，向围观百姓询问哪边是南方，然后朝着南宋所在方向深深下拜，告别故土，从容就义。传说，就在这一刻，随着英雄的鲜血洒落，狂风骤起，漫天扬沙，遮天蔽日，接连数日，天色晦暗，如同黑夜降临。天师告知，这是文丞相英灵不灭。于是忽必烈下令追授文天祥金紫光禄大夫、太保、中书平章政事和庐陵郡公等官衔，并赐谥号"忠武"，以表示敬重；又下令把文天祥就义的柴市打扫干净，泼上净水，安置祭坛。祭祀典礼初始，狂风拔地而起，沙石横扫，在场人都难以睁眼。那块写有忽必烈封号的神主牌位被人风卷到半空，接着雷声震响。此刻，忽必烈恍然大悟，原来文天祥在天之灵不接受元朝封号。忽必烈只好下令，恢复南宋王朝对文天祥的少保、右丞相、信国公的封号。命令刚一颁发，即刻云消雾散，天穹豁然开朗。后代人仰慕文丞相惊天地泣鬼神的爱国气节，在他被囚处建起祠堂，虔诚祭祀。文丞相胡同在清乾隆时称"靶儿胡同"，宣统时称"巴儿胡同"。1949年后改称"文丞相胡同"，以纪念这位令人仰慕的民族英雄。

在一条街巷里，如居住者是高官或名流，其姓名、爵位或府第都往往成为街巷地名。在西城区德胜门大街西侧有三不老胡同，是明代著名航海家郑和的府第。郑和本姓马，小字三保，明初入宫做宦官，跟随镇守北平的朱棣即后来的永乐皇帝起兵有功，赐姓郑，任内官监太监。从永乐三年（1405）到宣德八年（1433），郑和先后七次率船队远航西洋，遍访30余个国家和地区，最远曾到达非洲东海岸、红海沿岸，创造了世界古代航海史的奇迹，即"三保太监下西洋"的历史佳话。明代把他在北京的官邸称为"三保老爹胡同",清代谐音简化为"三不老胡同"。

太平桥大街西侧的武定侯街,是明代的武定侯胡同。所谓"武定侯",是随朱元璋起兵的大将郭英,其后人居住地就以郭英爵位命名。从武定胡同向南400米有广宁伯街,明代称"广宁伯胡同",因永乐年间广宁伯刘荣的府第而得名,清代称为"广宁伯街"。东城区朝阳门南小街西侧有遂安伯胡同,系永乐年间安伯陈志的府第居此而得名。南小街东侧有大羊宜宾胡同与小羊宜宾胡同,在明代称"杨仪宾胡同"。仪宾,是明代对宗室诸王女婿的尊称。清乾隆年间写作"杨夷宾胡同",宣统年间写作"羊宜宾胡同",并分为大小两条街巷。东单北大街西侧有东帅府胡同,这个明代的帅府胡同中,应是有某位将帅的府第。

位于宣武门外、南新华街东侧的前孙公园胡同与后孙公园胡同,源自明末清初著名学者、藏书家孙承泽宅邸。清代为孙公园,乾隆年间分为前孙公园和后孙公园两条街巷。孙承泽是崇祯四年(1631)进士,当李自成攻进北京、崇祯皇帝在煤山自缢之际,孙承泽在书房上吊,被家人及时救起,随后在大顺政权(明末李自成在长安建立的农民政权)任高官。清朝定都北京后急需启用汉族高官点缀门面,孙又被任命为都察院左都御史。后老病告休近20年,致力于文史研究,著述颇丰。孙承泽去世后,孙公园住过很多名人。康熙年间,戏剧家洪昇的《长生殿传奇》写成后,曾在这里举行过盛大的演出。后来,著名学者翁方纲、藏书家兼篆刻家刘位坦都曾先后居于此。晚清时,孙公园的房舍被辟为会馆,其中以李鸿章倡议修建的安徽会馆规模最大。保留至今的大戏台,在北京已属难得一见的古代文化遗迹。

位于西安门大街北侧有刘兰塑胡同,因胡同的北端坐落在元代所建的玄都观胜境,清乾隆二十五年(1760)改名为"天庆宫"。因宫内有元代著名雕塑家刘元雕塑的佛像而令人瞩目。刘元,字秉元,今天津市宝坻区刘兰庄人,其作品一直被后人当作鉴别元朝绘画、塑像乃至古建筑的代表。元至元七年(1270),刘元应诏为大护国王寺雕塑佛像,将中西技法相融合,所塑佛像神思妙合,堪称天下绝艺。这条胡同在清代有"刘銮塑""刘兰塑""刘郎塑"等多个异写的地名,但都凸显了对古代雕塑艺术家的景仰,确实难能可贵。

海淀区中部的六郎庄后大街附近有张中堂胡同和荣中堂胡同。中堂,是清朝时对大学士、军机大臣及直隶总督兼北洋大臣的称呼。中堂在内阁或军机处中属于最高职务,辅助皇帝管理朝政,统辖百官。由于他们在大堂上办公时坐在中间位置,故被尊称为"中堂"。张中堂胡同是晚清重臣、洋务派代表人物张之洞宅邸所在地。张之洞,字孝达,今河北沧州南皮人,曾任巡抚、总督、军机大臣,与曾国藩、李鸿章、左宗棠并称"晚清中兴四大名臣"。荣中堂胡同因满洲正白旗人、清代中后期重要的政治人物荣禄的别墅而得名。瓜尔佳·荣禄,历任内务府大臣、总理衙门大臣、兵部尚书、军机大臣。其女瓜尔佳·幼兰是末代皇帝溥仪的生母,被慈禧太后收为养女。荣禄在戊戌变法、己亥建储、庚子国变等晚清政治事件中扮演复杂角色,历史评价争议很大。

民国年间以人名命名的街巷胡同数量不多。崇文门外珠市口东大街南侧的一条鲁班胡同,民国时称"鲁班馆",这里是瓦木工匠店铺的集结地。他们集资修建鲁班馆的大殿和配殿,以祭祀鲁班祖师。1965年将附近的西铁香炉、晓市大院、学堂后身并入,定名为"鲁班胡同"。

位于西城区中南部,南起宣武门西大街,北至复兴门内大街,在民族文化宫对面有佟麟阁路。由此向北穿过太平桥大街,在阜成门内大街以北是赵登禹路。这两条路在明代本是与护城河相通的排水沟渠,其两岸在清代分别称为"南沟沿儿"和"北沟沿儿",20世纪20年代将其改为暗沟筑路形成街道。

佟麟阁,原名凌阁,字捷三,河北高阳人。原为冯玉祥部下,曾任陆军二十九军师长、副军长等职。1937年,七七事变爆发,积极主张抗日,时任二十九军南苑驻地指挥官。佟副军长率部奋起抗战,号召将士誓与卢沟桥共存亡。7月28日,他亲临战场,在大红门一带率兵英勇抗击日军，腿部负重伤，仍坚持指挥战斗，不幸遭敌机轰炸壮烈殉国。佟麟阁路因其处在民族文化宫南侧，1971年曾改名民族宫南街，1984年恢复今名。

赵登禹，字舜臣，山东菏泽人，原为冯玉祥部下，历任旅长、师长等职。1933年3月，日军两旅团联合先遣队进犯喜峰口。二十九军旅长赵登禹，派于长海团急往救援，官兵们组织大刀队英勇杀敌。音乐家麦新的《大刀进行曲》，正是受喜峰口血战鼓舞而创作的，传至唱今。1937年七七事变时，赵登禹任二十九军第一三二师师长，在南苑驻地与日军展开激烈战斗，挥舞大刀砍杀日军60余人。当他率部经大红门时遭日军袭击，身中五弹，壮烈殉国。佟、赵二将军壮烈殉国后，被国民政府追赠为陆军上将。抗战胜利后的1946年，将南沟沿儿与北沟沿儿这两条街道分别命名为"佟麟阁路"与"赵登禹路"。

与地安门东大街东口相连的张自忠路，明代是仁寿坊铁狮子胡同，1946年更名为"张自忠路"。抗日名将张自忠，字荩忱，山东临清人，1930年任陆军二十九军三十八师师长；1933年3月参加长城抗战，取得喜峰口大捷，1935年被授予陆军中将。1937年抗战全面爆发后，代理冀察政务委员会委员长兼北平市市长，与日军周旋。1938年1月任第五战区五十九军军长，参加台儿庄战役，随后在肥水、临沂击败日军，升任三十三集团军总司令，兼任第五战区右翼兵团总司令。1939年在湖北北部的田家集等地击败日军。1940年5月率部渡过襄河痛击日军，16日在南瓜店作战中英勇牺牲。7月被国民政府追赠为陆军上将。"文革"中张自忠路一度改称"张思德路"，后又改称"工农兵东大街"。1984年恢复原称。

一代抗日名将佟麟阁、赵登禹、张自忠，1946年成为北京的街道名称。此外，在张自忠曾任市长的天津也有一条"张自忠路"，北京通州则有"佟麟阁街"和"赵登禹大街"。以抗日名将命名的三条街名是中华民族顽强不屈、万众一心抵御外侮的光荣象征。

三

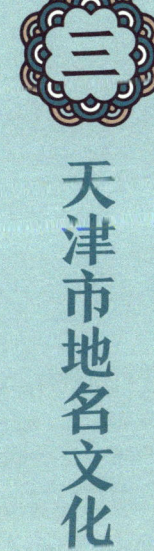

天津市地名文化

天津建制沿革与城市文化

天津，中国四大直辖市之一，也是中国北方最大的开放城市和工商业城市。天津得名于明代，明建文二年（1400），燕王朱棣率兵南下"靖难"，由此渡直沽，故赐名"天津"，意"天子津渡"之意。或说以境内有天津河流经而得名，或说以古星相学

天子津渡巨型石刻（陈绍泉 摄）

中的"天津星"得名,或说来自屈原《离骚》中"朝发轫于天津兮,夕余至乎西极"的诗句。

一、天津建制沿革

今天津所处位置,原是渤海。4000多年前,黄河入海而挟带的大量泥沙在这里淤积汇聚为冲积平原。据1931年所修《天津志略》载,今天津这块土地在禹贡时属幽州及兖州,春秋时属燕。秦改上谷郡,汉时始置为县,先为幽州渔阳之泉州县,后又改隶渤海郡的章武县。晋时,先后又属幽州燕国的泉州县、冀州章武国的章武县及渤海郡。入魏,先易为幽州渔阳郡的雍奴县,再易属沧州渔阳郡之章武县。隋时,属冀州涿郡的雍奴县、河间郡的鲁城县、长芦县及兖州的渤海郡。至唐置道,属河北道幽州范阳郡武清县、沧州景城郡的乾浮县及长芦县。及宋,属燕山路燕山府的武清县、河北路沧州的清池县和清州。金代末年,改属中都路大兴府的武清县、河北沧州的清池县和清州的静海县。元时,分属海津镇、大都路漷州的武清县以及燕南河间路的沧州,此时始称直沽。

天津地区远在商周时期即有人类居住,但作为城市则形成较晚。隋朝大运河开通,使位于运河北部、兼有河海运输之便的天津,地位日渐重要。

第三章 天津市地名文化

汉武帝在武清设置盐官。隋朝，修建京杭大运河后，在南运河和北运河的交汇处（今金钢桥三岔河口），史称"三会海口"，是天津最早的发祥地。唐朝，在芦台开辟了盐场，在宝坻设置盐仓。唐朝中叶以后，天津成为南粮北运的水陆码头。辽朝，在武清设立了管理盐务的政府机构"榷盐院"。

金贞祐二年（1214），在三岔口设直沽寨，"直沽"是天津城市发展中有史料记载的最早名称。元延祐三年（1316），"改直沽为海津镇"，设立大直沽盐运使司，管理盐的产销，这里成为漕粮运输的转运中心。

明建文二年（1400），燕王朱棣在此渡过大运河南下争夺皇

天子津渡纪念碑

位。朱棣成为皇帝后，为纪念由此起兵发动"靖难之役"，在永乐二年（1404）十一月二十一日将此地改名天津，即天子经过的渡口之意。作为军事要地，在三岔河口西南的小直沽一带，天津开始筑城设卫，称天津卫，揭开了天津城市发展新的一页，后又增设了天津左卫和天津右卫，并称"天津三卫"。

清顺治九年（1652），天津三卫合并为天津卫，设立民政、盐运和税收、军事等建置。雍正三年（1725）升天津卫为天津州。雍正九年（1731）升天津州为天津府，辖六县一州。

清代后期，天津作为直隶总督的驻地，先后成为李鸿章和袁世凯兴办洋务事业和发展北洋势力的主要基地。1860年，英法联军占领天津，天津被迫开埠，列强先后在天津设立租界。1900年7月，八国联军攻打天津，天津沦陷。1901年，由八国联军组成的天津都统衙门下令拆除城墙。在1870—1902年间，直隶总督兼任北洋通商大臣夏季一般在天津办公，其余时间在保定办公。

1913年，直隶省省会设于天津。1928年6月，国民革命军占领天津，南京国民政府设立天津特别市。同年7月，直隶省改称河北省，省会仍设天津，10月省会迁北平。1930年6月，天津改为直辖市。同年10月，河北省会再迁天津，为省辖市。1930年6月，天津特别市改为南京国民政府行政院直辖市。11月，因河北省省会由北平迁至天津，天津直辖市改为省辖市。1935年6月，河北省省会迁保定，天津又改为直辖市。1945年8月15日，日本投降后，天津仍为直辖市。

1949年1月15日凌晨5时，中国人民解放军东、西突击集团在金汤桥上胜利会师。17日塘沽解放，天津全境解放，划为华北人民政府直辖市。1949年10月1日中华人民共和国成立，天津被定为中央直辖市。1958年2月11日，天津改为河北省省辖市。同年4月18日，河北省省会由保定迁到天津。1966年5月，河北省省会再迁保定。1967年1月2日，天津恢复为直辖市。

天津市现辖16个区，即滨海新区、和平区、河东区、河西区、南开区、河北区、红桥区、东丽区、西青区、津南区、北辰区、武清区、宝坻区、静海区、宁河区、蓟州区。

二、天津历史文化

天津是中国著名的历史文化名城。据2011年第三次全国文物普查统计，全市共调查登记不可移动文物2082处。现有全国重点文物保护单位15处，包括独乐寺、大沽口炮台、望海楼教堂、义和团吕祖堂坛口遗址等。其中，独乐寺坐落在蓟州区，始建于唐，重建于984年，是中国仅存的最古老的大型木结构楼阁建筑，楼阁中16米高的观音菩萨是中国现存最大的泥塑之一。被列为世界文化遗产的黄崖关古长城全长42千米，始建于北齐天保七年（556），明代名将戚继光任蓟镇总兵时，曾重新设计、包砖大修。有各种造型的烽火台20座，盘桓于群山峻岭之中，四周风景优美如画，并有独特的凤凰楼、北极阁、长城碑林、名联堂和八卦关城。天后宫俗称"娘娘宫"，建于元泰定三年（1326），明永乐元年（1403）重建，清康熙二十三年（1684）改成天后宫，是天津民俗文化发祥地，素有"先有天后宫，后有天津城"之说。

天津城市建筑独具特色。既有雕梁画栋、典雅朴实的古建筑，又有众多新颖别致的西洋建筑。其中，有英国的中古式、德国的哥特式、法国的罗曼式、俄国的古典式、希腊的雅典式等，天津人通常把这些西洋建筑称之为"小洋楼"。天津素有"万国建筑博览会"之称，现有英、法、美、德、日、俄、意、比、奥等国的历史风貌建筑872幢156万平方米，主要分布在五大道（即重庆道、常德道、大理道、睦南道、马场道及周边地区）、解放路、花园路、赤峰道、滨江道、民族路等，是中国乃至世界城市中为数不多的保存大量民族风格古建筑和众多西洋建筑的城市。

天津人文资源丰富。在中国近代史上，许多重大事件都与天津有关，如著名的大沽口炮战、火烧望海楼、《天津条约》等，被称为"近代百年看天津"。还有末代皇帝溥仪居住的静园、孙中山居住的张园、冯国璋故居、吉鸿昌故居、广东会馆、义和团

海河与解放桥（陈绍泉 摄）

纪念馆、霍元甲纪念馆等。每一座名人故居都承载着一段历史。

三、天津市情特色

天津是一座具有多元文化、鲜明特色的城市，我们从以下几个方面进行介绍：

（1）水路风光。天津地处九河下梢。各类河道纵横交错，是北方水都。海河是天津人的母亲河，也是天津的象征，海河穿城而过注入渤海，形成独特的水路风光游览线。

（2）名人故居。近代天津一度是中国的政治中心，辛亥革命后又成为首都的"政治后院"。天津原九国租界地拥有上千座风格各异的洋楼，大多是近代中国名人寓所，独特的异国风貌建筑、名人旧居和重大历史事件遗址构成独特的近代历史文化旅游资源。

（3）名街休闲。天津在历史上是一座繁华的工商业城市，各类商店鳞次栉比。主要有百年历史的商业街和平路金街、明清风情城鼓楼步行街、"津门故里"古文化街、荟萃各种风味于一城的食品街、有天津"华尔街"美誉的解放北路金融街。

（4）渔阳山野。天津市区北部蓟州山区是集名山、幽林、秀水、雄关、古刹于一地的京津"后花园"。拥有国家级风景名胜区盘山、国家级自然保护区八仙山、国家级森林公园九龙山、国家级地质公园中上元古界、世界文化遗产黄崖关古长城、全国重点文物保护单位千年古刹独乐寺等。

（5）西青民俗。拥有津门名宅石家大院、精武元祖霍元甲故居、药王孙思邈寻医的峰山药王庙、"中国三大年画"之一的杨柳青年画馆、华北地区最大的花卉基地曹庄花卉市场。

（6）滨海风情。位于天津东部沿海的滨海新区，依托海洋、海港、海湾、炮台、渔人码头、海门古刹，拥有中国海洋博物馆、海河外滩公园、基辅号航母等独特的旅游资源。

（7）多彩旅游。天津每年举办一系列大型旅游活动，主要有：春节期间的天津民俗旅游庙会，3月的运河桃花文化旅游节，5月的黄崖关长城国际马拉松旅游活动，6月的欧陆风情旅游节，

7月的津沽旅游海会，9月的天津妈祖文化旅游节、渔阳金秋旅游节，10月的鼓楼国际民俗风情旅游节、海河旅游节暨国际大学生龙舟赛等。

（8）民间工艺。"泥人张"彩塑以逼真夸张的造型、简洁鲜明的色彩、富于装饰趣味的艺术特色而闻名海内外；杨柳青年画以套版印刷、人工彩绘为特色，深受国际友人青睐。另外，魏记风筝、刻砖刘砖雕、天津剪纸等，都是近现代天津民间艺术的代表。

（9）风味食品。天津传统风味食品多种多样。以狗不理包子、桂发祥十八街麻花和耳朵眼炸糕组成的"津门三绝"，颇受中外宾客赞誉。另外，张记果仁、曹记驴肉、陆记烫面炸糕、白记水饺、芝兰斋糕干、大福来嘎巴菜、石头门槛素包等，均驰名海内外。

（10）方言文化。天津方言别具一格，具有浓郁的地方特色，词汇丰富，生动形象，贴近生活，诙谐幽默，是天津地域文化的重要载体，也是构筑天津文化环境中不可或缺的因素。

（11）相声窝子。天津涌现出大量的相声表演艺术家，如马三立、张寿臣、郭荣起、常宝霆、苏文茂、刘文亨、高英培、马志明、李伯祥、魏文亮、冯巩、郭德纲等，形成别具一格的"津味相声"，影响深远。

被誉为"东方华尔街"的天津解放北路金融街（陈绍泉 摄）

天津得名的多种说法

明永乐二年（1404）十一月二十一日，在小直沽海津镇设立天津卫，后又增设天津左卫和天津右卫，天津作为地名始载史册。但数百年来关于天津得名理据，先后出现过赐名、星象、关隘、河名和桥名等多种说法。

一、赐名说

关于天津得名，被多数人接受的还是"赐名说"。明建文四年（1402），明成祖朱棣登基，翌年改元永乐。永乐二年（1404），在小直沽设卫筑城，并把设在直沽的卫所赐名"天津"。

《明太宗实录》卷三十六载："上以直沽商舶往来之冲，宜设军卫，且海口田土膏腴，命调缘海诸卫军士屯守。"从沿海各卫抽调兵士到直沽建卫戍守，并给军卫赐名"天津"二字。后又增设天津左卫和天津右卫，从此"三卫立焉"。明朝大学士程敏政在《天津重修涌泉寺记》中说："我文庙入靖内难，自小直沽

在天子津渡遗址公园竖立的永乐大帝石雕像

渡跸而南，名其地曰天津，置三卫以守，则永乐甲申也。"[1] 不但设军卫，而且还赐名，足以证明天津在朱棣心中的印象和地位。明朝大文人李东阳在弘治年间撰写的《天津卫城修造记》称："我朝太宗文皇帝兵下沧州，始立兹卫……立为今名，则象车驾所渡处也。"嘉靖二十九年（1550），由王舜章撰、倪云鹏书的《重修三官庙碑记》中记载："夫天津，小直沽之地，古斥卤之区也。我朝成祖文皇帝入靖内难，圣驾尝由此济渡沧州，因赐名天津，筑城凿池，而三卫所由立焉。"明确提出"赐名天津"，直截了当。从此"天津"作为地名载于史册。

---

[1] 天津市地方志编委会：《天津通志·旧志点校卷》，天津南开大学出版社1999年版。

位于红桥区北大关金华桥以东的天子津渡遗址公园,就是当年朱棣率大军渡河之处。朱棣曾命人在那里立了两座牌楼,分别写着"龙飞""渡跸"。在雍正年间修订的《长芦盐法志》内页就有"龙飞渡跸坊"牌楼的插图,分别立于天津北门外浮桥的两岸,寓意为"龙飞九天"以及"天子的车马从此渡河"。

二、星象说

精通星象天文的庆寿寺主持姚广孝曾对朱棣说:女宿之上,瓠瓜之次,有天津九星,稽分野对应在静海郡小直沽。康熙十二

天子津渡遗址公园

年(1673)《静海县志》:"尾箕幽州,齐燕齐之疆,又经纬云斗七星,五玉衡主赵,六开阳主燕,七瑶光主齐,女宿之上,瓠瓜之次,有天津九星,明姚广孝稽分野在静海郡,遂以东北隅小直沽置天津,则箕星实静海之分星也。""天津"本就是古代天上星宿之一,属于二十八宿的"女宿",由九颗恒星组成,故又名"天津九星",位于现代西方星座划分的"天鹅座"。

战国时期浪漫主义诗人屈原在《离骚》这首长诗中就写有"朝发轫于天津兮,夕余至乎西极"的诗句。《楚辞》注:"天津,东极箕斗之间汉津也。"即言天津是天界东边箕宿和斗宿之间的银河渡口。在星宿中,"天津"表示银河的渡口;在人间,朱棣曾在"天津卫"渡过卫河。天津命名,变"天上银河的渡口"为"天子曾渡过的渡口",可谓天地呼应,天人合一。

三、关隘说

早在天津卫建立之前,历史上就曾有过以"天津"为名的关隘和河流,如京西古道上就曾有"天津关"。《中国古今地名大辞典》载:"天津关:在京兆宛平县西二百余里。又名天门口、大口。宋嘉定六年,蒙古铁木真自大口攻金中都。即此。"天津关自古为京西古道的必经之地,从河北怀来的麻黄峪经刘家峪沟,沿河城、柏峪、斋堂到京西的古道,必须经过天津关。《天津县志》载:"据《畿辅通志》考证,天津关在宛平县西二百一十五里。《方舆纪要》则称关在阳乡里北百余里,至易州出大龙门凡十五关口,中间差大者曰天门关,或云天津口。"由此可知,天津关是一座古老的关隘,早在天津城建立之前,天津关即已存在。

四、河名说

在天津卫城出现之前,"天津"还曾是一条河流的名称。《金史》卷二十七《河渠志》载:"泰和六年十二月,通济河创设巡河官一员,与天津河同为一司,通管漕河牐岸,止名天津河巡河官,隶都水监。"这说明自金朝前就设有"天津河巡河官"的官职,负责天津河的漕运护卫以及两岸河道水闸的管理工作。虽然清人吴廷华在《天津县志》后序中写道:"天津河之名,仅见于《金史》,赵宋以前未之闻也。"《天津县志》援引《静海县志》说:"又据《静海志》云,《金史》有天津河。"这表明,在天津卫出现前确实存在着"天津河"的名称。

经水利史专家考证,天津河源于沽河,即《水经》所载的"笥沟",发源于沽源县,东流南转进入今密云顺义地区,因河床河滩多白沙,草木不生,又称"白河",其流经汉代所设的潞县境内与温余水交汇后,又称"潞河"。这条分别以"笥沟""白河""潞河"为别名的沽河,正是由通州通向天津的北运河,《金史·河渠志》中所说的"天津河"就指这条河。北运河与南运河汇流于天津三岔河口,形成海河,东流入海。

五、桥名说

唐人李吉甫《元和郡县图志》卷五载:"天津桥,在县北四里。隋炀帝大业元年初造此桥,以架洛水。用大缆维舟,皆以铁锁钩连之。南北夹路,对起四楼,其楼为日月表胜之象。"天津桥是洛阳一座历史名桥,多次毁于战火,又多次重建。《中国古今地名大辞典》载:"天津桥在河南洛阳县西南二十里。隋炀帝迁都,以洛水贯都,有天汉之象,因建此桥。用大船维舟,以铁索勾连南北,夹路对起四楼,名曰天津。唐贞观十四年,更令石工累方石为脚。宋建隆二年,留守向拱重修,砌以巨石,基址甚固。横亘洛水,为都城之胜。"《旧唐书·肃宗纪》记载,唐至德二年(757)"广平王入东京,陈兵天津桥南,士庶欢呼路侧"。即指此桥。传说宋代大学者邵雍,曾和客人一起在洛阳天津桥上散步,忽然听到杜鹃叫声凄然,有所触动并感悟,预言天下将大乱。这就是"天津桥上闻杜鹃"的历史典故。

六、结论

关于天津得名的缘由,笔者赞同吴裕成先生的观点:"永乐皇帝以'天津'命名了三卫,但这个词原本存在,并非他或者他的'黑衣宰相'姚广孝等谋士词臣新造的。天津关、天津河、天津星,连同永乐帝命名天津卫,关于天津名称来源,这四条并不相互排斥,或可兼而有之,不一定非要四中选一。朱棣渡河'赐名'自然是主导性的,其他因素的影响也难排除。……今人更何必落旧时窠臼,不妨放眼,立体多维地看待天津名称的由来。就说紫微垣与天津九星传说,以人间情状命名星宇的一段故事,又反馈于大地,成为给天津地名带来璀璨星光的美谈,甚至还隐含着京津间方位关系,是何等奇妙。"①

---

① 吴裕成:《别把天津的名称来源单一化——写给 12 月 23 日建城纪念日》,《今晚报》,2018 年 12 月 23 日。

天津地名发展简史

天津这座城市历史并不长,从早期的城市聚落直沽寨算起,至今也不过800余年。城市最初的等级也不高,直沽寨、海津镇的通名"寨""镇",属于军事据点,"天津卫"的通名"卫",属于军事组织,在行政上只相当于县一级建置,直到清代才在这里先后设天津州、天津府。但是,到了近代,天津却发生了巨大的变化,在辟为通商口岸之后,不过几十年的时间,便脱颖而出,发展为仅次于上海的全国第二大工商业和港口贸易城市,在北方首屈一指,显示出极大的潜力。这种历史的巨大变迁,在天津地名上也有典型的体现。

城市建筑是凝固的,而城市文化却是发展的。岁月是消逝的,而历史却又是永恒的。笔者在《天津地名文化》中曾提出"地名是城市凝固的自传"的观点。一个个串起的街名,构成了城市的过去和现在。这些具有生命力的历史,附丽在街名上,让我们至今在这座都市,依然可以触摸到那隐隐跳动的古今文化绵延承续的脉搏。

天津市地名的变迁，主要分两类：第一类是地方没变，但却改了名。如天津市区的商业中心——旭街和梨栈大街，先改名"罗斯福路"，再改名"和平路"，又改名"反修路"，最后仍改回"和平路"。另一类是地理位置变迁了，但街名却保持不变。如海河、南运河都经过裁弯取直的浩大工程，大胡同本在南运河北岸，人称"河北大胡同"，南运河取直后，它却位于南运河的南岸了。但人们还是叫它"河北大胡同"，这属于地名的另一种变迁。

地名是在历史发展中不断形成的。早在明代天津设卫建城（1404）之前，宋金对峙时有直沽寨（1214），元朝有海津镇（1316），但如前所述"寨""镇"都只是军事据点。至于直沽寨包括哪些道路里巷，海津镇管辖范围究竟多大，因为没有《直沽寨志》或《海津镇志》这样的志书流传下来，所以那时的具体地名，均不可考。因此，对天津地名进行研究，只能从明初建卫之后进行考察。天津地名的历史发展可分为四个阶段：

一、第一阶段：1404 年至 1725 年

明永乐二年（1404）天津设卫筑城，修建城垣是冷兵器时代中国城市必不可少的防御设施。卫是明朝的军事辖区，由指挥使统领，每卫士兵足额 5600 人，兼有屯田守卫之责。天津三卫共

调驻官兵16800人，其中70%屯种，30%守城，职务可世袭，并允许携带家属定居。从明永乐二年（1404）天津设卫，到清雍正三年（1725），是天津地名发展史的第一阶段。这个阶段很漫长，超过了300年。当时的天津，只是个军事建制的辖区，除卫城之外，北至南运河，东至海河，辖区面积不大，居民不多，从卫志里能见到的地名也屈指可数。由于研究资料很少，很难进行深入切实的研究。这个阶段只能算是地名的草创时期，研究余地不大。

二、第二阶段：1725年至1860年

从清雍正三年（1725）改天津卫为天津州，到清咸丰十年（1860），约140年，是天津这座城市得以迅速发展的推进期，也是天津地名发展史的第二阶段。

清雍正三年（1725）三月，改天津三卫为天津州，属河间府管辖。同年九月，将天津州升格为直隶州，下辖武清、青县、静海三个县。清雍正九年（1731）二月，将直隶州升为天津府，下辖六县一州（即天津县、青县、静海县、南皮县、盐山县、庆云县和沧州）。这时的天津卫城，变成了府城兼县城，又从武清、静海、沧州各拨出部分村庄划归天津县。自此，天津结束了军事建制的历史，变成府一级的行政建制，管辖范围扩大了，地名数

天津意式风情街（陈绍泉 摄）

量呈现飞跃态势。天津城内外增加了许多衙门和寺庙，又派生出"某某公署箭道""某某寺庙前街"一类的地名。天津郊区也出现许多村镇地名，仅武清县就拨给天津143个村镇。

三、第三阶段：1860年至1949年

第三阶段，从清咸丰十年（1860）到1949年，历时近90年。在这个阶段，天津陆续设立了九国租界。沿海河两岸设置的租界区，使原有的一些村庄聚落或迁出或消失，近郊的农村格局发生很大变化。各国租界出现了大量的洋地名，另外也促使天津地名向规范化迈进。辛亥革命后，尤其是民国期间，随着河北新区的建设，南开、西开、西广开、南市等新街区的兴建发展，使天津地名进入频繁变迁的时期。

第一次世界大战结束后，中国政府收回了德、俄、奥三国租

界，分别改为天津特一区、特二区、特三区。太平洋战争时期，日本占领了天津英、法租界，将其分别改为兴亚二、三区，还有比利时租界的特四区和意大利租界的特管区。这些行政区的改名，带来街道名称的巨大变化。到 1945 年日本投降后，中国政府收回了所有的租界，废除外国租界原有路名，用中国省市地名重新命名，形成天津道路命名的一大特色。这也形成天津地名又一次大变迁。

四、第四阶段：1949 年至今

从 1949 年新中国成立后至现今，历经 75 年，这是天津地名发展变化的第四阶段。新中国成立后，一方面对地名进行规划，对重复地名、贬义地名、不健康地名等给予更新；另一方面为改善人民居住条件，在中山门、王串场、丁字沽、西南楼等地建设工人新村，涌现出一大批新地名。"文革"期间，出现了一个不正常现象，就是乱改地名。唐山大地震期间，天津作为重灾区，震后重建家园，许多规划片里旧的街道、胡同消失了，建成新的住宅楼群，地名又有了不小的变化。改革开放以来，天津城市建设进程加快，旧的房屋成片拆除，整个老城区被拆光，市区也在不断扩大，旧的街道胡同名称不断消失，新的地名又不断出现，形成天津地名规模最大的变迁。

天津系列别名一览（上）

天津简称"津"，意为天子渡河的渡口，还可以简称为"沽""卫"等。天津另有多个别名，如三沽、三津、豆子䴚（gǎng）、析木、析津、直沽、沽上、沽水、沽河、津门、津卫、津沽、海门、海津等，形成别称系列。本小节逐一简述。

一、三沽

在天津"七十二沽"中，较早形成繁华聚落的是"丁沽""西沽""直沽"，合称"三沽"，由此三沽成为天津代称。从战国、秦汉至辽宋金元，直至清雍正年间，三沽都隶属武清版图。清雍正八年（1730），包括三沽在内的武清东南部142个村落划归新建的天津县。至此，三沽地区正式归入天津辖区，成为天津代称之一。清代诗人朱彝尊《云中客舍，曹武备自天津以银鱼筐蟹见寄，赋谢二首》有"千里三沽使，倾筐异味传"，陈元龙《坐览翠轩与天行述旧》有"乘兴三沽路，秋帆下白波"，张霔《春日杂诗》有"风雨三沽水,轮蹄十丈尘"的诗句。

二、三津

明初天津置三卫,即天津卫、天津左卫、天津右卫,后三卫合一。天津州府建制皆源于天津三卫,故别称"三津"。另一种说法,北运河(亦称"潞河""白河")、南运河(亦称"卫河""御河")与海河在三岔河口汇聚,三条河合称"三津"。

三津亦为天津之别称。例如:清代诗人张有光《十月朔日即事》"万井风高飞木叶,三津水冷送归桡",程可式《津城夜雨不寐》"三津檐景空蒙外,何处青山卷幔看",李符清《海光寺晚眺》"三津风物似南天,徙倚高楼思渺然",崔旭《津门百咏录十四首》"水患年来多难民,纷纷蒙袂聚三津"。另外,天后宫有"佑卫三津"和"三津福主"的匾额,南门外大街有老地名"三津磨房同业公会""三津胡同"等。可见此称由来已久。

三、豆子䴔

古代诗人摹写天津风物乐于用"豆子䴔"这个地名。例如:清代查礼《西沽晚归》有"石桥西畔断霞浮,豆子䴔边晚市收",吴锡麟《津门杂咏》有"角飞城畔草全荒,豆子䴔边半夕阳",吴锡麟《三岔河》有"千年豆子䴔边路,陈迹无多夕照残",崔旭《晚岁》有"豆舥迷衰草,丁沽聚冷烟"。舥,就是含盐分多的沼泽。豆子舥,即豆草杂生的盐碱沼泽,也是地形深阻的水乡泽国。

古代所称豆子舥,即是津南古镇咸水沽。据周汝昌先生考证,豆子舥就是咸水沽附近的窦家岗。窦家岗的"窦"被人们简写为"豆",有写作"窦家止"的,也有写作"豆各庄"的。"窦家舥""窦家岗(港)"与"豆子舥",内容所指一致,不过是字音略微转化,字形有正写俗写之异罢了。

四、析木、析津

"析木"为十二星次之一。古人对星辰怀有崇拜之情,以冬至日开头,由西向东的方向将星辰划分为 12 个等份。其中的析木为幽燕地界的分野,也成为幽燕地域的代称。清代诗人樊彬的《津门小令》云:"津门好,渤海重名区。三辅星躔分析木,九河潮信溯丁沽。孔道近皇都。"原注《星经》:"析木谓之天津,丁字沽即徒骇河。"作为十二星次之一的析木,也是天津代称之一。

析津府,辽卅泰元年(1012)改幽都府置,建为燕京。治所在析津、宛平(今北京城西南),辖境相当今河北省南拒马河、大清河、海河以北,遵化、丰南、天津、宁河以西,紫荆关以东,内长城以南地。入宋后曾一度改名"燕山府广阳郡",至金朝仍称"燕京析津府"。金贞元元年(1153)海陵王迁都于此,建号中都,改名"大兴府"。《中国古今地名大辞典》中记载:"析津府,辽置南京析津府,以燕分野为析木之津,故名。宋改曰燕山府广阳郡。金仍曰燕京析津府,寻改为大兴府,即今京兆。"析津县,辽开泰元年(1012)改蓟北县置,与宛平县同治今北京城西南,为燕京析津府治所。金贞元二年(1154)改名"大兴"。《中国古今地名大辞典》中记载:"析津县"列两义项——①本汉蓟县。辽初曰蓟北,寻改名析津,为南京析津府治。金改大兴,即今京兆大兴县。②天津县曰析津。

用"析津"作为天津的别称,源自星象分野之说,即天上析木之津,对应地域的小直沽。清代诗人管干珍诗作《析津晚泊忆旧》,"析津"即指天津;梅成栋《明费宫人故里歌》:"析津之水东南流,逆之则刚顺之柔。"析津之水,指天津的河水。天津第三中学的前身直隶省立第一中学校20世纪20年代的校歌云:"析津文化,我校开其始;直隶教育,我校发其端。"30年代的校歌云:"问析木之津,遵学海之滨。""析津""析木之津"皆指天津。

五、直沽

直沽与天津有密不可分的渊源。首先，它是天津没出现前就有的古名之一，宋金时称"直沽寨"，元朝改称"海津镇"，明初又改"直沽"。其次，直沽是天津城市最早的聚落，而且还是海河、运河尾闾的代称。《中国古今地名大辞典》中解释"直沽"："直沽，在直隶天津县城北，有大小直沽，即海河也。""海河即为直沽，在直隶天津县，其上曰三会海口，俗名三岔口。"①海河两岸，都可以称为直沽。光绪《重修天津府志》载："大直沽在县东南十里。小直沽受群川之流，大直沽又在其东南，地势平衍，群流涨溢，茫无涯涘，故有大直沽之称。"《明一统志》中记载：天津三卫"俱在静海县小直沽，永乐二年筑城"。通过历史的记载，我们不但知道了天津卫城池所在地叫"直沽"，而且还知道了直沽有大小之分。但直沽的范围有多大呢？诸多的史籍都没有明确划分，我们还要从史籍中寻找答案。

元人咏直沽的诗作有：成始终《发桃花口直沽舟中述怀》、臧梦解《直沽谣》、袁桷《直沽口》、傅若金《直沽口》、王懋德《直沽》、张翥《代祀天妃庙次直沽作》等。明人咏直沽的诗作有：宋讷《直沽舟中》、瞿祐《次直沽》、李东阳《舟次直沽

---

① 臧励龢等：《中国古今地名大辞典》，香港商务印书馆香港分馆 1931 年版。

与宝庆谢太守》、徐石麟《夜发静海抵直沽》、王洪《过直沽城》等。以上诗题中,"直沽口"指三岔河口,原在今河北区望海楼、狮子林桥附近,是南运河和北运河与海河交汇处。金代直沽寨就设于此,故称"直沽口"。20世纪初,南北运河裁弯取直,三岔河口西移至今金钢桥附近。"直沽城"即指天津城,如清代诗人华鼎元《津门征迹诗·钞关桥》:"暮雨暗添丁字水,春阴低压直沽城。"直沽是使用最频繁的天津古名之一。

天津系列别名一览（下）

六、沽上

此别称源于"直沽"，天津文人在诗文书画的结尾，习惯性署名"沽上某某"。"津门十景"之一的"沽水流霞"，是对海河风光的艺术概括。"沽上"，即海河之滨，泛指海河两岸广大地区。清代天津诗人王维珍有《沽上竹枝词》、潘逢元有《沽上送别》。现代学人戴愚庵有《沽上英雄谱》、贾长华主编有《沽上寻踪》等。

七、沽水、沽河

《辞海》："沽水，古水名，一作'沽河'。上游即今河北白河；故道自顺义东南李遂镇西南流至通县东北会温榆河，此下即今北运河。又海河亦称'沽河'。"由此可知，沽河既指北运河的上游，又是海河别名，也是天津别称。清代诗人蒋诗（字秋吟，浙江人）于嘉庆年间所作专咏天津风物的竹枝词百首，结集付梓，书名即为《沽河杂咏》。海河是天津的风景轴线，从市中心蜿蜒流过，全长74千米。海河也称"沽水"，横穿繁华的天津市区，始于三岔口，止于大光明桥。"沽水"亦为天津别称，现代学者戴愚庵有《沽水旧闻》、侯福志有《沽水旧闻录》等。

八、津门

"津门"也是文人们常用的一个别称，有人认为源于"海门"之说，众水汇聚，逶迤至津，由此入大海。清代陈廷敬认为，"津门"之名，系由"海门"演化而来。他在《海门盐坨平浪元侯庙碑记》中写道："海门者，海水之所出入也……津门者，众流之所汇聚也……河海会流，三汊深邃，更名津门。"

从自然地理角度诠释，九河下梢，众水汇聚，濒临渤海，河海汇流，故名"津门"。从政治军事角度注解，津京相距不过100多千米，天津系海防重镇，以护卫京师为功能，向有"天子津渡""畿辅门户"之称，故名"津门"。天津毗邻首都北京，外国使节要想觐见中国皇帝，须先步入天津这座"大门"，然后在三岔河口换乘车马，由陆路进京。古人还有在渡口设置关卡的习惯，渡过河津，叩开关门。"津"为渡口，"门"为关隘，还有守卫、拱卫京城之意。

最早将"津门"写入诗句的当数明无名氏撰写的《直沽棹歌》："云帆十里下津门，日落潮平不见痕。苇甸茫茫何处泊，一灯明处有渔村。"还有将"津门""海门"并用者，如清代诗人符曾《天津城西观水》："七旬忧潦成秋潦，百里津门接海门。"但"津门"已成天津使用最多的别称之一，如清代诗人朱岷《初到津门》，杨映昶《津门夜泊》，张焘《津门杂记》，华鼎元《津门文钞》，梅成栋《津门诗钞》、《津门征献诗》和《津门征迹诗》，汪沆《津门杂事诗》，崔旭《津门百咏》，周宝善《津门竹枝词》，李燃犀《津门艳迹》，等等。另外，还有《津门胜迹》、《津门风物诗》和电视剧《血溅津门》等。

九、津卫

"津"和"卫"都是天津的简称或代称。但似乎"卫"的时代更远，烙印更深。旧时郊县四乡农民进城，叫"上卫里"；南运河村镇百姓来天津，沿河顺流而下，称为"下卫"；海河下游居民来天津，溯流而上，呼为"上卫"。以至许多最具天津特色的事物，往往要用"卫"来打头。例如："卫嘴子"，指能说会道的天津人；清代天津妇女之时髦者，将发髻梳理成高耸且前倾的造型，并抹上桂花头油，这被称为"卫头"；天津蔬菜出口名品青萝卜，雅号为"卫青"，跟西汉大将军同名；河北梆子传到天津，经改造后成为颇具天津特色的剧种，人称"卫派梆子"；和"京派""海派""港派"相对应的天津文化，被称为"卫派"；等等。

"津卫"乃"天津卫"之简称。如"津卫杂谈"是天津官方论坛——"北方论坛"最具影响力的版块之一，话题以天津城市建设、百姓民生为主，一直深受天津网民的喜爱与支持；天津地铁吉祥物命名"津卫儿"。另如"津卫大酒店""津卫国际旅行社"等。

十、津沽

"津沽"之名，源于天津"七十二沽"。天津地区为退海之地，九河下梢，苇塘遍地，傍水而居是天津历史传统。"津"就是渡口，"沽"就是傍水之聚落。天津历来有"七十二沽"之名，实只二十一沽。其实"七十二"并非确数，只是泛称而已。天津历史曾名"直沽"，海河又称"沽水"，傍水而居的"沽"众多，"津"与"沽"密不可分，可见"津沽"并称，顺理成章。"津沽"是"三津"与"沽上"的合称。例如清代诗人华长卿作《津沽竹枝词》、王维珍有《津沽杂咏》；20世纪四五十年代，天津有津沽大学，迄今天津师范大学有下属二级学院——津沽学院等。

十一、海门

海门，指海河入海处，天津就是众水入海的大门。"海门"是天津别称之一，例如：明代诗人李东阳《百沽潮平》的"海门晴雪浸金鳌，百道沽来涌暗涛"，邱浚《舟次直沽简彭彦宝》的"潞河澄澈卫河浑，二水交流下海门"；清代诗人沈　揆《集张氏问津园分赋》的"宛洛分泥栽芍药，海门引水种关蕖"；董元度《天津杂诗》的"一夜西风鸣蟋蟀，海门容易是惊秋"；天津诗人张霔的《望津门晚烟》"家在海门住，不知海门烟。远归望海门，海门烟中悬"；天津学者孙丕荣先生曾抄写《海门诗话》（作者失考）。另外，明代"天津八景"有"海门月夜"，天后宫匾额题词为"海门慈筏"。"海门"即指天津。

十二、海津

"海津"一名也应用广泛，其意源自天津卫设立前的"海津镇"。元延祐三年（1316），元政府在三岔河口地区设海津镇，取代金朝设立的直沽寨，并正式驻军，命副都指挥使伯颜镇守，使这片土地出现了初步繁荣。为后来的朱棣设立天津卫奠定了人文基础。故而人们喜用"海津"作为天津别名，如海津大桥、海津讲坛、海津花园、海津大厦、海津大酒店、海津书画院等等。

天津独特的地名文化

清末两次鸦片战争,使中国政府被迫开埠,但却加快了天津城市走向近代化的脚步。作为政治风云的前沿、经济的试水区和文化的碰撞地带,天津城市建设呈现出混合交融的状态。天津有着近都、临海的独特地理位置,加上九河下梢和运河枢纽的有利条件,决定了天津独特的城市发展脉络,进而造就了天津城厢、天津租界和河北新区"三元"并立的城市空间布局。

一、稀缺的正南正北道路

如今在天津,正南、正北方位端正的成片地域只有两处。

一处是老城厢。明永乐年间,天津设卫筑城后,天津卫四座城门的门额分别以"拱北、镇东、安西、定南"命名。这四个门额对天津地名产生了深远的影响。不仅衍生出了"北门、东门、西门、南门",还有"南门外大街、北门东中学、东门里大街、西门南街道办事处"等地名。现在的东马路、西马路、南马路、北马路，就是城墙的旧址，还有人们熟知的"东北角、东南角、西南角、西北角"四个社区地名，其实就是天津卫城的四个城角。"东局子、西关街、南营门、北大关"，指位性较强；老城厢外还有"北开、西开、南开、东开"等地名。这些方位性地名，都是以老城里为坐标原点命名的，一直延续至今。天津市区内，和老城里平行或衔接的，方向端正的主干线数量不多，南北向的有红旗路（6100米）和卫津路（2700米），东西向的有黄河道（4600米）和长江道（4430米）。

另一处明显的正南正北的系列地名，就是天津环城新四区。这新四区原先就是近郊的东郊区、西郊区、南郊区和北郊区，其基本方位处市中心的东西南北四个方向。1992年3月6日，被分别更名为东丽区、津南区、北辰区、西青区。

东丽区在天津市城区东侧，位于海河北岸，原名"东郊区"，1992年更名"东丽区"，意为"把天津东部地区建设得更加富丽"，另一种说法是源自该区境内的东丽湖。津南区在天津市城区南侧，原名"南郊区"，1992年更为今名，因地处天津城区以南得名。北辰区在天津市城区北侧，原名"北郊区"，1992年更为今名，意指北极星的方向。西青区在天津市城区西侧，原名"西郊区"，1992年更为今名，因位于天津西侧，且区政府驻地是千年历史名镇杨柳青而得名。其实，其得名理据始于西青道。西青道横跨红桥、西青两区。东起西站前街,西至杨柳青镇,全长15000米,1947年形成,原是一条土路。1963年,铺设沥青路面,并以起止地名的首尾字命为今名。

二、天津人的方向感

说起天津的东西南北,无论本市市民,还是外地朋友,都会说:"天津哪有什么正南正北啊?"确实如此,这从天津人的指路方式可见一斑,说的永远是"左拐右拐",很少使用"奔东奔西"。

天津城市建设,尤其在市区,除了老城里周围的道路及其延伸线路之外,几乎找不到一条正南正北的大道。究其原因,一是天津地处九河下梢,有大小河道300多条,河道不曲水不流,老城之外的建筑及街道几乎都是沿河修建的,因而弯路斜街比比皆是;二是当初九国租界各行其是,各修自家路,休管他人行。再加上各租界在中心区域分别修建环形花园,与之相通的道路只能是放射状的。因而天津多数街道呈现七扭八歪的形状。等到最后不得不把相邻之路连缀为一时,才发现几乎都是斜街岔道。

天津街道的通名,普遍采用南北方向以"路"命名,东西方向以"道"命名。但这只是规范的初衷,抑或大体而言。实际上满不是那么回事——比如,南京路却是东西向的。另外,两条原本平行的路,最后居然交叉成路口;沿着某条街向前走,却走到相反的方向去。尤其在租界地区建有街心公园或街区广场的地界，道路布局变化多端，例如，法租界中心公园附近，英租界民园体育场、人民体育馆及五大道周边，小白楼地区，意租界一宫附近地区，都以道路凌乱难辨而闻名。天津市区的丁字路口、五岔路口，乃至六岔、七岔路口相当多。例如，原九十中学、天河医院附近地区，贵州路和西康路两条"路"竟然交叉，在其交会处又与常德道、大理道相交，形成六岔路口；在佟楼附近，围堤道与马场道两条"道"竟然交叉，在其交会处附近又与吴家窑大街、平山北道、宾馆路相交，也形成了六岔路口；在音乐厅、凯旋门大厦附近地区，南京路分别与浙江路、徐州道、江西路、合肥道、南昌道、马场道、建设路等七条道路相交叉，这里简直成了祝家庄的盘陀路，布下了八卦阵。但凡土生土长的天津娃娃，几乎都缺少清晰的方向感。在表示方向概念时，他们习惯用"前、后、左、右"当坐标，却几乎不用"东、西、南、北"。

三、独特的空间概念意识

天津人对于城市空间的表述语：一是"中国地儿"和"租界地儿"，二是"上边儿"和"下边儿"。"上边儿"一般特指天津卫城，有时也可包括城东、城北一带商贸繁华区（但不含河北新区）；"下边儿"则基本等同于"租界地儿"。在天津话里，"上边儿"和"下边儿"语音上的褒贬色彩虽不如"中国地儿"和"租界地儿"那么明显,但"下边儿"在汉语里的特指,则使其爱憎之意更加鲜明。(外国人自然无法体察这种隐晦的感情色彩。)

"上边儿"和"下边儿"的产生,与天津城区的地理位置有关。天津卫城所处地势较高,因此称为"上";租界地所处地势低洼,早年坑塘星罗,只有零星村落分布,这就自然是"下"了。"上边儿"和"下边儿"产生之初,大约并未脱离地理的因素,但它一旦与天津城市被屈辱地分割得七零八落的现实联系起来,两个词的运用就体现出天津人心态上的分野了。同时,这种心态上的分野,也充分体现了天津人或者说天津城市的性格。

明清以来,天津长期作为华北地区物资交流的集散中心,吸引了大量物流和人流。因此民间有"上卫"和"下卫"的说法。有人说"上卫"是外地人进城(天津卫)办事,"下卫"是天津人出城办事。这是望文生义的曲解。

其实,"上卫"和"下卫"这两个词意思相同,都指外地人到天津办事。处在天津北面的唐山、秦皇岛乃至东北的人,到天津办事,称作"下卫";处在天津南面的沧州、德州乃至济南的人,到天津办事,称作"上卫"。这种表述,基于"上北下南"的地理方位。

另外,天津卫城地处九河下梢,也是海河的起点,当时交通又以水路为主，住上游各地的人，到天津要顺流而下，故曰"下卫"；而处在"下边儿"，乃至"海下"（自今灰堆一带起，沿海河经咸水沽直至海口大沽都泛称"海下"）的居民到天津，则要逆流而上，故曰"上卫"。可见，所谓"上卫"或"下卫"，是相对河水流向而言的，是外地人基于地理特征而产生的概念。

四、带"前""后"方位词的街巷地名数量众多

由于方向感不强，表现在天津地名上，就是带"前""后"方位词的街巷名特别多，主要体现在对称地名上。

对称地名就是在原生地名的基础上产生与之配对的新地名。例如：和平区的前明德里和后明德里，河北区的前王家胡同和后王家胡同，河西区的前大道和后大道、前尖山和后尖山、前庄大街和后庄大街，河东区的前街和后街、前五段和后五段，红桥区的前河沿和后河沿、双庙前街和双庙后街、荣华前里和荣华后里、礼堂前胡同和礼堂后胡同、土地庙前胡同和土地庙后胡同等。甭管这成对街巷的具体朝向，以"前""后"命名，表意明确又干脆利索！

另一类型就是派生地名，例如：红桥区有两个居委会都叫"寺前"，一个在春德街，另一个在西沽。另如：红桥区的黄姑庵前、龙王庙前，白寺后、会所后、民丰后、药王庙后、如意庵后、胡

家大楼后、黄家大墙后等。原生地名实体建筑的方位原本就不够端正，再细分派生地名的东西南北，也是瞎掰。干脆以实体建筑的大门为视角基点，就以或前或后来划分吧。

天津为何独称"卫"

历史决定思维的深度,地理决定视野的广度,人文决定文化的力度。"天津"城市得名始于明代初年。燕王朱棣率兵南下与其侄建文帝朱允炆争夺皇位,在直沽渡河偷袭沧州取得胜利。永乐二年(1404),朱棣在筹备迁都北京的过程中,为拱卫京畿、护卫漕运,在直沽设立天津卫,修筑城墙,遂使天津成为我国古代唯一有确切建城时间记录的城市。永乐二年(1404)十一月,明朝政府设天津卫,管辖范围东起渤海,南达山东德州,一个月后又增设天津左卫。永乐四年(1406)十一月再设天津右卫。应说明的是,天津右卫系由山东都司青州左护卫调防而来,而天津卫及天津左卫为当时所新置。

卫所制度是明太祖朱元璋模仿北魏、隋唐的府兵制,又吸收元朝军制的某些内容而制定的。《明史·兵志》载:"明以武功定天下,革元旧制,自京师达于郡县,皆立卫所。"明代卫所制规定,军籍世袭,兵有定籍,兵农合一,屯守兼备,不但保证了兵源，也满足了军队的供给。明代卫所分为直属皇帝的亲军京卫和五军都督府下辖的卫所。其中又有屯垦卫、驻守卫、戍军卫和护卫之类别。

明朝的卫所制度在组织结构上，以5600人为一卫，每卫又分为5个千户所，每个千户所1120人，每千户所再分为10个百户所，每百户所112人。卫所的士兵被列入军户，世袭当兵，每人分配50亩土地、耕牛、农具，战时出征，平时耕种，还免除一切田赋与劳役。这种制度促进了粮食生产，实现自给自足，减轻了朝廷的财政负担。

明朝初年，内陆边防拥有实土兼理州县之任的卫所，主要分布在长城边墙沿线。通过沿边设置都司卫所城址的措施，构建起保障中原、安内攘外的完整边地陆防体系。在沿海地区，从辽东直至广东，通过建造卫所使海防空间从陆地伸向近海岛屿，建立起纵深防御体系。明成祖年间增设内外卫493个、千户所359个，连屯田军卫，兵额总数达270余万人。例如离天津很近的蓟州卫、靖海卫，都用州县名称之。保定府被左、右、中、前、后五卫环绕，当地有河冠名"府河"，而不名"卫"，独有天津可以"卫"称之。

明代的"卫"是独立于行政系统之外的军事组织。按明朝军制，一个卫的官兵额定为5600人，天津三卫驻军额定应为16800人。但各地卫所驻军实际名额并非满员，天津亦是。按《河间府志》（卷十一）嘉靖十九年（1540）的统计，除正军的军士外，还有数量相近的随营余丁负责军事服务工作。按当时规定，家属可随军居住，最初天津卫军户人口约为4万—6万人。天津卫还负责天津以南运河沿岸的驻防，实际居住在卫城内外的人口约占三分之一，即1.3万—2万人，成为天津城最早的居民。卫所实行兵农合一，卫所官兵除驻防之外，还可置屯堡屯垦农耕。土地由军士及其家属耕种，收获物产除部分交卫所外其余归己，以减轻国家的军费负担。

天津三卫的指挥机构设在卫城，即城厢地区，天津人称之为"老城里"。以海河为界，城北属顺天府武清县，城南属河间府静海县，天津卫城介于两县之间，其东门外和北门外属武清县管辖，南门外和西门外属静海县管辖。万历二十五年（1597），始置天津巡抚，从而使天津一跃而为地方高级政区中心。

设置天津卫主要功能是护卫漕运。无论海运还是河运，位于三岔河口的天津都是最重要的水运枢纽。《明成祖实录》卷三十二载："上以直沽海运商舶往来之冲，宜设军卫，且海口田土膏腴，命调缘海诸军士屯守。"明代的漕运规模远超元代，为了保证漕运的正常进行，在天津建立了更多的仓廪，并设立户部分司主管仓储收放。明成化年间规定，漕船往来可免税携带一定数量的南北土特产品，使运河成为南北物资交流的通道，天津卫遂成南北商货集散地。正德十四年（1519）吕盛《天津三卫志跋》写道："（天津卫）天下粮艘、商船鱼贯而进，殆无虚日。"这表明天津于明代中叶已成为颇具规模的北方新兴的商业城市。尽管清代天津撤卫改州，后又升州为府，但天津仍被人们习称"天津卫"，可见明代设卫对天津影响之大。

明代全国数百个"卫"，唯独"天津"可用"卫"指称，约定俗成，并叫响全国。在津沽地区，老年间冠名以"卫"的文化事物为数众多。如戏曲领域，有卫派梆子、卫子弟书、卫调大鼓；民间美术，杨柳青年画称卫画；庙会表演，高跷称卫跷；乃至妇女发型，清代崔旭《津门百咏》"只有人家云髻样"，并注"妇人髻样，高起前向，他处呼曰卫头"，用今天天津俗话说就是"盘头大姨"。"卫"乃天津城市史之肇始，可谓与生俱来，如影随形，相伴永远。

民间老话"下卫"。南北运河汇于海河，船行北运河来津叫"下卫"，走南运河到津也叫"下卫"。胜芳人驾船下卫，大城、文安、任丘人乘船下卫，围着白洋淀的安新、容城、雄县，船只也可下卫，保定的府河通着白洋淀，亦可通达天津卫，且为双向往来。下卫，促进了京冀地区的人流、物流和信息流。

河北省人所说的"下卫"，是就河流的上下游而言，如同旧时天津老城里居民称劝业场、小白楼一带为"下边"，因九国租界位于海河下游；津南人自称"海下"，即海河下游地区。邻近白洋淀的古鄚州（今保定雄县鄚州镇），扁鹊庙会闻名遐迩，当地民谣："进过京，下过卫，赶过两年鄚州会。"河北盐山县千童古镇，纪念徐福东渡的庙会也很精彩，当地民谣："去过京，串过卫，不如千童赶庙会。"清代中叶，冀中地区流传的大鼓，传入天津后，因用河北方言演唱，天津人称之为"怯大鼓"。后为适应观众，始用津音道白，经改革出现了"卫调大鼓""津韵大鼓""京调大鼓"等多种称谓，最后定名为"京韵大鼓"。八旗文化的产物——子弟书，经天津人的改造形成"卫子弟书"。在"年画"名称尚未传开的年代，杨柳青的木版印品随着运河传布各地，人称"卫画"。清代潘荣陛编撰的杂记《帝京岁时纪胜》载，腊月"卖卫画"。近人沈太侔《春明采风记》载："画出杨柳青，属天津，印版设色，俗呼卫抹子。""卫画"就指天津杨柳青年画，"卫抹子"就指天津杨柳青画工的技艺及印制风格。可见浸染沽水乡愁、融汇乡梓情怀的"卫"之称，其历史底蕴之醇厚与绵长。

正如著名津派作家肖克凡先生所言："在天津城市烟火气里，看嘛嘛美，吃嘛嘛香，到哪儿都有逗哏的。一言以蔽之，天津是个卫，这里有活色生香的民间，时刻诠释着人间烟火气的含义，守卫着人间烟火气，一时一刻不容消散。"

天津历史文化街区（上）

历史文化街区是天津文化地理的经典写照，可以从不同的侧面窥见天津文化的特征、起源与变迁。在这些历史文化街区中，元代形成的是大直沽、东门外和侯家后，明初形成的是西沽、老城里，近代出现的是谦德庄、三条石、河北新区、小白楼等。这些历史街区的社会生活及人文景观，从不同的角度，代表了不同时期天津多元社会文化风貌。

一、大直沽与漕运文化

大直沽的兴起和发展，与元代的漕运密切相关。元朝定都燕京后，其稻粮多来自江浙地区。为了解决南粮北运的困境，至元十九年（1282）从海道试航，经大直沽，将漕粮三万五千石载入燕京，打开了一条海上漕运通道。金代在此设转运站，元朝也设转运中心，大直沽成为军事重镇和漕粮的重地，沽河（海河）干流也成为上运京师的大动脉。到了元朝，大直沽又成了海运之要地。当时的沽河（海河）旧道距前台很近，台前渡口叫海津渡。元朝百户府和盐粮厅就建在中街路北的天妃宫东侧。

选择大直沽作为漕运转输地，首先是因为其地理位置得天独厚；其次是高台地势，使其免受水患威胁；最后，沽河于此形成一个大湾，水深流缓，适合漕运船只停泊。每年春秋两季，数百艘漕船及数千名船工在这里停泊会聚，码头上呈现繁忙壮观的景象。漕运分为河漕和海漕两大类别，需要在南北交通要冲——大直沽这个地方中转。尽管当时天津地区尚未建卫，但元朝政府看中了这块宝地，将其视为大都经济命脉不可或缺的补给线。

海运的频繁，引起人们对风涛的敬畏，元朝在海运经过的重要地点，敕建灵慈宫多处，祭祀海神，封为"天妃"。大直沽就建有敕建天妃灵慈宫（东庙），简称"大直沽天妃宫"，庙址在今河东区大直沽中路，有大殿、后殿、东西配殿、戏楼等建筑。灵慈宫砖木结构，宋代风格，气势恢宏，巍巍壮观。庙门直面西南，朝海河而立。海上舟人驶抵海河码头后，在船上即可朝拜。大殿庙内，殿堂正中，天妃娘娘塑像正襟危坐，仪态庄重，眉宇生辉；两侧神像，体态魁伟，栩栩如生。宫前广场建有戏楼，每逢庙会，敬香者络绎不绝，民间花会精彩纷呈。

大直沽是天津酒业发祥地。直沽酒在我国酒类产品出口的历史上，堪称为时最早、销量最大、声誉最高的酒之一。清代诗人崔旭《津门百咏》曰："名酒同称大直沽，香如琥珀白如酥。"清道光年间，天津烧锅（造酒作坊）已达70余家，当时的大直沽虽属乡村，但造酒作坊却有40多家，占天津烧锅近六成，获得"人马过直沽，酒闻十里香"的美誉。大直沽义聚永、义丰永、同聚永、永丰玉、同丰永等家烧锅，均有百年以上的历史。清代中叶，直沽各家烧锅始用玫瑰花酿酒。选用鲜玫瑰花20斤放入白酒40斤，蒸制成玫瑰母。将其加入高粱白酒，加适量白糖，即成玫瑰露酒，"色媚如梅，清香凝玉，香露四射，芳氲不绝"。大直沽烧锅得制酒秘方，制成独具特色的"状元红"。由于酒色鲜艳，在喜庆寿诞和年节设宴时，能增加浓郁的吉祥气氛。

二、东门外与妈祖文化

天津曾有16座天妃宫，最著名的两座庙当属东庙和西庙。如前所述，东庙名天妃灵慈宫，位于今河东区大直沽。西庙俗称"娘娘宫"，位于今南开区东门外，三岔河口南岸。天后宫是天津市区现存最古老的建筑，始建于元代泰定三年（1326），至今已有近700年的历史。

天后宫内供奉的天后，就是南方人熟悉的妈祖，原是福建莆田湄洲岛一位姓林名默的女子。据记载林默"生而神异"，自幼聪明伶俐，娴习水性，"能乘席渡海，云游岛屿间"。在林默去

坐落于天后宫前的天津古文化街（陈绍泉 摄）

世之后，不少水手、渔夫在海上遇险时，往往看见她在风浪中引导大家脱离危险，民间感其护佑之功，于是修庙祭祀，这就是妈祖的由来。随着南北人员、物资交流的进一步发展，妈祖信仰也逐步扩展到了天津。各地来津商贾和船工对妈祖的虔诚信仰极大地影响了天津民俗，于是天后宫的香火也越来越旺盛。天津建城后很长一段时间里，东门外和天后宫一带都是天津的经济和文化的中心。到清朝中叶，天津有20万居民，居住在城里的有10万多人，而居住在东门外与北门外沿河地区的有八九万人之多。

天后宫是天津商业文化的发源地。妈祖活动既具文化特征，又有商贸色彩。宫南、宫北大街一边面临海河，一边连接卫城，不仅直接为与漕运有关的商业活动服务，成为北方地区食盐和粮食的集散地，而且繁荣的街面吸引了各地丰富多彩的商品经营活动。在宫南、宫北大街的延长线上，经北大关一直到西北角、估衣街等，更是店铺林立，形成了天津最繁华的商业街区。特别是春节，宫南、宫北大街的年市景象，反映了老天津卫最辉煌时期的繁华景象。

三、西沽与运河文化

距天津老城厢西北四里，子牙河入北运河处，今天西沽公园一带，是"津门七十二沽"之一的西沽所在。史料记载，它最早出现于明万历十六年（1588），是天津建城时期的古村落之一。西沽，可以说是京杭大运河建造过程中一个重要的历史节点，它承载了天津太多太多的记忆。

明初，北运河称为"沽河"，因西沽地处沽河以西，就名以"西沽村"。南北大运河开通后，西沽一带成为南北漕运的水路要道，设有码头，居民世代多依靠水运、码头、货栈，捕鱼种菜，务农为生。清代，西沽已形成桃柳成林的自然景观。文人墨客咏吟频出不辍，"西沽桃柳"由此得名。清康熙四十七年（1708），康熙帝南巡江浙，曾经到此。清乾隆三十二年（1767），乾隆帝巡幸西沽，查灾情、勘堤防，御笔题诗《西沽二首》。

西沽村最初形成在临河的三官庙前后。三官庙又称"三元庙"，属道教庙宇，供奉上元天官、中元地官和下元水官。传说清乾隆皇帝多次临幸西沽，曾在三官庙大槐树下避过雨。在

沟通南北的京杭大运河（陈绍泉 摄）

清末民初，三官庙改建为天津第三十二小学，新中国成立后为西沽小学。西沽一带有史可查的寺庙还有药王庙、龙王庙等，今已无存。西沽地区古老的里巷，多以姓氏家族为名，例如，有600年历史的曹家胡同和陆家胡同，有300年以上历史的沈家胡同（后更名三荣胡同）和訾家胡同。

明万历十六年（1588），天津兵备道造渡船，在西沽等七地设渡口，成为天津地区最早一批官渡。而后沿河一带居民逐渐增多，西沽聚落逐渐繁荣。西沽有个里巷，名为"宣家渡口"，位于西沽大街东侧，北运河西岸，长130米，相传始建于1882年。东北起于北运河西路，西南至公所街，与北朱家胡同、倪家胡同、新荣胡同等相交，巷名因紧邻宣家码头而得名。

西沽有几条著名的街道。比如盐店街，相传始建于1790年前后，已有300年的历史。这条以盐店命名的街道贯穿了公所、药王庙和龙王庙等重要的区域，形成西沽的商业中心。

　　清末，天津老三营武器库由海光寺迁至西沽，得名西沽武库，历史上也称"西沽武库菜园"，坐落于今天西沽公园和河北工业大学东院一带。此地曾是义和团大战八国联军的著名战场之一。光绪二十六年（1900），八国联军入侵天津，以西摩尔为头目的侵略军夺取了武器库。为此，清军民同仇敌忾，与敌人殊死搏斗，敌军首领西摩尔下令，把西沽武库用炸药炸毁，目的是不给清军留下这些武器及设施。光绪二十八年（1902），中华第一新学府——北洋大学堂迁到西沽武库旧址，人们俗称为"西沽大学堂"。学校背靠桃花堤，面对西沽驴市。

四、三条石与工业文化

　　"先有三岔口，后有天津卫。"天津南、北运河汇入海河的三角地带三岔口，是南北漕运的枢纽，自古商贾云集。第二次鸦片战争后，天津成为清政府洋务运动官办工业北方的中心地区。天津的工业发展自然离不开北洋机器局，但它属于军工生产，与老百姓的生活距离很远。而地处三岔口的三条石地区产生的近代民族工业，却拉近了工业与老百姓的距离。三条石的地理位置得天独厚，据史料记载，早在清代中期以前，南北运河船只运载的铁器，一般都在这里交换，推动了这个地区商业的繁华。

1935年《大公报》关于三条石地区的报道说:"在这条街长不过里许,街宽亦仅及丈,道路坑坎,尘土飞扬"的三条石大街上,大小铁厂、铁铺,一家密接一家,共有80多家。由此可见,在这条仅一丈宽、一里长的道路两旁,云集了天津近代民族铸铁和机器工业。

三条石地区铸铁业兴起于19世纪末20世纪初。这里最早的一家铁匠铺,就是开设于1860年的秦记铁铺。这家简单的家庭手工业作坊,生产的是家用铁锅。由于这里优越的地理位置及商业发展状况,一些小铁匠铺纷纷来此。各家铁匠铺培养的徒工群体,成为三条石地区铸铁行业的骨干力量。三条石地区铸铁业兴起的另一个重要的因素是,1870年前后,天津机器局裁员,一批技术工人来到三条石地区,推动了技术进步和工艺革新,产品质量和产量都有很大程度的提高。

天津开埠后,机器局从国外引进了多项近代工业技术,木模翻砂的铸铁工艺便是其中之一。原来这项工艺只有外国工匠掌握,后来中国工匠也学会了,并开始流传到三条石。此时,西洋传来的手摇羊皮风葫芦,因进风量大,很快便取代了中国传统的木制风箱,后来又换用了电动的鼓风机。技术和工艺的革新,不但使产品质量有了很大的改善,而且产量也大幅度提高。由此可见,天津机器局对三条石铸造业的影响也不容忽视。

天津历史文化街区（下）

五、侯家后与娱乐文化

早在元代设立海津镇之前，位于南运河畔古老的客货码头——侯家后就已有人家在此定居。至明永乐二年（1404）天津设卫筑城前，侯家后已是一个漕运繁忙、百货集散之地了。清嘉庆十五年（1810），侯家后文人李湜（字怀芳），曾在自家门前贴出一副对联："天津卫八十三岁铁汉子，侯家后五百余载旧人家。"从嘉庆十五年（1810）上溯到清代开国的顺治元年（1644），是166年，加上明代共276年。明、清共442年，还不足"五百余载"之数。凑足这个数，当再加上60年，已经到了元代武宗当朝的至大元年，即1308年。这也就是说，侯家后有人家居住，至少是在元代初年就形成了。侯家后通向南运河河岸有许多南北向的小胡同，如归贾胡同，还有一些曲折蜿蜒的小胡同，如九道弯胡同，当属天津（元时名"直沽"）最老的胡同之一了。

关于侯家后的得名，传说在很久以前，南运河畔有户姓侯的人家开了一个小茶馆，取名"侯家茶馆"，他们家房后还有一片空旷的地带，渐渐地就形成了集市，人们习惯地称之为"侯家后小市"。后来，这里发展成居民点，人们就顺口把这地界儿叫作"侯家后"了。那么，侯家后这块弹丸之地，为什么在天津设卫筑城之前，就已经成为大居民点了呢？这完全得益于它优越的地理位置。

侯家后北有码头，南靠估衣街，西依北大关。历史上南粮北运，促使大批漕船在三岔河口、侯家后一带交卸转运，漂泊劳碌的船工、水手纷纷在此登岸修整，再加上行旅商贾往来停留，他们的消费需求大大促进了侯家后一带商业的发展。到了清朝乾隆年间，侯家后的居民点再次扩大，当时民谣曰："侯家后里出大户，三岔河口笼不住。出进士，出商贾，数数能有五十五。"由于人口的汇集，侯家后又一跃成为热闹火爆的餐饮娱乐区，酒馆、戏院、茶园，说书的、唱曲儿的，整个侯家后从早到晚丝竹檀板，余音袅袅，游人不绝。津门著名的"八大成"饭庄都集于此地，就连享誉海内外的狗不理包子，最初也是从侯家后发迹的。

数百年来，集漕运、餐饮、娱乐于一身的侯家后地区，具有极大的吸引力。作为早期商业中心的侯家后，贩售生活用品的大小商店多集中于估衣街、锅店街、单街子一带，娱乐消费行业则集中于侯家后中街、小马路一带。由于侯家后地区的特点突出，形成吃喝玩乐的市民娱乐区，逐渐地与估衣街、锅店街一带区别开来。

侯家后的娱乐场所以茶馆最为兴旺，早在清朝即已闻名的有三德轩、四合轩、天会轩、东来轩——人称"侯家后四大轩"。这些茶馆是上午喝茶，下午听书，茶叶自备，茶馆只供开水，另卖瓜子、萝卜、皮糖、糖堆儿、粽子、煎饼馃子等零食。茶馆主要靠说成本大套的评书如《三侠剑》《三侠五义》等来吸引茶客，有时也安排相声、大鼓、时调等曲艺演出。每到年底新正，加演杂耍、魔术等。侯家后的戏园子也不少，以协盛园和小袭胜轩的历史为久，常演出京剧和河北梆子，各有500多个座位，长期上座不衰。后在小马路开设玉茗春、小华北戏园等，演出曲艺、河北梆子、评戏等，也经常客满。

当年侯家后的餐饮业为天津之最，著名的"八大成"饭庄大都集中在归贾胡同和江叉胡同。江叉胡同有福聚成、聚升成、聚源成三家大饭庄，归贾胡同有义和成、义升成两家大饭庄，宝宴楼胡同有聚庆成，侯家后中街有聚和成、聚乐成饭庄。最有特点的饭庄是义和成，专做满汉全席的官宴。知府、县官在此酬谢科举考试的主考官，新考中的举人和进士作陪。这种官宴名为"鹿鸣宴"大菜，热炒、冷荤、点心、糖碗、压桌碗、干鲜碟皆为纯正的天津风味菜肴，共计64道菜品。聚和成饭庄以鱼翅席闻名，其扒鱼翅、烧鱼翅、鸡茸鱼翅、蟹黄鱼翅、菊花鱼翅、烧鱼翅根等均有独到之处。"八大成"以经营天津风味菜为特色，一般不接待散客，只招待提前预订好的成桌酒席。

六、老城厢与盐商文化

老城厢是天津旧城所在地，以鼓楼为中心，由东马路、西马路、南马路、北马路围合而成，总占地面积94公顷，约有居民2万户。卫城的格局如传统中国县城，当中有沟通南北东西的十字街，向外延伸可通四乡大道，十字街交叉处建鼓楼。卫城初建，当局设管理漕粮、盐和民刑机构衙门，仓廒，文庙，武庙，卫学，清军厅，集市等。清顺治九年（1652）天津三卫合为一卫，雍正三年（1725）改卫制为州制，后升为直隶州，雍正九年（1731）设天津府。清代从顺治到嘉庆140多年间，天津城重修12次。其中，雍正三年（1725）天津卫城落地重建。重修后的天津城，城高2丈4尺，共有城垛1454个。东西宽504丈，南北长324丈，成为现在东西南北四条马路的雏形。

光绪二十六年（1900）七月，八国联军攻破天津城。第二年，由联军组成的天津都统衙门下令拆除天津城墙。从那时起，具有496年历史的天津城垣不复存在。光绪二十七年（1901），在原址建成东南西北四条马路，各方投资者纷纷在这里兴建门脸房，商业日渐繁荣。1949年后，天津城市面貌日新月异，"老城"也成了市区的一部分。

天津盐商文化对天津民风民情的改变，既有积极的，也有负面的。天津卫本为军事建制，因此民风剽悍，造成遇事讲打讲闹的社会风气。天津盐商如顺治时的张霖，康雍时的查日乾（天行）、安歧（仪周），起造园林，延揽名士，"引进文化"，成为一时风气。天津儒学始于明正统年间。在明清两代，不但有文学、武学，还有商学。商学的生员即来自商、灶（盐灶）两稽查，主要来自盐商，早期也由盐商承担经费。盐商积极兴学，既因本身富于财力，又因商、灶两稽查子弟可入科场，步入仕途。设立于康熙五十八年（1719）的天津第一所学校——三取书院，早期经费全由长芦盐商支付；第二所学校——问津书院，则由盐商查为义献产而设。乾隆举人杨一昆（无怪）在天津河东盐坨一带开设起凤楼书社，使民风民情大为改观。而杨家即是盐商。天津一地，民风民俗由尚武而转向崇文，盐商文化发挥了重要的促进作用。

七、谦德庄与市井文化

民国初期，谦德庄这一带是不毛之地，沟渠纵横，臭坑相间，芦苇丛生，墓地片片，窝棚住户，稀稀落落。这片荒地基本上属于两家：天津富绅"李善人"与天主教会崇德堂。两家地界大体以今汕头路划线，东侧属李，西侧归于教会。李家先建有私人花园"荣园"，俗称"李善人花园"，即现今的人民公园，占地约200余亩。每值春秋佳日，李家家族戚友常来此游览消遣。

1917年夏，直隶省南部洪水为害，波及天津南乡，直至南马路，一片汪洋。文安、大城、静海等近津各县受灾严重，大批难民逃来天津，落脚在地势较高的小刘庄。当时红十字会出面赈灾，每户发给一块银圆、一袋面粉，搭起窝棚，暂且安家。翌年开春，除投亲靠友者，多数陆续还乡，少数就地谋生，流落到谦德庄地面。1949年前，谦德庄名声在外，远近皆知。当时的居民多指身为业，靠卖苦力谋生。收入微薄，仅能糊口。他们没有住房，只能用破竹筐和破木片、泥巴等，搭建最简单的窝棚居住，人们管它叫"滚地龙"，比屋相连，七高八低，大小不等，凹进凸出，极其零乱。时间长了，这"滚地龙"就成了贫苦百姓的住房的代名词。

老百姓喜欢的通俗文艺，是谦德庄市井文化的重要内容。在李家小房子、天和前街一带有五六家书场，早、中、晚三场，每场两个半小时，计时收费，10分钟2分钱。《杨家将》《岳飞传》《聊斋》《三侠五义》《封神演义》等都是保留节目。著名西河大鼓演员田荫亭曾在此演出《岳飞传》，场场爆满。相声名家郭全宝、于宝林等也曾来此演出。后来，谦德庄新建了长江影剧院等文化场所，骆玉笙、常宝霆、白全福、苏文茂、朱相臣、王毓宝、李润杰、小月珠、小鲜灵霞等曲艺演员都曾到此演出。

谦德庄的跤场名震一时，李家小房子北口有一跤场，是张德起、张大力等摔跤名家创办的。开跤场是为了强身健体，不向观众中的老人和孩子收费。业余跤手也可上场过招，有时也表演举墩子、举石锁、气功等。在谦德庄的大街上，耍把式、变戏法、拉洋片、耍猴等林林总总的民间游艺皆聚集于此。当然，市井文化也有其丑陋的一面，在旧中国，烟馆、妓院等遍布，流氓为非作歹，欺压良善，但这并不是谦德庄市井文化的主流。

八、小白楼与外来文化

小白楼，面积约130亩的弹丸之地，却是劝业场之外天津市区第二个商业中心区。一百多年来，它不断发展、繁荣，在保留历史印记的同时，也孕育了现代都市关于小白楼来由的不少说法，但最具说服力的有以下两个。一种说法：在旧德租界三号路（今徐州道）莎卫饭店西侧，有一座二层楼酒吧，楼外墙壁全为白色。当时，这一带只有中街（今解放路）和海大道（今大沽路）两条正式道路，这座小白楼附近全是空地，且人烟稀少。当地居民便以这一独特白色小楼为标志，称这块地区为"小白楼"。另一种说法：小白楼指洋务派官僚、曾任招商局代总办的徐润家的祠堂，这座建筑为中国楼台式的白色两层楼房，门前有一对汉白玉石狮，坐落在今开封道、大沽路的北面。当时这座小白楼附近还是一片开洼，人们将这一带地区俗称为小白楼。

小白楼地区最早繁华的街道为海大道朱家胡同一带。这里华人经营的小型店铺较多，其顾客几乎"华洋各半"，经营者和雇员都会一些应用英语，所售商品和加工服务，也尽量适合西洋习惯和风味。当时，小白楼一带专售洋酒罐头、日用杂品的商店有裕恩永、样泰义、福兴太、大昌和等，其中裕恩永，堪称当地华人商店之冠。该店经销进口货品，价格昂贵但适合洋人和高级华人的需要。小白楼一带叫卖行很多，由徐州道至镇江道的海大道东西两侧比比皆是。其中规模最大的是魁昌叫卖行，专门受理外国人离津返国时出售家具的拍卖业务。经营商品从各种型号的酒杯到三角钢琴，无所不有。叫卖要价虽高，但内行人不难买到便宜用品。

小白楼地区的电影院，最著名的是平安电影院（今音乐厅），始建于1909年，是在滨江道，1916年迁到国民饭店处，1919年因火灾停业，1922年在小营门重建平安影院。经理是英籍印度人巴厘和英籍中国人卢根。光陆电影院（后北京影院）由白俄

小白楼起士林西餐厅（陈绍泉 摄）

人库拉也夫经营，后中国人李秉元（美国环球影片公司驻津代表）加入。在电影院的前楼开设圣安娜舞厅，舞女有多位白俄少女。大光明电影院，始由中国人韦耀卿建立，后卖与英籍印度人泰莱梯，抗战胜利后又转兑给劝业场主高渤海。这家影院规模宏大，门前常有两名印度兵把门。

　　小白楼地区的繁华，从一开始就带有欧化倾向，到20世纪20年代大批白俄人在此聚居后，这里更充满了东欧色彩。例如西餐里名为"托考斯基"的小吃，就是俄国人所独有的。俄国风船牌俄斯克烧酒和"50号"斯克红酒，也曾风行一时。小白楼一带的西餐厅，最著名的当数起士林。餐厅分为三层，底层是咖啡厅，从上午10点一开门，人们就蜂拥进去，晚到的就很难找到好位置了。

天津原租界区的个性路名

天津沦为半殖民地的标志，就是被迫开辟的九国租界（美租界没有开发建设，后并入英租界）。天津租界占地 23350.5 亩，相当于当时城区的 8 倍。租界沿海河两岸瓜分，海河西岸北起闸口街，南至小刘庄，依次为日、法、英、德租界；海河东岸北起狮子林大街，南至小孙庄，依次为奥、意、俄、比租界。

一、日租界路名

日租界街名与欧洲列强迥不相同，其中有很深的含义。其街名往往以本国的名胜古迹为名，如石山街（今宁夏路），因日本国内有石山本愿寺。伏见街（今万全道），因该街建有天津稻荷神社，而该社的神灵从日本伏见而来。日租界单字街名较多，如寿街（今兴安路）、荣街（今新华路）、曙街（今嫩江路）、橘街（今蒙古路）、旭街（今和平路）等。日租界部分街巷以植物命名，如曙街（今嫩江路），就是樱花街，樱花又名曙草。芙蓉街（今河北路），芙蓉即莲花，富士山顶有八峰，状如莲花，故雅称"芙蓉峰"；桃山街（今包头道），源自日本的桃山地区；橘街（今蒙古路），在日本文化里，橘与松相类，皆为"永远"的象征。有些街名取自日本姓氏，例如福岛街（今多伦道）、小松街（今热河路）、松岛街（今哈密道）、山口街（今张自忠路）、三岛街（今新疆路）、吉野街（今察哈尔路）、加茂街（今青海路）等。

二、法租界路名

法租界以其国名和首都命名道路，如大法国路（今解放桥到营口道）、巴黎路（今吉林路），这在外国租界里是少见的。

法租界多以带职务官衔的人名为街道命名，例如，中国人叫作梨栈大街的和平路，在法租界里叫杜总领事路（今和平路锦州道至营口道）。还有狄总领事路（今哈尔滨道）、葛公使路（今滨江道张自忠路至大沽北路段）、福煦将军路（今滨江道大沽北路至南京路段）、萨工程师路（今山西路）、石教士路（今黑龙江路）、梅大夫路（今辽宁路）、滨江道（今葛公使路）、赤峰道（今丰领事路）等。法租界路名也有一种用数字命名方法，从1号路（今海大道）到65号路（今西小埝）。

法租界还有两条重要的街道：一条是克雷孟梭广场（今承德

道），以当年法国总理兼陆军部长克雷孟梭命名。1945年10月6日，日军在天津的投降仪式便在这里举行；另一条是霞飞路（今花园路），以法国公园（今中心公园）为圆心的环形路，与今天的安东路、承德道、辽宁路等六条道路放射性地相通。

三、英租界街名

英租界有街道70多条，其命名方式，大致分为四类：以人名或职务命名，以地名命名，以地区特征命名，以数字命名。

以人名命名的街道。英租界的街道除以英国女王维多利亚命名的中街（今解放北路，营口道至开封道）之外，还有：马开内道（今安徽路），马开内是英国首任来华使节；博罗斯道（今烟台道），博罗斯是英国驻华公使；盛茂道（今河北路营口道至南京路段），盛茂是英海军中将；戈登道（今湖北路），戈登曾任英国侵华军工兵队指挥官在天津驻防；巴克斯道（今保定道），巴克斯曾任英国驻华公使；利斯克目道（今山西路营口道至南京路段），利斯克目是美军上校；达文波道（今建设路营口道至曲阜道段），达文波是英国驻津领事；咪哆士道（今泰安道），咪哆士为洋行经理；狄更生道（今徐州道），狄更生为仁记洋行经理。另外，还有以职务命名的街道，如领事道（今大同道）、董事道（今曲阜道）等。

原法租界解放北路街景（陈绍泉 摄）

以地名命名的街道。以英国本土或殖民地的地名命名，如伦敦道（今成都道）、牛津道（今新华南路，南京路至马场道）、剑桥道（今重庆道，河北路以东）、新加坡道（今大理道）、香港道（今睦南道）、爱丁堡道（今重庆道，河北路以西）、都柏林道（今郑州道）、马耳他道（今衡阳路）、孟买道（今潼关道）等。

以地区特征命名的街道。如马场道、河坝道（今台儿庄路）、红墙道（今新华路，营口道至南京路段）、公学道（今耀华路）、围墙道（今南京路，营口道至徐州道段）、小河道（原上海道，营口道至徐州道段）等。

以数字命名的街道。如1号路（河坝道）、2号路（宝士徒道）、3号路（维多利亚道），直到74号路（海光寺道）。

四、德租界路名

德租界道路以人名命名者居多，如以德国皇帝威廉二世的名字命名的威廉街。还有穆姆街（今琼州道）、施赖雅街（今镇江道）、罗尔沙伊特街（今蚌埠道）、埃姆登街（今杭州道）、德璀琳街（今绍兴道，台儿庄路至大沽路）、鲁母普街（今宁波道）、法尔肯海恩街（今奉化道）、钦莫曼街（今温州道）、司艮德街（今台北路）。德租界部分路名，以河道与代表性建筑物命名的，如海滨街又名海河路（濒临海河的台儿庄路）、墙子河街（今南京路，曾名"上海道"，后因靠近墙子河改名）、俱乐部街（今江苏路）、纪念碑街（今浦口道）、学校街（今台湾路）。德租界道路应分时间段，如德租界的威廉街，1917年收回后为特一区，改名"威尔逊路"。因而两个时期的街名不同。此外，德租界还用阿拉伯数字和西文字母序号为街道命名，例如：1号街（今厦门路）、2号街（今江西路）、3号街（今南昌路）、4号街（今九江路）、5号街（今广东路），B街（今苏州道）、D街（今徽州道）、E街（今合肥道）、F街（今芜湖道）等。

五、奥租界路名

奥租界实际是分两部分：一部分是金汤桥以南的盐坨建成的几条马路；另一部分在金汤桥以北，包括粮店前街、粮店后街、

原意租界的马可波罗广场（陈绍泉 摄）

于厂大街、新货场大街、十字街（南段）等。奥租界分四个地段，金汤桥以南为一个地段，以北是三个地段，但均保留老地名未变。

六、意租界路名

意大利租界东连天津火车站，南临海河，内含 7 条道路，占地约 10 万平方米，与市中心隔河相望。这里几乎囊括了意大利各个时期不同风格的建筑，尤其是马可波罗广场周围的建筑，以凉亭圆拱和爱奥尼克式廊柱典型地体现出罗马风格。意大利租界的街名带有文化色彩，例如：马可波罗道（今民族路）、但丁路（今自由道）、佛罗伦萨道（今民生路）、康特伽利娜道（今光复道）等。意租界住宅建筑群以马可波罗广场（一圆形广场）为轴心，沿马可波罗路和但丁路修造。东至佛罗伦萨道，西到里雅斯德道（北安道），南至桑朱利亚诺侯爵道（博爱道），北到埃马诺卡洛托道（进步路）。意租界街道命名也有另一种数字排列法，如建国道又叫意国大马路，与其平行的排列为二马路、三马路（进步道），至六马路（博爱道）。

七、俄租界路名

俄租界多用俄国地名为街名，如彼得堡路（今进步道）、乌拉尔路（八纬路）、高加索路（今十一纬路）、西伯利亚路（后改名十二经路，今废除）、莫斯科路（今三经路）、顿河路（今七经路）、伏尔加路（今十经路）、贝加尔路（今十五经路）等。俄租界有阿列克谢耶夫路，阿列克谢耶夫是沙皇亚历山大二世的私生子，任俄国太平洋舰队司令。1920年，中国政府收回俄租界后，设为特三区，废除旧路名，改为以数字命名的经路和纬路。

八、比租界路名

比租界在大直沽，它只有几条马路，叫三号路、四号路、五号路、六号路、七号路、八号路。1949年后，我们只是在马路编号前面加了"大直沽"几个字，比如大直沽三号路，以此类推。

九、横跨各国租界的路名

各国租界建街铺路,各行其是,结果同一条路被分割为几段,致使同一条街同时存有两三个,甚至四五个街名。如天津市区有少数几条横跨当年数国租界的通衢大道,其中最为著名的就是跨河西、和平、南开三区的南京路。

南京路东起河西区台儿庄路,西至南开区三马路,全长4764米。以徐州道为界,把南京路切分为河西区段与和平区段,以南门外大街为界,把南京路切分为和平区段与南开区段。南京路的河西区段,东起台儿庄路,西至徐州道。在德租界时称第8号路,1919年更名墙子河路。南京路的和平区段,东南起自徐州道与马场道交口,西北至南开区三马路。1860年后陆续沦为英、法、日三国租界。徐州道至营口道段属英租界,称"围墙道"。营口道至锦州道段属法租界,称"甘领事路"。锦州道至南门外大街属日租界,称"住吉街"。1945年以南京路更今名。1970年因修筑地铁工程,填平了墙子河。将分列于原墙子河两岸的南京路和上海道拓宽合并为一条路,当时更名为"胜利路",1984年恢复今名。南京路的南开区段,东起南门外大街,西至南开三马路与长江道相接。原为墙子河与墙子河堤岸,1950年后铲平堤岸形成无名土路,1963年修成渣石路,定名为"长江道"。

1970年后与南京路接通，连为一体，统一命名为"胜利路"。1984年恢复"南京路"原名。今天的南京路将小白楼、黄家花园、贵阳路、滨江道等中心商业区连成一体，成为天津最繁华的商业街之一。

大沽路始建于清乾隆四年（1739），由官商捐资用海河堤岸培叠余土筑路，初名"海河叠道"，简称"海叠道"，俗称"海大道"；成为当时天津卫的一条通衢大道。1860年，大沽路的北段沦为法租界和英租界，因通紫竹林庙，改称"紫竹林大街"。1895年，其南段沦为德国租界地，名为第19号路。第一次世界大战爆发后，中国政府宣布将德租界接收，1919年将该路复名"海大道"。1945年因路通大沽口，更名"大沽路"。1952年以徐州道为界，分称"大沽北路"和"大沽南路"。从海河叠道到海大道，从紫竹林大街、第19号路，又恢复为海大道，最后定名"大沽路"，历经200多年。大清帝国盛世的繁华和末世的衰颓，以及20世纪上半叶两次世界大战的风云变幻，在"大沽路"这一寻常街道的街名嬗变中，留下了清晰的踪迹。

河北新区规划及地名命名

清光绪二十八年（1902），袁世凯继李鸿章出任直隶总督兼北洋大臣，从八国联军的都统衙门手中接过天津的行政管理权。因旧直隶总督行署被都统衙门侵占并遭到严重破坏，袁世凯在来津前密令周馥把北运河边李鸿章建的海防公所改建为直隶总督衙门，把直隶省会的衙署确定在今天津市的河北区。但省会庞大的行政机构在哪里发展呢？城厢地区已无隙地可供容身，而海河两岸早已被外国租界侵占，唯一可行的办法就是对总督衙门以北广大荒芜地区进行规划和开发。

一、河北新区开发

袁世凯早就从租界的开发过程里得到启发，要树立现代化城市的规划理念，应借鉴租界地区建设的经验，开辟一片新城区以推行北洋新政。因此，他提出"河北新区"的概念，并以市场开发为手段，开展新型的城市规划和建设。

河北新区的四至范围：东起金钟河，西至新开河，北起京奉铁路，南到北运河。为彻底摆脱租界对铁路车站的限制，在靠近新开河的地方新建一座火车站（即今天津北站），从火车站到总督衙门开出一条中心大道叫"大经路"（即今中山路），大经路南头到北运河边是断头路，要过河进城还要右拐到河边再到三马路走"窑洼浮桥"，交通十分不便。于是袁世凯决定在大经路南端设计修建一座钢结构大桥，同时把上游的窑洼浮桥拆除。1903年10月9日，袁世凯出席金钢桥通车典礼，为金钢桥通车剪彩。袁世凯连发两道《开发河北新市场章程十三条》，向社会公开承诺开发河北新区的优惠条件和参加北洋新政开发项目的奖励条件。

二、河北新区道路规划及实施

为体现河北新区道路规划的文化含量，袁世凯主持制定了河北新区道路命名的方法，开创了天津地区统一规范系列命名之先河——以主干道路大经路为中心，向西开辟出与之平行的二至五经（马）路，后来渐开辟至八经（马）路到新开河边。向东以昆纬路为轴心，两侧辟出东一经路至东八经路。沿大经路方向的东西向道路以大经路为起点，按照《千字文》中"天地玄黄，宇宙洪荒。日月盈昃，辰宿列张。律吕调阳，玉出昆冈。金生丽水，鳞潜羽翔"的文字排序,选吉祥字作为纬路排列。其西侧有天纬路、地纬路、元纬路、黄纬路、宇纬路、宙纬路、日纬路、月纬路、辰纬路、宿纬路、律纬路、吕纬路、调纬路共13条纬路,大经路以东有阳纬路、昆纬路、冈纬路,后又开辟了金纬路、翔纬路。个别路名,与当地民序良俗相左的,作相应的局部调整。如"玄纬路",因避讳康熙帝爱新觉罗·玄烨的名讳,用"元纬路"来替代;"阳纬路"易带误解,改为"新大路"。河北新区的道路命名开创了新城区命名的新思路、新格局、新方法,序列命名赓续了传统文化,具有规范化、系统化的优势,因而深获各界赞誉。

三、直隶各行政机构布局

道路规划确定,直隶政府把省会下属的行政机构全部安放在大经路两侧,从铁路北站到金钢桥一线分布有火车站、钞关分卡、铁路巡警局、厘捐分卡。大经路有津浦铁路督办行辕、津浦铁路北段总局、度支部造币厂、谘议局、提学司、藩臬公所、学务处、京张铁路运转局、陆军粮饷局、南斐洲金矿开支处、清理财政局、调查局、权衡度量局、审判厅、实习工厂、参谋处、教练处、兵备处、陆军行营营务处、北洋行营营务处、直隶总督行辕。法政学堂在河北新马路,长芦学堂、军医院均在河北四马路,高等工业学堂在实习工厂对面,高等女学堂在北窑洼。望海楼天主堂即法汉学堂在河北三岔河口。中州会馆在河北大经路，安徽会馆在金钢桥西李公祠旁。

以大经路为轴心的河北新区序列道路网和政府机构建设起来后，在大经路的北头开辟了种植园和水产学校，在其中段修建了大型游艺场所劝业会场。劝业会场主要分三块：进前门两侧是平房店铺，为商务区；过街钟楼后是山水喷泉，为公园游艺区；公园后侧建有考工厂、国货陈列所、教育品陈列所及提学司、图书馆、博物馆等工艺区。孙中山、李大钊、周恩来等人曾多次到河北新区的劝业会场演说。后来，劝业会场为纪念孙中山，更名"中山公园"。另外，蔡家花园、孙家花园、唐家花园、娄家花园等也都建在大经路一线。大经路两侧除直隶总督衙门外，直隶省公署、交涉使署、天津海关监署、长芦盐运使署、省财政和实业各厅等省、市级机关先后迁入。其中，天津府高等审判分厅是北洋新政的试点，北洋官报局是清末地方政府新式官报试点。于是，天津河北新区成为直隶省政治中心兼政治改革实验开发区。

五大道与小洋楼文化

一、别致的小洋楼文化

俗话说，"北京四合院，天津小洋楼"。天津小洋楼诞生于1860年英法联军攻占大沽口的硝烟中。天津租界始设于1860年，是天津被开为商埠，英、法、美租界相继在天津海河西岸划定。1894年甲午战争后，日、德租界分设于英、法、美三国租界的左右侧。1900年，八国联军侵华攻占天津，俄、意、奥三国即以海河东岸所占领地区辟为租界。不久，比利时将俄租界以西大片土地辟为租界。至20世纪初，在天津城厢东南的海河两岸，先后设有九国租界，天津成为全中国乃至世界上租界最多的城市之一。

位于天津海河两岸的九国租界，分别按各自国家的风格特色，建起一片片的国中之国。租界洋楼，既是旧中国饱受凌辱的实证，也给我们留下了大批建筑艺术精华。天津近千幢小洋楼几乎囊括了西方近代建筑的所有样式——英国中古式、德国哥特式、法国罗曼式、意大利文艺复兴式、俄罗斯古典式、希腊雅典式、近代摩登式，风格迥异，千姿万态。因此，天津被誉为"世界建筑博览馆"，天津独特的城市景观被称为"小洋楼文化"。

天津小洋楼大体可分三类：办公类洋楼——集中在被称为"东方华尔街"的解放路两侧，多为各国开设的行政、金融、贸易、通信机构；商业类洋楼——集中在被称为"东方小巴黎"的原法租界劝业场和小白楼地区，商厦林立，巍峨壮观；住宅类洋楼——集中在原英租界五大道和原意租界一带。

二、五大道的文化价值

五大道在天津市和平区原体育馆街管界内，在历史上并非正式地名，只是流传甚广的一种俗称。其实，五大道不仅指单摆浮搁的五条街道，而指天津市区南部原英租界内的一个风格独具的街区，包括总长17千米的22条街道，面积1.28平方千米。其四界范围是：马场道以北，成都道以南，西康路以东，马场道和南京路交口以西的一片地界。其主干道路是以中国西南地区五座名城命名的、平行并列的东西向道路：成都道、重庆道、常德道、大理道、睦南道，再加上一条马场道。

作为历史文化名街，五大道拥有20世纪二三十年代建成的英、法、意、德、西班牙等国不同建筑风格的花园式房屋2000多所，其中风貌建筑和名人名居有300余处。中西合璧的五大道建筑，将历史价值、研究价值、欣赏价值、旅游价值集于一身。五大道地区的历史文化价值体现在：第一，姿态万千的西式建筑群体景观；第二，建筑的私密性构成深幽寂静的街区风格；第三，近代名人荟萃之地，蕴含许多珍贵的遗闻逸事。在地域狭小的五大道地区，有四个市级文物保护单位，即庆王府、林鸿赉旧宅、孙氏旧宅和顾维钧旧宅。

三、名居蕴含故事多

五大道地区作为近现代天津历史的一个典型的体现，蕴藏着丰富的文化内涵。其浓厚的历史感是特有的，因为许多近现代名人都在五大道留下了足迹，几乎每幢建筑里都蕴含着故事，充分展现着近代中国百年的历史变迁。

让人目不暇接的小洋楼只是其浅显的表象，曾在这里居住过的徐世昌、曹锟、顾维钧、孙殿英、张伯苓、张自忠等百余位中外名人和他们的故事才最能体现出五大道所蕴含的深厚人文历史。近代史的风雨烟云，政治人物的浮沉轶事，似乎都镌刻在天津五大道地区幢幢洋楼斑驳的墙面上，这些珍贵的历史遗存以及楼主的人生命运，时常引发观者的唏嘘慨叹。

北洋政府先后下野的四位总统——黎元洪、徐世昌、冯国璋、曹锟都蛰居于津门，每当路过他们的寓所故居时，伴随着父老曾讲述的旧闻轶事，辄引发许多谐趣遐想。黎元洪在津的别墅颇多，但都先后被拆掉，只剩下一座私人影院。据说他本人对武昌起义纪念日非常重视，每逢此日，便燃放焰火并放映电影，邀请亲朋与邻居出席共庆。1928年初夏，黎元洪偕夫人到英租界看赛马，脑出血复发失语，6月3日病逝。6月28日，国民政府为黎元洪举行国葬。他因此成为自国民党取得政权后，享受国葬隆典的第一人。

徐世昌和曹锟的公馆都在英租界上，而且保存完好。徐世昌自己居住的那处寓所，极有特点。它是一座典型的英式别墅，无论是"凹"字形的陡峭瓦屋顶、长弧形欧式观赏露台，还是清水砖墙、庭院里高耸的大树，所有的一切无不弥漫着秀丽典雅的欧式新自然风格。这也与他的"文治总统"的称号相得益彰。曹锟的旧宅离徐世昌的宅邸也就5分钟的路程。曹锟也是天津人。1924年，当上大总统的曹锟被冯玉祥囚于北京延庆楼。后冯玉祥退出北京，曹锟下野，便回天津隐居。曹锟的宅邸没有徐世昌宅邸浪漫，但因腰线采用立杜造型，并且顶层出檐，所以沉稳中渗透着气势。

进入20世纪后，京畿门户、经贸都市、九国租界等重要的因素，使天津在中国的位置变得极为特殊与重要。第一，北洋大臣兼直隶总督府衙设在天津，使天津俨然成为首都之外的第二政治中心；第二，社会发展与朝政变幻，使天津租界成为理想的政治避风港；第三，河海相通，具有优越的地理位置和交通、海关的便利；第四，北方最大的商业都会呈现出无限商机；第五，华洋杂处、东西交融的租界文化为人们提供了舒适的生活环境。

因此，天津成为清廷遗老遗少、下野政客蛰伏隐居和商界学界人士定居以开拓事业的首选都市。另有爱国人士、社会名流寓居津门，从事社会活动。故依河枕海的津门为近代海内外风云人物荟萃之地。从辛亥革命后到七七事变前这一阶段，仅在天津租界做寓公的政客军阀及清朝遗老遗少等就不下数百人。名人旧居是天津建筑与文化的象征，具有历史文化和旅游观光双重资源，呈现出巨大价值。

四、欧陆建筑风情

五大道地区修筑最早，而且最长、最宽的一条街道就是马场道。洋人在天津设立租界后，最时尚且盛行的文体活动就是赛马。每次赛马会举行比赛，天津各洋行关门歇业，海关也停办公事。在19世纪末，英国商人在佟楼养牲园一带修建了一座大型赛马场。为方便往来，就在赛马场和英租界之间修建一条宽敞的道路，遂以"马场"命名，路长 3410 米。前文已述在天津几乎找不到一条坐标方正的老街道，斜街歪巷比比皆是，马场道也不例外。

睦南道全长 1968 米，幽静的道路两旁，在绿树掩映下，风格各异的小洋楼次第排列。漫步其间，使人感到道路、别墅与街树三者相距空间的尺度恰到好处，而且每一幢洋楼别墅风格各异，毫无雷同。这里有著名爱国将领高树勋旧居（睦南道 141 号），楼房为典型英式建筑，大坡度，尖屋顶，开天窗。中国近代外交家颜惠庆的旧居（睦南道 24 号），主体为四层砖木结构，具有欧洲古典建筑风格。三层楼的平台布局结构各不相同，外墙用烧焦的砖垒砌，俗称"疙瘩楼"。该建筑曾为伪满洲国领事馆。

大理道全长 1745 米，两侧房屋多为英式单体小洋楼，私密性和隐蔽性非常强。蔡成勋旧居（大理道 3 号、5 号），主楼外观为法国罗曼式公馆建筑，中西合璧建筑风格。楼正门两侧为对称式，楼房外檐为青砖墙体，以白色窗楣为饰，楼房的第三层配有凸出檐的平台。院落宽敞，围墙高阔，朱褐色大门颇显豪华森严气派。

坐落在成都道 60 号的天津市民政局大院，有两座建筑面积近 2000 平方米的二层西式楼房，主楼前部由方柱支撑形成上下两层内廊，两侧外凸，呈多边形，主楼后部有过桥与后楼连接。建筑风格庄重而朴素。这座大院就是著名的抗日英雄张自忠将军于 20 世纪 30 年代任天津市市长期间的居住地。

五、独有的清幽氛围

五大道作为一个深邃难测的空间，重大事件的后台，世外桃源与世间桃源，那些形形色色特殊人物的种种幕后活动与隐私，填满了这里各种各样曲折而美丽的建筑。不过，在当时动荡飘摇、吉凶难卜的社会背景下，迁居于此的贵族住户，无论军政要人，还是实业大家，都力图低调行事，不事张扬，体现出蛰伏韬晦的心态。这与旧时天津盐商比富摆阔的奢靡作风迥然不同。这种心理外化，就是五大道的环境氛围——房屋尺度宜人，倾向低矮，色彩较暗，没有高楼，院中花木茂密参差，以遮掩里面的楼窗。隔院临街，院墙皆为实墙，极少用栏杆。例如，民园大楼的方孔式围墙，采用百叶窗原理，看似透孔透光，但因视角缘故，路过的行人，对院内景物只能一瞥而过，焉可一览无余。这种韬光心态和设计格调，构成五大道独有的幽雅静谧的环境氛围。

天津的小洋楼，尤其是五大道的每一座小洋楼，都充满了故事。当年的名流富豪、达官显贵都选择在这里隐居避世，看重的便是这里的清幽。在这些形态各异的小楼里，曾上演过无数绚丽多彩的剧情。铁与血的豪情迸射，诗与梦的柔媚纠结，化为诡秘的传说或清幽的故事，在小楼风雨中缠绕，在街谈巷议中流传。

近现代史的风风雨雨在这里浓缩成一个又一个关于天津的记忆。每当夜幕降临,漫步于五大道,那充满异国情调的幢幢别墅,在昏灯朗月的映照下,隐约闪现着岁月风霜和时代沧桑,引发游客的无穷遐想。

天津街道命名开历史先河

在第一次世界大战期间，1917年3月中国政府宣布与德国断绝外交关系，并收回德租界。1917年8月，中国政府收回奥租界。1924年8月，苏联政府将俄租界交还中国政府。1931年1月，收回比利时租界。1943年3月，日本交还天津日租界，但并无实质性变化。同年9月，当时的天津市政府强行接管了意租界。但日本租界和意大利租界实际收回的时间是1945年8月，即日本投降之后。在第二次世界大战期间，1943年1月，英国政府宣布撤销在华英租界。同年2月，法国政府宣布放弃在华租界。直至抗战胜利后，中国政府宣布正式收回天津英、法租界。至此，天津租界才真正落下历史帷幕。

1945年10月，抗战胜利后，国民政府重新组建了天津市政府，对天津实施有效管理，清理敌伪资产，严惩汉奸卖国贼。针对以前中国城区和外国租界并存而多头管理的复杂局面，对行政区划进行调整，重新界定各区范围，对主要街道的街名进行调整和更定，统一制定道路街巷名牌和门牌号码，以便于统一行政管理。

天津南北向街道，如辽宁路、吉林路、黑龙江路、河北路、河南路、山西路、广东路等皆为省名。但有些路名却令人迷惑不解，例如兴安路、辽北路、嫩江路、合江路、松江路等，它们也是源自省名吗？回答是肯定的。今天的东北三省，70多年前，却有九个省级行政区——嫩江省（省会齐齐哈尔）、黑龙江省（省会北安）、兴安省（省会海拉尔）、松江省（省会牡丹江）、合江省（省会佳木斯）、吉林省（省会吉林）、辽宁省（省会沈阳）、安东省（省会通化）、辽北省（省会辽源）——时称"东北九省"。

西康路、察哈尔路、热河路也是省名。在民国时期，四川和西藏两省之间还有一个西康省（省会康定）。今天的内蒙古自治区及附近部分地区，在民国时期设立四省，即宁夏省（省会银川）、绥远省（省会归绥，即今呼和浩特）、察哈尔省（省会张家口）和热河省（省会承德）。

民国时期设12个院辖市（行政院直辖），除天津和广州之外，其他10个院辖市在1946年成为天津街名来源并沿用至今——南京路、上海道、重庆道、青岛道、西安道、北平道（1950年改为唐山道）、沈阳道、汉口道、哈尔滨道、大连道。

非省名但却以"路"为通名的街道，还有南京路、丹东路、武昌路、康定路、芷江路、林西路、苍梧路和林西路等。这似乎有悖于南北向为"路"、以省名命名的规则。究其原因，天津道路方向不正，斜街歪巷为数众多，因此纵路横道的规则在命名实践中很难严格恪守。此外，还涉及下列特殊情况：

（1）由省名降为市名。1946年，以安东省名命名的安东路（当时安东省下辖安东市），1965年随安东市改名丹东市而更为丹东路。

（2）由多条街道合并而成。1970年利用废墙子河修建地下铁道，将原上海道、南京路和墙子河道改建为跨河西、和平、南开三区的通衢大道——南京路。

（3）因30多个省名业已用罄，而一些与"道"垂直交叉的短街，只能以"路"为通名，确实是不得已的事。例如：西起鞍山道东南至沈阳道的林西路，以辽宁省林西县命名；南起西安道北至潼关道的苍梧路，以广西苍梧县命名；北起岳阳道南至成都道的芷江路，以湖南省芷江县命名；西起南宁路东至岳阳道的武昌路，以湖北武昌命名。

武昌道、汉口道和汉阳道，这"武汉三镇"在天津街名里全部呈现。睦南道在1946年命名为镇南道，1952年随中越边境镇南关改名"睦南关"而改称今名。

今人看来，1946年天津街道命名选用了地处偏远且名气不大的地名，例如：百货大楼附近的多伦道，西开教堂前的独山路，黄家花园附近的襄阳道和芷江路，体育馆附近的宜昌道和常德道以及横跨和平、河西两区的台儿庄路，等等。多伦、独山、芷江、常德、台儿庄，究竟都在哪个省？今天的年轻人恐怕难以知晓，更遑论发生在那里的历史事件了。但在70多年前，这些响当当的地名，尽人皆知，因为那些地方曾是中华儿女与侵略者殊死搏斗的抗日战场。当时的天津父老，路过这些街道，就不禁忆起抗战的悲壮，激起对英烈的缅怀，发出胜利来之不易的喟叹。

路过多伦道，不由得想到察哈尔东部重镇——多伦。这个长城口外的商业中心和军事要地，曾一度被日军占领。1933年7月，在吉鸿昌将军指挥下，抗日同盟军经五天激战，一举夺回多伦，将日本侵略军赶出察哈尔，保证了长城一线战事的基本稳定。

漫步台儿庄路，自然联想到位于山东枣庄的著名抗日战场。地处苏鲁两省交界，被称为"山东南大门、江苏北屏障"的台儿庄，历来为兵家必争之地。1938年春，日军华北方面军企图南下和华中派遣军会合，中国军队在台儿庄地区与日军激战，毙伤日军1万多人，使日军精锐师团遭毁灭性打击。台儿庄因此被誉为"中华民族扬威不屈之地"。

寻常小街襄阳道，使人想到湖北襄阳，那是天津老市长张自忠将军率部与日寇决战的战场。1940年5月，日军为控制长江水上交通线，调集15万精锐部队发起攻占枣阳、襄阳、宜昌等地的枣宜会战。张自忠部截敌后路并阻敌西进,彻底粉碎了日军进攻襄樊、威胁老河口的企图,使整个战局转危为安。但张自忠将军身中数弹,战死沙场。北京、天津、武汉等大城市都有张自忠路,以示对这位抗日英烈的永远纪念。

宜昌道和常德道,使人想到1943年的鄂西会战和常德战役。我军将士同仇敌忾,血战到底,誓死杀敌,气壮山河,使不可一世的侵华日军遭到惨败。

独山路,是通往西开教堂的必经之路。而远在贵州南端的独山,却是大西南进入两广地区的重要通道。1944年,日军企图由广西北上独山,以进攻贵阳,逼近陪都重庆。我军民在独山黑石关和深河桥先后击溃日军,使其入侵我国西南腹地的梦想就此破灭。

芷江道这个街名,昭示抗战胜利后的尊严。位于湖南省西部的芷江,现为湖南省怀化市下辖芷江侗族自治县。1945年8月15日,日本政府接受《波茨坦公告》,宣布无条件投降。8月21日,日军今井武夫副总参谋长一行奉侵华派遣军司令冈村宁次之命,由南京飞抵芷江,交出在华兵力部署图,接受中国军方令其陆海空三军缴械投降命令的备忘录。"芷江受降"宣告侵华日军彻底失败。1946年2月建于芷江的受降纪念坊,是中国人民抗日战争胜利的标志,成为中华民族伟大的历史丰碑,也是世界反法西斯战争胜利的重要历史见证。芷江受降纪念坊是全球反法西斯战争胜利的 6 座凯旋门之一,其他 5 座分别坐落于意大利罗马、德国柏林、意大利米兰、法国巴黎和朝鲜平壤。

在近 80 年前,天津政府部门对原租界地区街名进行大规模系列更名,时间紧,任务重,但经历史检验证明,此举开系列地名历史之先河,不愧为成功范例,显示出宏观规划下的高效率、高水平。

"桥"见天津
——海河跨河桥览胜

外地人来天津旅游,最感兴趣的就是万国建筑和横跨海河数十座风格各异的桥。它们镌刻着城市的古老和时尚,人们既能感受到这里厚重的历史和多元文化,又能触摸到这座城市的新时代脉动。

天津海河干流自零千米处至海河闸全长73.5千米,截至目前,有大小桥梁28座。从现在的三岔河口面向海河下游,第一座跨河大桥就是金钢桥。

(1)金钢桥,连通河北区中山路和红桥区大胡同,始建于1903年。1924年重建,1996年被拆除后,改建为双层拱桥,下层桥利用旧桥墩改建为三孔钢与混凝土组合的箱梁桥,雄伟壮丽,美观大方。

(2)狮子林桥,连通河北区狮子林大街和南开区通北路,建于1954年,初为木桥,1994年改建新桥,宽39.8米,结构截面为三跨变截面预应力砼箱形连续梁。2003年8月对桥体实施整体抬升，抬高1.271米，成为新景观桥。

（3）金汤桥，连通河北区建国道和南开区水阁大街，建于1906年。2003年，重新改建，恢复开启功能。主桥整体提升，两侧加设玻璃引桥，成为步行景观桥。

（4）进步桥，连通河北区进步道和南开区通南路，为自锚式桁吊组合钢结构桥，由33节钢桁梁组成，桥宽30.7米，桥下净空4.5米。由主桥、坡道桥和梯道桥三部分组成。主桥为自锚式桁吊组合钢结构桥，双向四车道，桥宽35米，车行道宽25米。车行道两侧设人行道，各宽5米，桥梁总长180米。

（5）北安桥，始建于1939年，位于和平区与河北区的交界处，连接河北区胜利路与和平区福安大街。初为日本驻屯军所建木桥，人称"新桥""日本桥"。1945年抗战胜利后，对该桥进行拆建，更名"胜利桥"。1973年，改建为钢筋混凝土结构，命名为"北安桥"。

（6）大沽桥，连通河北区五经路与和平区大沽北路的跨海河桥，全长243米，宽32米，设计构思为"日月双拱"。由两个不对称的拱圈构成，大拱圈面向东方，象征太阳，高39米；小拱圈面向西方，象征月亮，高19.2米。

可开启的解放桥（陈绍泉 摄）

（7）解放桥，原名万国桥，是连通河北区世纪钟广场与和平区解放北路的海河跨河桥。初建于1902年，1927年重建。进入21世纪，天津开始对解放桥进行改造。竣工后的解放桥"长高"了0.2米，桥下净空达4.5米，500吨位的重型船舶可轻松通过。2008年7月，按照原貌修复的解放桥重新恢复开启功能，为海河再添新景。每逢重要节日，天津都会开启解放桥，这一景观已然成为天津非常富有特色的城市名片。

（8）赤峰桥，横跨和平区赤峰道和海河西路与河东区李公楼立交桥的跨河大桥，又称"李公楼桥"。主桥横跨130多米，引桥为互通式立交桥。主桥塔高64米，形如风帆。塔底为船形建筑结构，为游览平台。远望犹如扬帆而来的巨轮，蔚为壮观。

（9）金汇桥，又称"保定桥"，连接海河东路与保定道的重要桥梁。50米高的主塔实现主体封顶。2006年3月斜拉索安装完成，主体工程完工，9月25日通车。

位于天津市海河中心地带的大光明桥
（张建 摄）

（10）大光明，连通和平区曲阜道和河东区十一经路的跨海河大桥。桥宽30米，其中车行道宽24米，两侧人行道各宽3米，西岸主桥南北侧各有一条自行车专用匝道。全桥长110米，共3孔，中孔跨径53米，设有9.5米的挂梁。桥头新建4个欧式桥头堡，分别安装以日、月、星、辰为主题的雕塑，颇具欧式风格。

（11）金阜桥，又名"蚌埠桥"，位于市中心区，西连蚌埠道，东接十三经路。桥长192米，为机非混行桥，机动车双向四车道。主桥宽23.5米，辅桥净宽各3米。采用轻型非对称结构，桥形轻盈通透。金阜桥是连接河东与河西两区的又一座主要桥梁。

（12）直沽桥，原名"奉化桥"，为本市首座中承式全钢结构拱桥，长257米，位于海河刘庄桥上游，为中心城区快速路工程南横的一部分，连接河东区大直沽西路和河西区奉化道。桥梁最大宽度58.5米，桥面设计为双向6车道，两边是人行桥和景观道，与两岸亲水平台相连接。

（13）刘庄桥，连接河西区琼州道与河东区大直沽五号路。原称"刘庄浮桥"，始建于1959年，由8只木船编组而成。当时是连通河东、河西两区行人的重要通道，因该址原为刘庄渡口，故名。1976年改建为开启式钢丝网水泥船浮桥，由六只钢丝网水泥船，上托钢梁和木桥面组成，可开启通航，桥宽17米，长117.8米。1991年，在原址改建为独塔斜拉桥，为非机动车和行人专用桥。

（14）光华桥，原名"四新桥"，是中环线横跨海河的枢纽桥梁，位于河西区新围堤道和河东区东兴路之间。桥的主跨梁像一艘巨型"航母"横卧，具有超时代气息，使景观效应和功能使用达到完美的统一。

（15）国泰桥，连通河西区小围堤道和河东区国泰道，外形仿造澳大利亚悉尼国家大剧院桥的建筑形式。为钢桁架拱桥，全长396米，主跨172米，桥宽31.5米，拱宽为24.5米，弦拱距离桥面高26米，下弦拱距桥面高22米，为机动车双向六车道，两边为人行道。

（16）富民桥，位于国泰桥与海津大桥之间，是连接河西、

海河游船（陈绍泉 摄）

河东两区的重要跨河通道。全长 340.3 米，桥宽 40 米，机动车双向六车道，人行道设置在主梁下方。上层主桥行驶车辆，下层桥中桥则供行人与非机动车通过。桥主跨 157 米，为单塔空间索面自锚式悬索桥。主跨主缆采用三维空间线形，在立面及平面皆为抛物线，边跨主缆采用一组（两根并排）缆索不加竖向吊索形式，结构体系别具一格。

（17）海津大桥，天津快速路跨海河的三层局部互通式立交桥，连通河东区富民路和河西区黑牛城道。桥南北向长 1813 米，东西向长 1032 米，建筑面积 4.1 万平方米，气势恢宏。

（18）春意桥，位于天钢柳林地区城市副中心，连通河东区津塘路与河西区大沽南路，于 2013 年竣工。全长 633 米，设计车速为每小时 50 千米。

（19）吉兆桥，位于中心城区中环线和外环线之间，是连接东丽区和津南区的重要桥梁。起点为雪莲南路与海河东路相交路口，终点为吉兆路与柳盛道相交路口。全长923米，桥面宽40米，双向六车道。

（20）外环线海河桥，外环线东侧半环跨越海河的通道，1987年修建，是区分海河中心城区段和郊区段的标志。两幅双向六车道桥面，桥长334米，单幅桥面宽12.5米。

（21）蓟汕高速海河特大桥，大桥主线两侧为国家会展中心海河通道，连接东丽区和津南区。全长1210米，跨海河部分为250米，主桥中跨钢结构跨径110米，为天津市跨海河桥梁最长跨径。

（22）二道闸桥，海河下游地标性建筑，位于津南区东泥沽村。桥下水闸结构形式为井柱桩基础，分离式底板。孔数为8孔，过闸流量为1200立方米/秒。平时蓄水，汛期泄洪，亦为旅游景点。

（23）海门大桥，位于滨海新区，于1985年11月建成通车，是我国目前开启跨度最大、提升高度最高的直升式钢结构跨河桥。总长550米，主桥分跨采用简支下承式栓焊钢桁梁，桁高8米，桁架中心距15.2米。桥宽18米。中间64米为活动孔，提升高度24米。在活动孔两侧建有45米高的提升钢塔架，作为开启通航道。大桥开启时，净宽60米，净空高31米，可通过5000吨海轮。

（24）海河防潮闸桥，始建1958年7月，位于滨海新区海河入海口处，是具有泄洪、挡潮、蓄淡、航运、行人等综合功能的大型水闸工程。水闸结构为开敞式，孔数为8孔。闸体两岸控制楼为仿古建筑，气势宏伟，庄严秀丽。

（25）新港船闸桥，位于天津新港，2007年12月竣工通行。船闸东西两侧是两座钢结构单臂开启桥。桥长35.5米，机动车道宽6.5米，非机动车道宽2.4米。单叶式立转桥，配置相应的交通管理控制、电力设施，由钢丝绳机构驱动，仰起时可保证船舶通行。

（26）滨海大桥，位于津南区葛沽镇西关村与滨海新区胡家园街道于庄镇之间。由主桥和南、北引桥三部分组成，全长2838米，主桥跨度364米。主塔采用宝瓶型结构，高167米，从两座主塔中横梁和上横梁之间的"H"形塔柱上各放射出25对斜拉钢索，组成四个优美的扇形，犹如四把展开的折扇悬挂在天穹间。桥面设计为双向六车道。主桥桥下净高33米，能双向通行5000吨级客轮，为横跨海河最大的桥。

（27）安阳道海河大桥，位于滨海新区中心商务区，西连安阳道，东接于新道，为连接响螺湾商务区和于家堡金融区的重要通道。桥长633.86米，主桥宽度25—43.3米，为双向六车道，通航净高为12米，人行道双向各宽2米。其"大鹏展翅"的景观成为滨海新区地标性工程。

（28）天津海河开启桥，连接天津于家堡金融区和响螺湾商务区的横跨海河下游大桥，是目前世界上最大的立转式开启桥。西起坨场南道，东至永太路，全长868.8米，为双向四车道。主桥结构为立转式钢结构悬臂梁，净跨68米，转动半径38米，梁端最大转动角度85度。

津沽地名与水文化(上)

从文化生态学角度观察分析,自然环境、人的素质、社会经济和社会结构,是制约地域文化的四个要素。天津的自然环境,是长期由河流淤积而形成的沿海平原,水是我们这座城市生成和发展的原动力。贯穿天津的海河,将北运河、南运河、子牙河、大清河、永定河与渤海沟通起来,直接影响着天津的城市风貌和风土人情,因而天津人把海河视为母亲河。

一、"水"是天津地域文化的第一要义

天津地理与人文交融,就生成了以水文化为滥觞的运河文化、码头文化和商埠文化。"水"是天津地域文化的第一要义。水文化的流动性,催生了天津都市文化的开放性、包容性和多元性。天津从村落开始,就借助与水密切相关的鱼盐之利而发展;隋炀帝开通大运河之后,天津又和黄河、长江水系相连,南粮北运以及盐业的发展,使天津成为河海交织的航运码头,从而促进了漕

运、商业、贸易的发展。

天津早期的名称有"直沽寨""海津镇"和"天津卫"。不管地名怎样演变,"沽""海""津"三字都是"水"偏旁。全市18个区县里,有10个区县名中有带"水"偏旁的字。这些水气弥漫的地名反映了天津地势低洼、潮湿多水的特点。天津全市共有包括月牙河、西减河、东减河、洪泥河、卫津河等人工河渠在内的大小河流300余条,坑、塘、洼、淀星罗棋布。这种独特的地形地貌特点在天津地名中确有典型反映。

天津有"七十二沽"之说,凡带"沽"字的村镇地名,几乎都坐落在海河水系地区,如"塘沽""大沽""汉沽""葛沽""西沽""后沽""大直沽""小直沽""咸水沽""丁字沽""东泥沽""三叉沽"等。另外,天津别称——"津沽""沽上"海河又称"沽水",是天津市的风景轴线。"沽水流霞"已成为令人陶醉的都市景观了。除了"沽"之外,以"港、泊、洼、淀、沟、塘、湾、滩"等为通名的地名亦为多见,如:"大港、双港、官港;杨家泊、团泊洼、青泊洼;贾口洼、唐家洼、卫南洼";"南淀、北淮淀、三角淀;陈家沟、九道沟、南清沟";"北塘、西双塘、白塘口;赵家湾、唐家湾、西大湾子";"柳滩、大滩"等。如此之多的带"水"偏旁字的地名,不正是天津低洼多水的地理特点的生动写照吗?

不仅如此，以与河流有关的"口"（河口）、"嘴"（河湾）、"圈"（周边被水围起的地方）、"堤"（堤岸）、"桥"（桥梁）、"闸"（水闸）、"码头"、"渡口"、"水库"等命名的地名也不少见，如：口——三岔口、唐家口、北塘口、老河口等；嘴——陈嘴、芦嘴、梁家嘴、霍家嘴、吴家嘴等；圈——上河圈、下河圈、西湖圈、陈家圈、黄家圈等；堤——王顶堤、西横堤、千里堤、桃花堤、段堤等；桥——双桥、丁桥、引河桥、聂公桥、北洋桥等；闸——耳闸、双闸、北闸口、二道闸、新港船闸等。码头——万家码头、崔家码头、南洋码头等；渡口——大光明渡口、炮台渡口、教场渡口、柳滩渡口、杨庄子渡口等；水库——双港水库、于桥水库、鸭淀水库、永金水库等。

另外，天津以"台"（高地）"坨（土堆）""头"（河岸的末梢）等为地名的更为多见，例如：台——芦台、侯台、冯台、白台、兰台、八里台、六里台、李家台、姚家台、沈家台等；坨——王庆坨、西塘坨、洛里坨、白公坨、田庄坨、青坨子等；头——梁头、东河头、西堤头、上河头、东滩头等。"台""坨""头"等字的字形虽不直接从水，但作为地名用字的词义却与"水"密切关联。如此众多的与水结缘的"台""坨""头"等地名，从一个侧面说明了天津地势低洼，人们只能择高台而居的历史状况。

二、津门景观与水文化

自古及今，对天津典型景观的总体概括，有"明八景""清八景""津门十景""津门新十景"以及"海河十二景"之说。这些古今景观令人瞩目的共性特点，就是与"水"的历史交融。

所谓天津"明八景"，是指明代著名诗人李东阳在天津游览时所写的吟咏天津风物的八首诗，总题为《直沽八景》。李东阳登上天津城楼观览，诗兴勃发，口占七律四首，分别抒写以四座城门为视角的所见所感——拱北遥岑（北门）、镇东晴旭（东门）、安西烟村（西门）、定南禾风（南门）。后依旧时咏景抒怀必凑为八之惯例（左思《咏史八首》、杜甫《秋兴八首》即为其例），又吟咏了——天骥连营（养马军营）、百沽潮平（津沽水乡）、吴粳万艘（三岔河口）、海门月夜（海河入海）。八诗总称"明代天津八景"。其中"吴粳万艘""百沽潮平""海门月夜"三景，分别写漕运、水乡与海河，皆与"水"结缘。

清乾隆五年（1740），天津知县张志奇拟定"津门八景"，并为景观分别配撰七绝。其景依次为"三水中分（三岔河口）""七台环向（绕城炮台）""溟波浴日（大沽海口）""洋艘骈津（漕运海船）""浮梁驰渡（海河浮桥）""广厦舟屯（皇船坞）""南原樵影（南郊风景）""西淀渔歌（西郊物华）"。这八景诗被收入《天津县志》,称为"清代天津八景"。其中"三水中分""溟波浴日""洋艘骈津""浮梁驰渡""广厦舟屯""西淀渔歌"六景,仅从字面上就感受到在水气弥漫的笼罩下跃动着的城市生命之脉搏。

"津门十景"是1989年由群众和专家共同评定的,分别是"天塔旋云(广播电视塔)""蓟北雄关(蓟县黄崖关长城)""盘山暮雨(蓟县盘山)""古刹晨钟(蓟县独乐寺)""海门古塞(大沽口炮台)""沽水流霞(海河风景线)""故里寻踪(古文化街)""双城醉月(南市食品街、南市旅馆街)""龙潭浮翠(水上公园)""中环彩练(中环线)"。2003年,津门新十景评选活动结束,将金街、"五河"、谦德庄危改新区、泰丰公园、鼓楼商贸区、五大道风情区、平津战役纪念馆、杨柳青景区、中上元古界保护区、天津博物馆等十个景点,用《临江仙·津门新十景》巧妙连缀起来:"商贸金街昌万象,五河流碧飞虹。谦德广厦沐春风,泰丰浮海日,盛事鼓楼钟。欧韵风情环五道,平津战史铭功。御河杨柳画图中,中上元古界,天鹅欲腾空。"原十景中的"沽水流霞、海门古塞、龙潭浮翠"和新十景中的"五河流碧、泰丰浮海、御河杨柳",相映生辉地显现出津沽水城勃发而灵动的生命力。

近年来,为落实天津市委提出的把海河建成独具特色、国际一流的服务型经济带、景观带和文化带的目标，天津旅游业将在海河两岸启动建设以"近代中国看天津"为主题，以海河"龙型"旅游为主轴线，形成12个各具特色的风情区或观光带。从塘沽海河入海口的"大沽烟云"溯流而上，分别有"小站练兵""洋务溯源""莱茵小城""欧陆风韵""东方巴黎""金融名街""意奥风情""扶桑市井""老城津韵""津卫摇篮""杨柳古镇"。正如《今晚报》新闻标题的概括："一条河，聚百年风云事；十二景，展古今沧桑图。"

津沽地名与水文化（下）

三、海河水系河名考

海河是我国七大江河之一，流域面积26.5万平方千米。海河，是哺育天津人民的母亲河。天津依海河而立，依海河而兴。"九河下梢天津卫"，天津主要河流有海河干流及其主要支流：南运河、子牙河、大清河、永定河、北运河以及蓟运河等。海河水系形成了城市丰富多彩的水韵。

海河在天津市东部，是指海河水系诸河流汇聚入海的干流，出现在约距今4000年前。海河古称"逆河""沽河""界河""直沽河""三岔河"等，别名"沽水"。海河记载着天津的成长、繁荣和希望。

海河和运河带来经济的发展，不仅带来人流和财富的聚集，也带来各地丰富多彩的文化元素。经过碰撞、融合、吸纳和锤炼，升华为独具一格的城市文化。盐商经济推动了天津文化园林的兴

海河——天津人的母亲河（陈绍泉 摄）

起，吸引了南北文化精英的聚集，使天津变成首都圈外的文化后花园、运河边上的文化沙龙。商业都市的繁华，吸引四面八方民间文化艺术的云集，使天津成为中华戏剧舞台、曲艺大观园、武术大码头、饮食文化福地，产生民间文化精品荟萃。

近都，畔河，临海，天津城市因运河而生，因盐业而兴，因开埠而盛，因海河而强。对天津来说，河海通津，纳百川而文化多元，汇南北而经济升华，通中西而开风气，得天独厚的海河要素，始终渗透在天津城市的人文性格之中。勤劳的天津人民在努力改造自然，不断变害为利，在与自然的不断博弈中，改造生存条件，利用河海之便，创造出城市的辉煌。

南运河在天津西南部，是大运河的一段，古名"永济渠"又名"御河""卫河"。因在天津之南，故名。从河北省青县梁家屯进入天津市界，经静海县、西青区至红桥区三岔口入海河。在天津境内长 94 千米。

北运河是大运河的起始段，古名"潞河""白河"，在天津市西北部，系元代利用白河下游河道疏浚而成。从河北省香河县于水牛村进入天津市界，从天津市西北部流过，具体说，经武清区、北辰区至红桥区三岔口入海河。在天津境内长 90 千米。

大清河，古名"漒水""莱水""易水"。宋称"界河"。因北邻永定河，南邻滹沱河（子牙河上游段），二水皆混浊，而此水清澈，故名。从天津市西南部流过，具体说，从白洋淀向东经霸州等地后，于黄岔村西进入天津市界，经静海县至西青区第六埠村入子牙河。在天津境内长 75 千米。

子牙河，又名"西河""下西河"。流经曾是姜太公垂钓的子牙镇，故名。流经河北省河间县、大城县，于小河村进入天津市界，经静海县、西青区至红桥区新红桥汇入北运河。在天津境内长 76 千米。支流有中亭河。

永定河，古名治水、湿水，俗称"浑河"，又名"无定河"。上游河段名"桑干河"，过官厅水库后始名"永定河"。流经北京及河北省固安、永清、安次等县，于武清区邵堤村进入天津市界，至城上村分为东西两个河道，分别于北辰区郎园村、屈店街入北运河。在天津境内长 32 千米。

蓟运河在天津市东北部，古名"沽水""庚水"又名"运粮河""潮河"。明天顺二年（1458）由北塘开凿新河，使天津粮船由直沽经潮河上溯于蓟州，故名。在天津境内长157千米。其支流有箭杆河、窝头河等。

四、天津的减河与引河

天津市全境有300余条大小河流，纵横交错。除了海河水系主要支流之外，历代人工开凿的"减河""引河"等数量也很大。

减河，就是为了减少河流的水量，在原来河道之外另开的通入海洋、湖泊、洼地或别的河流的河道。天津有独流减河、马厂减河、西减河、东减河等。独流减河是为引泄大清河和子牙河洪水直接入海的人工河道，在静海县和西青区交界处，全长70千米。因起点在独流镇附近，故名。独流在明代成为集镇，因大清河和子牙河在此合为一流，故名"独流"。马厂减河流经静海县南部，清光绪元年至七年（1875—1881），为了减泄南运河洪水，灌溉水稻，由海防提督周盛传率驻军分三次开挖而成。全长75千米。初名"靳官屯减河"，后因地近青县马厂而改称今名。西减河、东减河都在东丽区，两河汇流后入金钟河。

市区主要以泄洪为主要功能的人工河渠，还有金钟河、新开河、卫津河等。金钟河在天津市东部，是为引泄北运河洪水而人工开挖的河道，原河道西起旧三岔河口，流经河北区、东丽区、宁河县，东至塘沽北塘入海。因河水湍急，入海处声如洪钟，故名。多次整修改道，现河道长22千米，西起东丽区河兴庄，经大毕庄、赤土乡，与新开河等交汇，于永和村北入永定新河。新开河在城区北部，是为宣泄北运河洪水的分洪河道。因金钟河上游段淤塞，清光绪七年（1881）在其北侧新开挖此河，故名。西起河北区子牙河特大桥南侧北运河，流经河北、北辰两区，东至东丽区南孙庄入金钟河，长13千米。卫津河在天津市南部，是为宣泄城区西南部雨水、沥水的人工河。光绪十六年（1890）开挖，以护卫天津城区免遭水患，故名。1949年以后多次疏浚拓宽改造。北起红桥区海光寺泵站，向南经和平、南开、河西、西青，东折于津南区北赵庄北入海河，长约23千米。

引河，是指为引水灌溉而开挖的河道。月牙河在天津市中部，清雍正三年（1725）开挖，引海河水屯垦，俗称"老河"。1959年疏浚拓宽，因其形如月牙而改称今名。北起跃进路与北环铁路相交之西减河，南至东丽区吴嘴村南入海河，长14.4千米。此外，还有北辰区的永金引河、郎园引河，东丽区的新地河，津南区的洪泥河、幸福河、十米河，宁河县的西关引河，武清区的东狼窝引河，静海县的港团引河等。

三岔河口与商贸文化

天津是驰名海内外的历史文化名城，它从千年之前一个名不见经传的小小渔村聚落，历经了"寨""镇""卫""州""市"的逐步升格，终于发展成为1000多万人口的一个直辖市，这取决于其得天独厚的地理位置。天津北枕燕山，东临渤海，北运河、子牙河、南运河等在三岔河口汇聚为海河，横贯市区东流注入渤海。河海相衔并毗邻北京，使天津成为南北交通枢纽和京畿门户。

文化是一个城市的特色，也是一个城市的亮点。在对天津的城市文化进行宏观分析时，如果要找出一个具体的地区作为典型的着眼点和具体的切入点的话，回答是"非三岔河口莫数"。这不仅因为三岔河口是天津城市的发祥地，也不仅因为它是中国南北交通的主要枢纽，更重要的原因在于，三岔河口是南北文化的会合处，是多元文化的交融点。正因如此，天津的城市文化才呈现出别具一格、多姿多彩的韵律。

早在明清相交之际，天津的繁荣兴盛已如《天津卫志·序》

今日的天津三岔河口

所言:"天津去神京二百余里,当南北往来之冲,南运数万之漕悉道经于此,舟楫之所式临,商贾之所萃集,五方之民杂处,……名虽曰卫,实在一大都会所莫能过也。"清朝初年,全国开放海禁之后,广东、海南、福建、浙江、上海等地商船运来大批南货,在三岔河口附近卸货,在天津贸易集散。与此同时,天津海船也从三岔河口出发,把南货运往奉天(今辽宁),然后再把东北的大批粮食运往直隶(今河北)和山东。南北水路交通的畅通促进了商业的繁荣,而商业的繁荣又推动了南北文化的融合。

从元代开始不断繁荣的北门外沿河商业区也扩展至东门外的天后宫南北,形成了热闹的"环城通衢",商铺市廛,一派繁忙景象。乾隆年间,举人杨无怪作《天津论》描述道:"天津卫,好地方,繁华热闹胜两江。河路、码头买卖广……"如城东一带,因海河"亘其中,米舶盐艘,往来聚焉。故河东多粮店,盐坨亦鳞次其间"；城西有南运河，每值夏秋，"帆樯云集，负缆者邪许相闻"；"北为赴京师大道，运河逶迤其间，商旅辐辏，屋瓦鳞次"，各种专业性的商业街多集中于此。欧洲各国的舶来品这时也进入了天津市场，东门外和北门外各建有一条洋货街，诗人崔旭《竹枝词》道："百宝都从海舶来，玻璃大镜比门排。荷兰琐伏西番锦，怪怪奇奇洋货街。"商业的空前发展，使各地商贾麇集。以海河上游三岔河口为中心的内河贸易港区，在清代业已形成。

  天津筑城设卫之后，商贩船家云集，戍守军旅常驻，流动人口激增。通过来往于三岔河口的无数船舶，天津城接纳了漕运船民、移居商贾、垦戍军士、破产农户和外省务工人员，形成"五方杂处"的移民城市。1845年编写的《津门保甲图说》显示，城内和北部、东部沿河一带属于城区范围的居民中，"土著"居民为740户，仅占全城区总户数的2.28%。这表明在天津城市人口中移民占了绝大比重。另外，居住在天津的外省籍商人为维护自身利益，以乡谊为纽带结成了民间组织，如山西会馆、闽粤会馆、山东会馆、云贵会馆、安徽会馆、广东会馆等。在天津工商界广帮、潮州帮、山西帮、宁波帮、河北冀州帮等都很有实力和影响。这从另一个侧面表明，外省文化，特别是南方的商业文化对天津都市文化产生的影响，是不可低估的。

第三章 天津市地名文化

天津地处"多慷慨悲歌之士"的燕赵地区,通过南运河、北运河、永定河、子牙河、大清河这五大水系,天津乃至天津居民与河北、山西、北京等北方省市保持着血脉相通的联系。南来北往的交通和南北经济文化交流,使天津成为受南方影响最大的北方人都市,因此天津人在北方人豪放爽朗的性格主调之外,还兼具南方人柔婉精明的性格特点。

在对天津城市文化进行分析时,学者们从不同角度提出了诸如"盐商文化""运河文化""码头文化""漕运文化""军旅文化""移民文化""商埠文化""城厢文化""租界文化"等等,这些定位和分析都不无道理。但笔者认为,如果立足于原创和本源,天津的本土文化可归纳为一句话——在三岔河口滥觞的商埠文化。商贸文化和码头文化融合互补,造就了天津人的主体性格:扶弱济贫的正义感、胸襟宽阔的包容性和见多识广的优越感,这为天津民俗文化的形成奠定了基础,并产生了重要影响。码头文化造就了天津人开放豪爽的性格,办事麻利痛快,讲义气,富有同情心和创造力;商贸文化造就了天津人热情干练的性情,好热闹,重外面儿,有情趣,好议论。

曲艺是植根于下层社会、具有鲜明市民色彩的民间艺术,天津之所以成为北方曲艺的大码头,这与天津商贸文化和码头文化的影响密切关联。例如,天津的特色食品狗不理包子、耳朵眼炸糕、十八街麻花、大饼卷酱牛肉、煎饼馃子等,在就餐时不用碗筷,也不必正襟危坐,用荷叶一包或用纸一托,卷起来就咬,可边走边吃,既方便省时,又价廉实惠,吃起来瓷实,还不耽误干活——这就是商贸文化和码头文化在天津民间饮食上的典型体现。

天津"沽""洼""淀"名考

一、天津"沽"名考

天津别名"津沽",海河别名"沽河""沽水"。天津号称"七十二沽",商务印书馆 1931 年出版的《中国古今地名大辞典》载:"七十二沽,河北水名,今在天津者二十一沽,曰丁字沽、东沽、西沽、三岔沽、小直沽、大直沽、贾家沽、邢家沽、咸水沽、葛沽、塘沽、草头沽、桃源沽、盘沽、四里沽、邓善沽、郝家沽、东泥沽、中泥沽、西泥沽、大沽。此二十一沽,从西潞河名也。余者皆在宝坻、宁河两县境。"天津带"沽"字的地名数量很多,例如:区名有"塘沽""汉沽";市区街道办事处、郊县镇一级的地名中,就有"大沽""大直沽""西沽""丁字沽""咸水沽""葛沽"等,达 10 个之多。

塘沽在明代中叶是一个渔村,原名"塘二沽"。清同治十年(1871)改今名。

汉沽原为蓟运河东岸小盐河畔一村庄，自古为产盐之地，东汉末年凿河以运官盐，当地称水为沽，因朝代（汉）与河（沽）而得名。

大沽在塘沽区东部，大沽口西南岸。东临渤海湾，北隔海河与塘沽相望。北宋时成陆，元末始有人烟，初名"花儿寨"。明初改称"草头沽"。明嘉靖年间，山东省大沽河一带移民迁居此地，故改名大沽。清康熙三十三年（1694）在村子中部建海神庙，遂以庙为界，庙西称为"西大沽"，庙东称为"东大沽"。大沽在历史上是海防要地，明清两代均在此屯兵驻防，构筑炮台。现存"海"字炮台，为全国重点文物保护单位。大沽口位于塘沽区东部，为海河入海口，又名"海河口""海门"。北宋时，海河由津南的泥沽入海，当时称为"泥沽海口"。后海岸线随河口东移，明嘉靖年间以其南临大沽而改名为"大沽海口"。1985年定为"大沽口"。

清光绪年间的《重修天津府志》，列出了在宝坻县的二十九沽、在宁河县的二十二沽。这些沽名在今日多数仍存在，如宝坻的八道沽、北里自沽、甸沽、菱角沽，宁河的捷道沽、中兴沽、麦穗沽、大北涧沽等。

郝家沽在塘沽西南，处于海河西岸，相传，清初有郝姓于此建村，故名。邓善沽在塘沽西南，处于海河东南岸。明永乐四年

（1406）由移民迁徙此地建村，萧、田两姓居民为怀念故土，各取原籍村名首字组合为村名"登山沽"。至清代，两姓俱有后人在朝为官，故更名"登圣沽"。后惧怕乾隆晚年实行的文字狱，遂改今名。

咸水沽位于天津南部，地处海河下游，每当潮汐时海水可至此地，因水咸，当时居民在沽河两岸以煮盐为生，故名。咸水沽的古名是"豆子航"。宋朝初年，咸水沽开始种稻，元代成为南粮北调漕运线上一个繁华的村镇。现在，咸水沽镇是津南区人民政府驻地，是津南政治、商业和文化的中心区。

葛沽地处海河（古沽河）下游，位于海河南侧。北宋与辽对峙，在界河（今海河）上设置了150多个寨铺（军事据点），葛沽就是最东边的一个。元代开通海运，此地为南粮北调、北盐南运的商埠码头。当时沽河舟船无数，桅樯如林。因沽河滩涂葛草丛生，故名"葛沽"。

津南区双桥河乡的东泥沽、西泥沽，是历史悠久的村落。宋朝时称"泥沽寨"，包括东泥沽和西泥沽。桃源沽属津南区双港镇，初名三家滩，后因聚落居民以种桃为主业，遂更名"桃园沽"，后演变为桃源沽。盘沽属津南区葛沽镇，因处于海河南侧，河流在村外呈盘曲状流过，故名"盘沽"。四里沽属津南区咸水沽镇，位于老海河北侧，明永乐年间有刘、陈、李、井四姓在此开荒种地，渐成聚落。因靠近沽水（今海河），遂命名为"四立沽"。因村落距咸水沽、柴庄子、赵北庄各为四里，故改名"四里沽"。

大直沽西临海河，位于津塘路与十五经路交会处一带。元朝时，这里成为南粮北运的转运中心。其得名理据，《中国古今地名大辞典》载："在河北天津县东南十里，居白河（今海河）北岸，地势平衍，群流涨溢，茫无涯涘，故有大直沽之名。"

小直沽位于三岔河口东南，海河西岸，张自忠路北端，是天津城区最早聚落的发源地。古文化街的牌楼题为"津门故里"，就昭示出小直沽就是天津的发祥地。此处原为荒芜旷野之地。金迁都中都（今北京）后，在此屯兵设寨，称直沽寨，为军事重镇，这是"直沽"地名的开端。此后，三岔沽（即三岔河口）、大直沽等聚落相继出现。为了与"大直沽"相区别，就把直沽寨称为"小直沽"了。明永乐初年，筑城建卫后，命名天津，小直沽之名才逐渐被湮没。

西沽在红桥区东部，西沽公园一带。其得名理据是：相传明初建村，北运河当时称为"沽河"，因其地处沽河之西，故名"西沽"。昔日西沽一带寺庙多，水坑多。作为居民聚落区，1949年以后初具规模，后逐渐发展起来。

丁字沽得名理据就是，此处坑塘水域纵横呈"丁"字形。丁字沽处于红桥区最北部，东南起光荣道，西北至咸阳北路，西南起丁字沽三号路，东北至北运河一带。北部为老住宅区，南部是1952年建造的丁字沽工人新村。

贾家沽位于河东区贾沽道与月牙河南路交会处以北，郑庄子街道办事处东北部一带。相传燕王扫北时期，山西、河北移民来此定居，建成聚落。村子临近坑塘，土地归贾姓所有，故名"贾家沽"。这里的传统民间花会——贾家沽道普音法鼓大轿会颇远闻名。

二、天津"洼""淀"名考

天津大小洼淀，星罗棋布。传说古代在天津地名有99个"洼淀"。洼，就是凹陷的地方；淀，就是浅的湖泊。用于地名，人们对"洼""淀"并不陌生，孙犁的《白洋淀纪事》、郭小川的《团泊洼的秋天》都是广为传诵的名作。团泊洼位于静海县东部，在独流减河南侧，是独流减河和马厂减河夹角间的沥水洼地，面积约193平方米，因洼内有团泊村而得名。团泊村在明永乐年间建村，因村落四周低洼积水，船只在村边聚集停泊，故名"团泊"。大港区也有一个"白洋淀"，又名"小白洋淀"。位于北大港水库西北，何家洼北侧，面积仅为2平方千米，因水清如镜而得名。

距离市区较近的洼淀，是处于西青区东南部的青泊洼和卫南洼。青泊洼的大致范围是，在大寺乡青凝侯村以南，王稳庄乡大泊村以北，西至独流减河，东至津港运河与大沽排污河的三角地带，面积约6平方千米。地势低洼易涝，形成盐碱滩。因介于青凝侯和大泊村之间，故名"青泊洼"。卫南洼泛指天津旧城防以南低洼地区，大致范围是，东临卫津河，西至大沽排污河，南至大芦北口，北抵王兰庄，面积约14平方千米。因处天津卫的南边，故名"卫南洼"。此地原有多处烧制砖瓦的窑场，因大量采土，而形成的坑塘洼淀。1963年在此建立卫南洼农场，成为鱼米之乡。另外，还有北辰区的三角淀、塌河淀，东丽区的南淀，西青区的东淀等。

七里海，又名"七里淀"，位于宁河区西南部。为渤海形成的潟湖，面积57平方千米。因南北宽约7里，潮白河洪水泛滥汇流于此，常年积水如海，故名。此处称之为"海"，并非无根之谈。据《津门考古》载，七里海南岸乐善村曾出土巨大的鲲鲸骨，在远古时如此大型的海洋生物曾游憩至此，可见当时七里海水域浩渺无垠与深海相连的状况。

另外，还有蓟县的青甸洼、太河洼等，静海县的贾口洼、杨庄洼、金叵洼、八虎洼、古城洼、万军套洼、唐家洼、莲花淀等，宝坻区的大钟庄洼、黄庄洼、里自沽洼、尔王庄洼、裤裆洼等，武清区的牛镇洼、泗村店洼、甘桥洼、高场洼、夹道洼、牛角洼、大黄堡洼等。这些洼、淀大多数都是渤海的历史变迁而形成的潟湖。

主要参考书目

著述类：

- 储亚平主编《地名学论稿》，北京：高等教育出版社 1985 年。
- 王维屏著《中国地名语源》，南京：江苏科学技术出版社 1986 年。
- 中国地名研究会编《地名学研究论文集》，沈阳：辽宁人民出版社 1989 年。
- 杨光浴著《地名学简论》，长春：东北师范大学出版社 1991 年。
- 孙本祥、刘平编著《中国地名趣谈》，北京：中国城市出版社 1995 年。
- 张明庚、张明聚编著《中国历代行政区划》，北京：中国华侨出版社 1996 年。
- 徐兆奎、韩光辉著《中国地名史话》，北京：商务印书馆 1998 年。
- 侯仁之主编《北京城市历史地理》，北京：燕山出版社 2000 年。
- 林颎著《地名史话》，北京：中国大百科全书出版社 2003 年。
- 张淑媛、张淑新等著《北京街巷胡同趣闻》，北京：民族出版社 2003 年。
- 谭汝为著《天津地名文化》，天津：天津古籍出版社 2005 年。

- 华林甫著《中国国地名源流》，长沙：湖南人民出版社 2010 年。
- 孙冬虎著《北京地名发展史》，北京：燕山出版社 2010 年。
- 孙冬虎编著《地名与北京城》，北京：中国地图出版社 2011 年。
- 中国地名研究所著《中国地名研究论文集》（第 1 辑），北京：中国社会出版社 2011 年。
- 谭汝为、刘利祥著《天津地名故事》，天津：天津人民出版社 2012 年。
- 杨光浴、刘宝全编著《基础地名学概论》，北京：中国社会出版社 2012 年。
- 张炳学、刘志永著《中国地域文化通览（天津卷）》，北京：中华书局，2014 年。
- 杨学军编著《留存记忆——老北京地名文化寻踪》，北京：商务印书馆 2016 年。
- 中国地名大会节目组编著《中国地名大会》，北京：中华书局 2020 年。
- 谭汝为主编《天津地名文化通论》，天津：天津教育出版社 2022 年。
- 国家人文历史编著《地名里的中国》，北京：北京联合出版公司 2023 年。
- 李如龙著《汉语地名学论纲》，广州：暨南大学出版社 2023 年。

工具书类：

- 臧励龢等编《中国古今地名大辞典》，香港：商务印书馆香港分馆1931年。
- 薛国屏编《中国地名词典》，上海：上海辞书出版社1990年。
- 牛汝辰编著《中国地名由来词典》，北京：中央民族大学出版社1999年。
- 王彬、徐秀珊主编《北京地名典》，北京：中国文联出版社2001年。
- 孟昭华、王涵编著《中国历代国家机构和行政区划》，北京：中国社会出版社2003年。
- 薛国屏编著《中国地名沿革对照表》，上海：上海辞书出版社2017年。